U0450380

国际法上
国际组织的概念

【意】洛伦佐·加斯巴里 —— 著
(Lorenzo Gasbarri)

胡德胜 —— 等译   胡德胜 —— 校

中国社会科学出版社

图字：01-2022-5918号

图书在版编目(CIP)数据

国际法上国际组织的概念 /（意）洛伦佐·加斯巴里著；胡德胜等译. —北京：中国社会科学出版社，2024.4

书名原文：The Concept of an International Organization in International Law

ISBN 978-7-5203-3160-9

Ⅰ.①国… Ⅱ.①洛… ②胡… Ⅲ.①国际组织—研究 Ⅳ.①D813

中国国家版本馆 CIP 数据核字（2024）第 041334 号

出 版 人	赵剑英
责任编辑	梁剑琴
责任校对	夏慧萍
责任印制	郝美娜

出　　版	中国社会科学出版社
社　　址	北京鼓楼西大街甲 158 号
邮　　编	100720
网　　址	http://www.csspw.cn
发 行 部	010-84083685
门 市 部	010-84029450
经　　销	新华书店及其他书店

印刷装订　北京君升印刷有限公司
版　　次　2024 年 4 月第 1 版
印　　次　2024 年 4 月第 1 次印刷

开　　本　710×1000　1/16
印　　张　17.25
插　　页　2
字　　数　288 千字
定　　价　98.00 元

凡购买中国社会科学出版社图书，如有质量问题请与本社营销中心联系调换
电话：010-84083683
版权所有　侵权必究

© Lorenzo Gasbarri 2021

The Concept of an International Organization in International Law was originally published in English in 2021. This translation is published by arrangement with Oxford University Press. China Social Sciences Press is solely responsible for this translation from the original work and Oxford University Press shall have no liability for any errors, omissions or inaccuracies or ambiguities in such translation or for any losses caused by reliance thereon.

《国际法上国际组织的概念》最初于2021年以英文出版。本译本经牛津大学出版社安排出版。中国社会科学出版社对原文的翻译负全部责任,牛津大学出版社对翻译中的任何错误、遗漏、不准确或歧义或由此造成的任何损失不承担任何责任。

中文版格式和体例说明

在尊重原著格式和体例的大原则下，中文版照顾中文读者的阅读习惯，做了如下必要的技术性调整或者处理。

1. 对于脚注的说明性和解释性内容，予以翻译；对于参考文献，不予翻译。

2. 对于需要在中文版中予以解释或者说明的内容，以脚注方式予以解释或者说明，并标注"译者注"。

3. 对于原著作者以异体字强调的文句，以下划线标出。

4. 省略了索引部分。

原著丛书总主编序言

包括国际法在内的法律中的悖论之一是，最基本的问题往往最少得到研究。就像在生活中一样，我们似乎可以在不回答许多"大"问题的情况下处理法律体系的日常事务，并专注于具体规则及其对于我们所面对事实的应用。这或者部分地解释了这一问题：国际组织存在了200多年，对国际关系的重要性超过了200年，而且今天相对于国家而言，它们在数量上占据了压倒性的优势，但是，为什么我们仍然对什么是国际组织缺乏一种一致的理解，即便是在我们把国际组织限定为政府间组织的情形下。虽然存在多种定义，而洛伦佐·加斯巴里关注的不仅是国际组织的定义，更多是我们如何将国际组织视为一种现象。此外，本书作者隐含的观点是，如果没有一个充分的关于国际组织的共同概念，我们事实上会艰难前行，至少是不能连贯一致地处理国际组织法的日常事务，将具体规则应用于我们面对的事实。

加斯巴里博士的研究不仅严谨，而且具有独创性和广泛性。他将国际组织创制法律体系的能力视为国际组织概念的核心。他研究了关于国际组织的已有4种竞争性概念以及它们各自对国际组织所制定法律的国际性或内部性属性的影响。他认为，在将这4种概念视为相互排斥的情形下，每一类都具有其解释上的局限性；之所以如此，是因为它们体现了一种错误的二分法，即国际组织制定的法律要么是国际性的、要么是内部性的。相反，他接受了法律多元化和考虑每一法律体系的内部性观点的重要性，提出了一个新的国际组织概念，即国际组织是由条约或其他受国际法调整的文书建立的机构，"能够创制一个源于国际法的法律体系，并产生同时具有内部性和国际性的法律"。他认为，对国际组织所制定法律的内部性和国际性双重法律属性的解读，是解决国际组织法中从适用于国际组织的条约法问题到国际组织行为的有效性和责任问题这一系列争议的关键。

《国际法上国际组织的概念》是一项雄心勃勃的创造性学术研究。虽然在本质上是理论性的,但它以洞察力与敏锐的眼光分析了所研究的理论立场在国际判例和国际法委员会工作等方面的具体法律影响。本书不仅对国际组织法的学者、学生和实务人士具有意义,而且对更广泛的国际公法也具有价值。

米兰大学国际法教授　罗杰·奥基夫
牛津大学国际公法教授　凯瑟琳·雷德维尔
于米兰和牛津
2021 年 1 月

案例表

常设国际法院

PCIJ, *Competence of the ILO in regard to International Regulation of the Conditions of the Labour of Persons Employed in Agriculture* (PCIJ Series B, 1922)

PCIJ, *Competence of the ILO to Examine Proposal for the Organization and Development of the Methods of Agricultural Production* (PCIJ Series B No. 3, 1922)

PCIJ, *Competence of the International Labour Organization to Regulate, Incidentally, the Personal Work of the Employer* (PCIJ Series B, 1926)

PCIJ, *Employment of Women During the Night Case* (PCIJ Series A/B No. 50, 1932)

PCIJ, *Jurisdiction of the European Commission of the Danube Between Galatz and Braila* (PCIJ Series B, 1927)

PCIJ, *Case Concerning the Factory at Chorzòw (Claim for Indemnity)* (PCIJ Series A, 1927)

PCIJ, *Interpretation of the Greco-Turkish Agreement of December 1st, 1926* (PCIJ Séries B, 1928)

国际法院

ICJ, *Conditions of Admission of a State to Membership in the United Nations (Article 4 of the Charter)* (ICJ Rep 1948)

ICJ, *Reparation for Injuries Suffered in the Service of the United Nations* (ICJ Rep 1949)

ICJ, *Competence of Assembly regarding Admission to the United Nations* (ICJ REP 1950)

ICJ, *International Status of South-West Africa* (ICJ Rep 1950)

ICJ, *Reservations to the Convention on the Prevention and Punishment of the Crime of Genocide* (ICJ Rep 1951)

ICJ, *Effect of Awards of Compensation Made by the United Nations Administrative Tribunal* (ICJ Rep 1954)

ICJ, *Monetary Gold Removed from Rome in 1943* (*Italy v. France, United Kingdom of Great Britain and Northern Ireland and United States of America*) (ICJ Rep 1954)

ICJ, *Treatment in Hungary of Aircraft and Crew of United States of America* (*United States v. Hungarian People's Republic; United States v. USSR*) (ICJ Pleadings 1954)

ICJ, *Judgments of the Administrative Tribunal of the ILO upon Complaints Made against UNESCO* (ICJ Rep 1956).

ICJ, *Constitution of the Maritime Safety Committee of the Inter-Governmental Maritime Consultative Organization* (ICJ Rep 1960).

ICJ, *Certain Expenses of the United Nations* (*Article 17, paragraph 2 of the Charter*) (ICJ REP 1962)

ICJ, *South West Africa Cases* (*Ethiopia v. South Africa; Liberia v. South Africa*) (ICJ Rep 1962)

ICJ, *South West Africa Cases-Second phase* (*Ethiopia v. South Africa; Liberia v. South Africa*) (ICJ Rep 1966)

ICJ, *North Sea Continental Shelf* (ICJ Rep 1969)

ICJ, *Legal Consequences for States of the Contitiued Presence of South Africa in Namibia* (*South West Africa*) *notwithstanding Security Council Resolution 276* (1970) (ICJ Rep 1971)

ICJ, *Application for Review of Judgment No. 158 of the United Nations Administrative Tribunal* (ICJ Rep 1973)

ICJ, *Western Sahara* (ICJ Rep 1975)

ICJ, *Interpretation of the Agreement of 25 March 1951 between the WHO and Egypt* (ICJ Rep 1980)

ICJ, *Military and Paramilitary Activities in and against Nicaragua* (*Nicaragua v. United States of America*) (ICJ Rep 1986)

ICJ, *Applicability of the Obligation to Arbitrate under Section 21 of the United Nations Headquarters Agreement of 26 June 1947* (ICJ Rep 1988)

ICJ, *Applicability of Article VI, Section 22, of the Convention on the Privileges and Immunities of the United Nations* (ICJ Rep 1989)

ICJ, *Public sitting held on Tuesday 12 November 1991, in the Case concerning Certain Phosphate Lands in Nauru* (*Nauru v. Australia*) (ICJ Rep 1991)

ICJ, *Public Sitting Held on Tuesday 19 November 1991, in the Case concerning Certain Phosphate Lands in Nauru* (*Nauru v. Australia*) (ICJ Rep 1991)

ICJ, *Certain Phosphate Lands in Nauru* (*Nauru v. Australia*) (ICJ Rep 1992)

ICJ, *Questions of Interpretation and Application of the 1971 Montreal Convention Arising from the Aerial Incident at Lockerbie* (*Libyan Arab Jamahiriya v. United States of America*) (ICJ Rep 1992)

ICJ, *Legality of the Threat or Use of Nuclear Weapons* (ICJ Rep 1996)

ICJ, *Legality of the Use by a State of Nuclear Weapons in Armed Conflict* (ICJ Rep 1996)

ICJ, *Case Concerning Questions of Interpretation and Application of the 1971 Montreal Convention Arising from the Aerial Incident at Lockerbie* (*Libya v. United Kingdom*) (ICJ Rep 1998)

ICJ, *Legality of Use of Force* (*Yugoslavia v. Spain, USA; Serbia and Montenegro v. Belgium, Canada, France, Germany, Italy, Netherlands, Portugal, United Kingdom*) (ICJ Rep 1999)

ICJ, *Difference Relating to Immunity from Legal Process of a Special Rapporteur of the Commission on Human Rights* (ICJ Rep 1999)

ICJ, *Land and Maritime Boundary between Cameroon and Nigeria* (ICJ REP 2002)

ICJ, *Oil Platforms* (*Islamic Republic of Iran v. United States of America*) (ICJ Rep 2003)

ICJ, *Legal Consequences of the Construction of a Wall in the Occupied Palestinian Territory* (ICJ Rep 2004)

ICJ, *Legality of Use of Force* (*Serbia and Montenegro v. United Kingdom*) (ICJ REP 2008)

ICJ, *Public Sitting held on Tuesday 1 December 2009, at 10 a.m., at the Peace Palace, President Owada, presiding, on the Accordance with International Law of the Unilateral Declaration of Independence by the Provisional Institutions of Self Government of Kosovo* (*Request for advisory Opinion Submitted by the General Assembly of the United Nations*) (Verbatim Record 2009/24 2009)

ICJ, *Accordance with International Law of the Unilateral Declaration of Independence in Respect of Kosovo* (ICJ Rep 2010)

ICJ, *Application of the Interim Accord of 13 September 1995* (*the former Yugoslav Republic of Macedonia v. Greece*) (ICJ Rep 2011)

国际刑事法院

ICC, *Prosecution Response to the Observations of the African Union and the League of Arab States* (*the Prosecutor v. Omar Hassan Ahmad Al Bashir*) (ICC-02/05-01/09 2018)

ICC, *The Hashemite Kingdom of Jordan's Submissions Following the Hearing of* 10, 11, 12, 13 *and* 14 *September* 2018 (*the Prosecutor v. Omar Hassan Ahmad Al Bashir*) (ICC-02/05-DI/09 2018)

ICC, *The Prosecutor v. Omar Hassan Ahmad Al Bashir* (ICC-02/05-01/09-T-4-ENG 2018)

ICC, *The Prosecutor v. Omar Hassan Ahmad Al Bashir* (ICC-02/05-01/09-T-5-ENG 2018)

ICC, *The Prosecutor v. Omar Hassan Ahmad Al Bashir* (ICC-02/05-01/09-T-8-ENG 2018)

ICC, The Prosecutor v. Omar Hassan Ahmad Al Bashir (ICC-02/05-01/09-T-4-ENG 2018)

ICC, Decision on the Prosecution's Application for a Warrant of Arrest against Omar Hassan Ahmad Al Bashir (ICC-02/05-01/09-3 2018)

国际海洋法法庭

ILTLOS, *Request for an Advisory Opinion Submitted by the Sub-Regional Fisheries Commission (SRFC)* (ITLOS Report No. 21 2015)

中美洲法院

Honduras v El Salvador and Guatemala (American Journal of International Law 1908)

欧洲人权法院

ECtHR, *Lawless v. Ireland* (App No. 332/57 1961)

ECtHR, *Handyside v. United Kingdom* (App No. 5493/72 1976)

ECtHR, *The Sunday Times v. United Kingdom* (App No. 6538/74. 1979)

Commission Decision, *M and Co. v. Germany* (App No. 13258/87 1990)

ECtHR, *Waite and Kennedy v. Germany* (App No. 26083/94 1999)

ECtHR, *Bosphorus Hava Yollari Turizm ve Ticaret AS v. Ireland* (App No. 45036/98 2001)

ECtHR Grand Chamber, *Bankovic and ors v. Belgium and ors* (App No. 52207/99 2001)

ECtHR Grand Chamber, *Christine Goodwin v. United Kingdom* (App No. 28957/95 2002)

ECtHR Grand Chamber, *Kasumaj v. Greece* (App No. 6974/05 2007)

ECtHR Grand Chamber, *Gaji v. Germany* (App No. 31446/02 2007)

ECtHR, *Behrami v. France and Saramati v. France, Germany and Norway* (App Nos. 71412/01 and 78166/01 2007)

ECtHR, *Galic v. the Netherlands and Blagojevic v. the Netherlands* (App Nos. 22617/07 and 49032/07 2009)

ECtHR Grand Chamber, *Al-Jedda v. the United Kingdom* (App No. 27021/08 2011)

ECtHR Grand Chamber, *Nada v. Switzerland* (App No. 10593/08 2012)

ECtHR, *Al-Dulimi v. Switzerland* (App No. 5809/08 2013)

ECtHR Grand Chamber, *Jaloud v. the Netherlands* (App No. 47708/08

2014)

ECtHR Grand Chamber, *Al - Dulimi and Montana Management Inc. v. Switzerland* (App No. 5809/08 2016)

欧盟法院

Court of Justice of the European Union, *van Gend & Loos v. Nederlandse Administratie der Belastingen* (Case 26/62 1963)

Court of Justice of the European Union, *Flaminio Costa v. E. N. E. L.* (Case 6/64 1964)

Court of Justice of the European Union, *Commission v. Council (European Road Transport Agreement)* (Case 22/70 1971)

Court of Justice of the European Union, *International Fruit Company v. Produktschap voor Siergewassen* (Case 21-24/72 1972)

Court of Justice of the European Union, *AM and S* (Case 155/79 1982)

Court of Justice of the European Union, *Demirel* (Case 12/86 (1987) 1987)

Court of Justice of the European Union, *Krucken* (Case 316/86 1988)

Court of Justice of the European Union, *Opinion 1/75* (1994)

Court of Justice of the European Union, *France v. Commission* (Case C-327/91 1994)

Court of Justice of the European Union, *European Parliament v. Council of the European Union* (Case C-316/91 1994)

Court of Justice of the European Union, *Opinion 2/92* (1995)

Court of Justice of the European Union, *Yassin Abdullah Kadi v. Council of the European Union and Commission of the European Communities* (Case T-315/01 2005)

Court of Justice of the European Union, *Mangold* (Case C-144/04 2005)

Court of Justice of the European Union, *Yassin Abdullah Kadi and Al Barakaat International Foundation v. Council of the European Union and Commission of the European Communities* (Joined Cases C-402-05 P and C-415/05 P 2008)

Court of Justice of the European Union, *Front Populaire Pour la Libération* de la Saguia-el-hamra et du rio de oro (*Front Polisario*) v. Council of the European Union (Case T-512/12 2015)

Court of Justice of the European Union, *Council of the European Union v. Front Populaire Pour la Liberation de la Saguia-el-hamra et du rio de oro (Front Polisario)* (Case C-104/16 P 2016)

Court of Justice of the European Union, *NF v. European Council* (Case T-192/16 2017)

Court of Justice of the European Union, *Slowakische Republik (Slovak Republic) v. Achmea BV* (Case C-284/16 2018)

世界贸易组织

Protection of Trademarks and Geographical Indications for Agricultural Products and Food-stuffs (United States v. European Communities) (20 April 2005)

Measures Affecting the Approval and Marketing of Biotech Products (United States v. European Communities) (29 September 2006)

EC-Selected Customs Matters (12 June 2006)

仲裁裁决

Arbitral Tribunal, *Samoan Claim* (RIAA 1902)

国际联盟行政法庭

League of Nations Administrative Tribunal, *Di Palma Castiglione v. International Labour Organization* (League of Nations Administrative Tribunal, Judginent No. 1 1929)

世界银行行政法庭

World Bank Administrative Tribunal, *de Merode* (World Bank Administrative Tribunal 1981)

国内法院

美国

US court of Claims, *Anglo-Chinese Shipping Co. v. United States* (349

U. S. 938 1955)

荷兰

Dutch Supreme Court, *Nuhanovic and Mustafiø and Others v. The Netherlands* (Dutch Supremié Court 2013)

Dutch Supreme Court, *Netherlands v. Stichting Mothers of Srebrenica* (Dutch Supremie Court 2013)

英国

EWCA, *In Re International Tin Council* (ILR 1988)

EWHC, *J. H. Rayner (Mincing Lane) Ltd. v. Department of Trade and Industry and Others* (ILR 1987)

EWHC, *Maclaine Watson & Company Limited v. Department of Trade and Industry* (ILR 1987)

UKHL, *J. H. Rayner (Mincing Lane) Ltd. v. Department of Trade and Industry and Others and Related Appeals, and Maclaine Watson & Co Ltd. v. Department of Trade and Industry, and Maclaine Watson & Co. Ltd. v. International Tin Council* (ILR 1989)

UKHL, *Australia & New Zealand Banking Group Ltd. and Others v. Australia and Others* (ILM 1989)

缩略词语表

ARIO	Draft Articles on the Responsibility of International Organizations 《国际组织责任条款草案》
ARSIWA	Articles on Responsibility of States for Internationally Wrongful Acts 《国家对国际不法行为的责任条款》
BIT	Bilateral Investments Treaty 双边投资条约
ECHR	European Convention on Human Rights 《欧洲人权公约》
ECJ	European Court of Justice 欧洲法院
ECtHR	European Court of Human Rights 欧洲人权法院
GATT	General Agreement on Tariffs and Trade 《关税与贸易总协定》
ICAO	International Civil Aviation Organization 国际民用航空组织
ICC	International Criminal Court 国际刑事法院
ICTY	International Criminal Tribunal for the Former Yugoslavia 前南问题国际刑庭
IDI	Institut de Droit International 国际法学会
ILC	International Law Commission 联合国国际法委员会
ILO	International Labour Organization 国际劳工组织
IMF	International Monetary Fund 国际货币基金组织
ITLOS	International Tribunal for the Law of the Sea 国际海洋法法庭

续表

IUU	Illegal, Unreported, and Unregulated 非法的、未报告的和未加管制的	
OSCE	Organization for Security and Cooperation in Europe 欧安组织	
PCIJ	Permanent Court of International Justice 常设国际法院	
SRFC	Sub-Regional Fisheries Commission 次区域渔业委员会	
TFEU	Treaty on the Functioning of the European Union 《欧盟运行条约》	
UNCLOS	UN Convention on the Law of the Sea 《联合国海洋法公约》	
UNGA	United Nations General Assembly 联合国大会	
UNMIK	United Nations Mission in Kosovo 联合国科索沃特派团	
UNTWO	World Tourism Organization 世界旅游组织	
WHO	World Health Organization 世界卫生组织	
WTO	World Trade Organization 世界贸易组织	

目 录

第1章 导 论 …………………………………………………… (1)
　1.1 概念化 Vs. 定义 ……………………………………………… (5)
　1.2 国际组织的四种概念 ………………………………………… (7)
　1.3 术语 …………………………………………………………… (10)
　1.4 为什么重要 …………………………………………………… (11)
　1.5 本书的结构 …………………………………………………… (14)

第一编　国际组织的四种概念

第2章　功能主义 ………………………………………………… (19)
　2.1　作为国际法的国际组织规则 ………………………………… (19)
　2.2　功能主义的局限性 …………………………………………… (28)
　2.3　小结 …………………………………………………………… (34)

第3章　宪章主义 ………………………………………………… (35)
　3.1　作为内部法律的国际组织规则 ……………………………… (36)
　3.2　宪章主义的局限性 …………………………………………… (42)
　3.3　小结 …………………………………………………………… (49)

第4章　非正式主义 ……………………………………………… (51)
　4.1　作为非正式法律的国际组织规则 …………………………… (52)
　4.2　非正式主义的局限性 ………………………………………… (57)
　4.3　小结 …………………………………………………………… (65)

第5章　特殊主义 ………………………………………………… (67)
　5.1　作为特殊情形的国际组织规则 ……………………………… (68)
　5.2　特殊主义的局限性 …………………………………………… (71)

5.3　总结性评论 ………………………………………………… (83)

第 6 章　中间结论 …………………………………………… (84)
6.1　*Al-Dulimi* 两案和竞争性的国际组织概念 ……………… (85)
6.2　余论 ………………………………………………………… (91)

第二编　作为双重属性实体的国际组织

第 7 章　法律理论上的冒险 ………………………………… (97)
7.1　适用于国际组织的法律体系概念 ………………………… (99)
7.2　观点和哈特的承认规则 …………………………………… (103)
7.3　桑提·罗曼罗的机构主义 ………………………………… (105)
7.4　国际组织的双重法律属性 ………………………………… (108)
7.5　国际法上的国际组织定义 ………………………………… (111)
7.6　小结 ………………………………………………………… (112)

第 8 章　实践中的双重法律属性 …………………………… (113)
8.1　建构文书 …………………………………………………… (113)
8.2　一般原则 …………………………………………………… (115)
8.3　习惯国际法 ………………………………………………… (118)
8.4　国际组织的机构实践 ……………………………………… (121)
8.5　次级规范 …………………………………………………… (124)
8.6　司法裁决 …………………………………………………… (141)
8.7　与成员和非成员之间的条约 ……………………………… (143)
8.8　小结 ………………………………………………………… (146)

第 9 章　条约法 ……………………………………………… (147)
9.1　条约法上的国际组织 ……………………………………… (148)
9.2　基于国际法和国际组织机构法的缔结条约能力 ………… (156)
9.3　成员国在国际组织所缔条约中既非缔约方亦非
　　　第三方 ……………………………………………………… (158)
9.4　小结 ………………………………………………………… (164)

第 10 章　有效性和越权行为 ………………………………… (165)
10.1　常设国际法院和国际法院适用的非此即彼范式 ……… (166)
10.2　越权行为的双重法律性质 ……………………………… (170)
10.3　作为制约有效性的国际组织规则 ……………………… (172)

10.4 作为制约有效性的习惯国际法 …………………… (176)
  10.5 小结 ………………………………………………… (181)
 第11章 国际责任 ……………………………………………… (182)
  11.1 国际责任法上的国际组织 ………………………… (184)
  11.2 行为的双重归结与共同责任 ……………………… (192)
  11.3 双重归结的效果 …………………………………… (210)
  11.4 小结 ………………………………………………… (214)
 第12章 结 论 ………………………………………………… (215)
 参考文献 ………………………………………………………… (217)
 译后记 …………………………………………………………… (252)

第 1 章 导 论

1975年《关于国家在其对普遍性国际组织关系上的代表权的维也纳公约》(以下简称《1975年国家代表权维也纳公约》)是国际组织法获得国际法独立部门尊严的历史进程中的第一个正式产物。① 在20世纪60年代以前，仅有关于国际组织的零散研究，关注的是与一些特定机构有关的具体问题；没有尝试过进行一般性的分类。诸多的国际组织本身就是一种碎片化的现象，从行政性联盟和国际委员会到国家之间辩论国际政治的会议，不一而足。只是在《1975年国家代表权维也纳公约》之前的10年中，国际组织法才成为一个独立的研究领域，依靠比较方法来解决诸如获赋职能、法律人格和豁免权等共同事项。② 随着《1975年国家代表权维也纳公约》的出台，不同的机构首次受到相同的管理框架的约束，但不过是在外交关系法领域。《1975年国家代表权维也纳公约》表明，对具有共同根源和共同目标的一种独立现象的研究进入了一个新时代。

同时，《1975年国家代表权维也纳公约》的故事还是一个失败的故事。该公约代表了比较方法的失败；这种方法试图制定一个适用于某一大类国际组织的一般性法律框架。事实上，《1975年国家代表权维也纳公约》的全面性适用范围是建立在对"国际组织是什么"缺乏任何批判性讨论的基础之上的。为了实现一份技术文书的有限目标，即划定管理成员（国）常驻代表团的法律框架，之前关于国际组织之间结构差异的辩论遭到了淡化。

---

① 《关于国家在其对普遍性国际组织关系上的代表权的维也纳公约》(UN Doc A/CONF67/16) 于1975年3月14日开放签署，尚未生效。

② Jan Klabbers, "The Life and Times of the Law of International Organzations" (2001) 70 NJIL 287.

在出台《1975年国家代表权维也纳公约》的工作过程中，联合国国际法委员会采用了一种推理模式，并在其关于国际组织的其他项目中予以应用。根据这种模式，一个特定项目，无论是外交关系、条约法还是国际责任法，其目的都不是界定国际组织是什么，而是提供适用于该项目所关注的特定的、有限情形的一套规则。例如，1986年《关于国家和国际组织间或国际组织相互间条约法的维也纳公约》（以下简称《1986年维也纳公约》）的目的不是界定国际组织的法律人格从何而来；相反，相应项目假定存在这种人格，因为这种人格使条约得以缔结。③ 同样，关于责任的项目其目的不是确定国际组织制定的法律是否是国际法；相反，它是从存在某一项国际义务的假设前提出发。④

简而言之，应该识别适用于国际组织的一个综合性法律框架的那几份法律文书，是建立在缺乏对"国际组织是什么"进行理论分析的基础之上。这就是下列问题的原因之一：为什么国际组织法不能满足国际组织具有一种突出作用的这一世界性期望。

事实上，联合国国际法委员会的几位特别报告员曾试图就如何对国际组织予以概念化进行辩论，但是他们从未成功地达成共识。早在1958年，联合国大会第六委员会在讨论条约法的编纂问题时，就邀请国际法委员会在国际组织法方面加倍努力，并开始研究"国家与国际组织之间的关系"这一庞大专题。⑤ 阿卜杜拉·埃尔-埃利安（Abdullah El-Erian）被任命为特别报告员，他于1963年提交了第一份报告。⑥

埃尔-埃利安以对国际组织定义的演变开展研究作为开端，识别了三种"类别"的定义。

第一种试图将国际组织纳入当时的国际法经典范式之中。迪奥尼西奥·安齐洛蒂（Dionisio Anzilotti）* 和他关于国际组织是其成员（国）的

---

③ 参见本书第9章。

④ 参见本书第11章。

⑤ Relations between States and International Organizations, UNGA Res 1289 (XIII) (5 December 1958).

⑥ ILC, "First report on Relations between States and Inter-governmental Organizations by Abdull El-Erian" (1963) UN Doc A/CN. 4/161 and Add. 1 (hereafter El-Erian, First Report) 164.

* 迪奥尼西奥·安齐洛蒂（1867—1950）意大利实证国际法学的创始人，《国际法评论》创办人，代表作有《国际法教程》，1921—1930年任常设国际法院法官（1928—1932年任院长）。——译者注

集体机关的理论是典型事例。⑦ 根据这一概念化，国际组织不是独立的实体，仅是代表其成员（国）的集体意志。在同一主题下，埃尔-埃利安识别了由凯尔森（Kelsen）提出的另外一个定义：

> 一个有组织的国际社团是由一项条约建立的；为了实现建立该国际社团的目的，该项条约设立了该国际社团的特别机关。该国际社团是一个"国际的"社团；它不具有国家的性质……［它］是一个国际组织。与联邦制国家相反，它是一个邦联。⑧

第二种埃尔-埃利安将其模糊地界定为："使用我们对这种现象的当代理解追溯过去的某些经验，从而以今度古。"⑨ 他引用了斯坦利·霍夫曼（Stanley Hoffman）的研究成果；后者将国际组织定义为：

> 国家之间各种形式的合作，试图通过它们的联系在国际环境中实现某种秩序，由国家的意志创建，并在国家是主要法律人格者的环境中运行。⑩

在字里行间，这种定义试图将一个单独秩序的存在与其从国际法中的衍生物予以结合。

第三种的基础是，试图分离并强调某些被认为对定义国际组织至关重要的要素。⑪ 不同的学者依赖不同的基本要素；不过，他们通常考虑宗旨、条约基础、常设性特征、拥有独立于成员（国）的机构以及拥有法律人格。在第三种定义标题之下，埃尔-埃利安引用了数位作者的定义，特别是聚焦于国际法委员会关于条约法的工作。⑫

对这一主题的宽泛理解使埃尔-埃利安为国际法委员会的这项未来工作制

---

⑦ Dionisio Anzilotti, *Cours de Droit International* (Gilbert Gidel ed., Receuil Sirey 1929) 283.

⑧ Hans Kelsen, *Principles of International Law* (Rinehart & Co. 1952) 172; Jochen von Bermstorft, "Autorité oblige: The Rise and Fall of Hans Kelsen's Legal Concept of International Institutions" (2020) 31 EJIL 497.

⑨ El-Erian, "First Report" (n 6) 164.

⑩ Stanley Hoffmann, *Organisations Internationales et Pouvoirs Politiques des Etats* (Armand Colin 1954) 12.

⑪ El-Erian, "First Report" (n 6) 166.

⑫ 参见本书第 9 章。

定了一项令人印象深刻的议程。在他的初步意向中，下面是他接到的任务：

（一）第一组任务——国际法律人格的一般原则，其中包括：（1）国际组织的国际法律人格概念的定义；（2）法律能力；（3）缔结条约的能力；（4）支撑国际求偿的能力。

（二）第二组任务——国际豁免权和特权，其中包括：（1）国际组织的特权和豁免；（2）与国际组织有关的使领馆机构问题；（3）外交会议。

（三）第三组任务——特别问题：（1）关于国际组织的条约法；（2）国际组织的责任；（3）国际组织之间的继承。[13]

然而，国际法委员会大大缩小了该项目的范围，优先考虑外交关系法适用于国家和国际组织之间的关系。[14] 特别报告员在第二次报告（1967年）中这样总结：他所组织的关于国际组织法律人格一般原则的讨论，在委员会内部引起了很大争议。[15] 在第三次报告（1968年）中，他建议将国际组织定义为"根据条约建立的国家联盟，拥有组织宪章和共同的机关，并拥有不同于其成员国的法律人格"[16]。如前所述，国际法委员会拒绝接受对国际组织进行界定的必要性，并拒绝纳入这一定义。不过，它"认为，这种详细的定义目前并不必要，因为它［委员会］在目前的工作阶段并不处理国际组织本身的地位，而只是处理国家派遣到这些国际组织的代表的法律地位"[17]。最终结果是，国际法委员会在处理外交关系法专题时，避免任何理论问题，而是将重点放在关于成员（国）常驻代表团

---

[13] El-Erian, "First Report" (n 6) 184.

[14] ILC, "Relations between States and Inter-governmental Organizations: Suggested List of Questions as Basis of Discussion for the Definition of the Scope and Mode of Treatment: Working Paper Prepared by Mr. Abdullah El-Erian, Special Rapporteur-contained in A/5809. para. 4T (1964) UN Doc A/CN. A L104.

[15] ILC, "Second Report on Relations between States and Inter-governmental Organizations by Abdullah El-Erian" (1967) UN Doc A/CN. 4/195 and Add. 1. 137.

[16] ILC, "Third Report on Relations between States and Inter-governmental Organizations by Abdullah El-Erian" (1968) UN Doc A/CN. 4/203 and Add. 1-5. 124.

[17] ILC, "Report of the Commission on the Work of its 20th Session" (27 May-2 August 1968) UN Doc A/7209/Rev. 1. 196. See also, ILC, "Sixth Report on Relations between States and inter-governmental Oranizations by Abdullah El-Erian" (1971) UN Doc A/CN. 4/241 and Add. 1-6. 17. para. 43.

的实际问题方面。

国际法委员会关于条约法的当代工作表明，学者们在一些基本问题上存在分歧，如法律人格的属性、发展内部秩序的能力以及国际组织所制定法律的属性。[18]《1986年维也纳公约》表明它未能成功地解决透明机构面纱的困境这一问题；该困境使国际组织既不像国家那样自成一体，也不像条约缔约方会议那样对国际法完全开放。[19]

在国际组织数量激增的历史时期，其规范性基础已经开始显现出其自身的缺陷。比较主义者的方法提示，它虽然足以提供对共同特征的描述，但是完全不足以解决作为国际组织法特征的基本法律难题。因此，只能在一般性条款中找到一致意见，而这些条款又过于笼统，无法发挥应有的作用。对于国际组织，除了它是政府间组织的简称外，法律界人士缺乏一个一致同意的定义。[20]

总之，国际组织的国际法律框架仍然限于一套没有明确适用对象的规则。学术界和实务界对于国际组织缺乏共同的理解，不同的路径被混乱地组合在一起。简而言之，我们不知道国际组织是什么。特别是，《1975年国家代表权维也纳公约》开启了一个具体化的过程；在本书中将之定义为这样一种错误的二分法，即要么从国家中心的视角，要么从组织中心的视角来看待国际组织。下面的讨论旨在分析不同的概念化，评估是否存在一般性管理框架，以及提供国际法中国际组织概念的定义。

1.1 概念化 Vs. 定义

对于国际组织，通常是根据其应该具备的某些特征予以定义。例如，联合国国际法委员会强调国际组织在条约法方面的政府间性质及其在国际责任方面拥有独立的法律人格。[21] 维拉利（Virally）认为下列五个要素具有相关性，包括"国家间基础、它们的自愿性基础、它们拥有一

---

[18] 参见本书第9章。

[19] Catherine Brölmann, *The Institutional Veil in Public International Law International Originations and the Law of Treaties*（Hart 2007）11.

[20] *Vienna Convention on the Law of Treaties*（adopted 23 May 1969, Entered into force 27 January 1980）1155 UNTS 331, art 2（i）.

[21] 参见本书第9章和第11章。

个常设性的机关体系、它们的自治性以及它们的合作功能"[22]。谢尔默斯（Schermers）和布洛克尔（Blokker）倾向于依赖3个基本要素，进而将国际组织定义为"下列合作形式：（1）建立在一项国际协议之上；（2）至少有一个具有自己意志的机关；（3）根据国际法建立"[23]。其他学者对这一主题还提出了不同的变体定义；阿尔瓦雷斯（Alvarez）在《作为造法者的国际组织》一书中对此进行了恰当的描述。他在该书中得出的结论是："对国际组织的详尽定义所带来的问题，多于其价值。"[24] 事实上，根据描述性要素对国际组织进行定义，是一种具有局限性的路径；这一路径并不能解决本书提出的问题。与特别报告员埃尔-埃利安前面采用的路径类似，本书使用的"concept"（概念）一词与"definition"（定义）并不相同。

学者对基本要素的看法并不一致，因为他们对"国际组织是什么"的假设前提不同。本书的目的是识别国际组织所依据的法律上的概念化。例如，我不会关注法律人格是否是一个基本要素，而是关注不同的概念化所产生的结果，即法律人格是由成员（国）赋予的，还是创建一个国际组织所固有的。我将比较国际组织由国家创建并被赋予执行特定任务的基本要素的想法以及将国际组织视为自治主体的尝试；这些自治主体不是来自国家行为，而是来自取得"组织资格"所需要的内在拥有要素。[25]

我并不打算建立一个约束性框架来划定一个社会现象的界限。本书的目的不是定义国际组织并描述其基本特征，而是识别国际法中国际组织的概念。

即使我不像《国际组织责任条款草案》[26] 第2（a）条那样专门把国际组织定义为一种结构性要素的总和，但是有两个出发点限定我的研究。首先，本书限于根据国际法规范建立的国际组织机构；我将在后面

---

[22] Michel Virally, "Definition and Classification of international Organizations a Legal Approach" in George Abi-Saab (ed.), *The Concept of International Organizations* (UNESCO 1981) 5.

[23] Henry G. Schermers and Niels M. Blokker, *Institutional Law: Unity within Diversity* (Nijhoff 2011) para. 33.

[24] José E Alvarez, *International Organizations as Law-makers* (OUP 2005) 4.

[25] 关于这一路径的重要性，另见 Jan Klabbers and Guy Fiti Sinclair, "On Theorizing International Organizations Law: Editors' Introduction" (2020) 31 EJIL 489。

[26] ILC, "Draft Articles on the Responsibility of International Organizations, with Commentaries" (2011) UN Doc A/66/10 (hereafter ARIO).

描述这一假设前提的含义，不过目前有必要强调我并不关注非国家的其他行为者，如非政府组织和跨国公司。然而，我的确关注有争议的实体，如可以说是基于国内法律平行行为的或者政治而非法律协议的组织。

其次，也是更重要的，我认为国际组织没有一个共同同意的概念是由于其法律制度的属性造成的。将法律制度的概念应用于国际组织所产生的复杂性，是组织与其成员（国）之间关系缺乏明确性的原因，而这仍然是国际组织制度架构尚未解决的问题。㉗ 本书试图根据国际组织所制定法律制度的法律属性来界定国际组织。特别是，为了对四种主要的概念化进行区分，我对国际组织所制定法律的属性从根本上予以重视。

1.2 国际组织的四种概念

一般性管理文书（例如《1975年国家代表权维也纳公约》和2011年关于国际责任的项目）包含与每一国际组织的特定规则相关的条款。"国际组织规则"（rule of international organization）这一概念首次出现于《1975年国家代表权维也纳公约》第1（34）条；该条将其界定为"特别地，是指相应组织的宪章性文书、有关决定和决议以及既有惯例"㉘。这一界定是在关于《1975年国家代表权维也纳公约》的会议谈判中形成的，并没有列入国际法委员会编纂的条款草案之中。㉙ 委员会未就这些规则的属性形成一致意见；这些规则在某些方面属于国际法，而在其他方面则属于每一国际组织机构的内部法律。关于避免有争议问题的决定，将"国际组织规则"的界定引入了国际法委员会的词汇之中；不仅没有出现任何有争议的辩论，而且比国际法委员会关于条约法的工作早了一些年。然而，这一宽泛的界定包括国际组织的每一份规范性文件；它既不是基于学术研究的成果，亦非基于实践中的做法。在1975年维也纳会议之前，学术界已经从劳动关系到内部行政规章识别了国际组织规

㉗ Jan Klabbers, *An Introduction to International Organizations Law* (3rd edn, CUP 2015) 2.
㉘ VCRS (n 1) art 1 (34).
㉙ ILC, "Draft Articles on the Representation of States in Their Relations with International Organizations" (1971) UN Doc A/26/10. However, a similar definition was included in para. 5 of the commentary to art 3.

则，但是没有一个全面性框架。㉚ 当代学者往往缺乏历史视角，并运用国际组织法的宽泛定义来分析那些只考虑到特定类别国际组织的学者的研究成果。㉛

《1975年国家代表权维也纳公约》在一项一般性条款和许多具体条款中使用了国际组织规则的定义。就一般性条款而言，第3条规定："本公约的各项规定不得与［国际］组织的任何有关规则或会议的任何有关议事规则相抵触。"㉜ 然后，就设立常驻代表团（第5条）和签发全权证书（第10条）而言，这些规则被每一国际组织用作制定特别法具有意义的根据。总之，"国际组织规则"被用作保留条款；据之，只有在没有适用于该情况的具体规则时，适用于每一国际组织的一般性管理框架才有意义。

特别法原则是国际法的一个业已确定的特征，体现在若干文书之中，如国际法委员会关于国际责任的项目。㉝ 然而，在国际组织的背景下，它不仅是由国际组织据之采取行动的制度所引发的。例如，在缔结一项总部协定之后，因为该协定包括减损《1975年国家代表权维也纳公约》的特别规则。构建国际组织本身的规则能够减损国际法，从而建立每一国际组织机构特有的规范体系。

因此，我认为，为了分析国际法中国际组织的概念，有必要从对国际组织机构规则所确立的特别法如何界定进行分类作为开始。特别是，国际法委员会识别了关于国际组织所制定法律的属性的四种理论。㉞ 一是它识别了这样一种主流化的路径，即认为基于条约的国际组织的规则是国际法的组成部分；㉟ 二是它承认受到那些认为国际组织

㉚ Suzanne Basdevant, *Les Fonctionnaires Internationaux* (Sirey 1931); Andrea Rapisardi-Mirabelli, "La Théorie Générale des Unions Internationales" (1925) 7 RCADI 345.

㉛ For instance, see ARIO (n 26) commentary to art 10.

㉜ CRS (n 1) 287.

㉝ ILC, "Draft articles on Responsibility of States for Internationally Wrongful Acts, with Commentaries" (2001) UN Doc A/56/10.《国家对国际不法行为责任的条款草案》第55条规定："在并且只有在国际不法行为的存在条件或者国际责任的内容或履行受国际法特别规则调整的情况下，本条款草案不予适用。"

㉞ ARIO (n 26) commentary to art 10.

㉟ 对于这一理论，国际法委员会引用了下列文献：Matteo Decleva, Il Diritto Interno Delle unioni Internazionali (Cedam 1962); Giorgio Balladore Pallieri, "Le Droit interne des Organisations Internationals" (1967) 127 RCADI 1; Alain Pellet and Patrick Daillier, Droit International Public (7th edn, LGDJ 2002) 576-577。

的内部法律一经产生就不构成国际法的组成部分的那些学者的质疑;㊱ 三是它认同那些已经实现高度一体化的国际组织是一种特殊情况。㊲ 四是它考虑到根据规则的来源和主题进行区分的可能性,并将某些行政规章排除在国际法领域之外。㊳《国际组织责任条款草案》第 10 条的评注强调,只有当一个国际组织的某项规则是国际法的一部分时,违反该规则才会产生国际责任。

本书建立在这一假设之上,即关于规则属性的这四种理论反映了缺乏一个关于国际组织的公认概念,以及在文献和实践中这四种概念化的存在。第一,国际组织被认为是功能性实体。根据这一理论,成员(国)与某一国际组织之间的关系受该组织宪章性条约所确立的国际法的制约。㊴ 第二,国际组织被认为是宪章性实体,而且在这一实体中,成员(国)和相应国际组织之间的关系受基于宪章所制定内部法律的调整。㊵ 第三,不能仅在一个法律框架下对国际组织进行分析,这是因为国际组织制定的一部分法律受其内部法律制度的制约,而另一部分则受国际法的制约。㊶ 第四,不能仅在一个法律框架下对国际组织进行分析,虽然一些国际组织有其内部法律制度,但是其他国际组织仍然是功能性实体。㊷

在如何看待国际组织所制定法律的属性的基础上识别不同的概念化有数项好处,其中最重要的是直接的规范性意义。在这种情况下,功能主义(functionalism)被明确地界定为一种将规则视为纯粹国际法的理论,而宪章主义(constitutionalism)则是以规则的纯粹内部属性作为基础。同样,缺乏一个可以对国际法律和内部法律进行区分的明确法律制度,而这种缺

㊱ 对于这一理论,国际法委员会引用了下列文献: Lazar Focsaneanu, "Le droit interne de l'Organisation des Nations Unies" (1957) 3 AFDI315; Philippe Cahier, "Le droit interne des organisations internationals" (1963) 67 RGDIP 563; Julio A Barberis, "Nouvelles questions concernant la personalité juridique internationale" (1983) 179 RCADI 147; Christiane Ahlborn, "The Rules of International Organizations and the Law of International Responsibility" (2011) 8 IOLR 397; Rudolf Bernhardt, "Qualifikation und Anwendungsbereich des internen Rechts internationaler Organisationen" (1973) 12 Berichte der Deutschen Gesellschaft fur Volkerrecht 7。

㊲ 国际法委员会注意到了欧洲共同体,将之作为一个典型事例,并引用了 *Flaminio Costa* 诉 *ENEL* 案(Case 6/64 [1964] ECR 585)判决。

㊳ 对于最后一种理论,国际法委员会既没有引用学术文献,也没有援引案例。

㊴ 参见本书第 2 章。

㊵ 参见本书第 3 章。

㊶ 参见本书第 4 章。

㊷ 参见本书第 5 章。

乏产生的根源是关注国际组织机构立法非正式性问题的那些理论。最后，每一国际组织所发展的与其他国际组织不同的观念，导致了"特殊的"国际组织机构的发展，而这些特殊机构对于识别一个一般性框架的可能性提出了质疑。正如任何分类尝试一样，同一种类之中也存在差异，而这往往是由于使用相同的术语来指代宽泛的概念所致。然而，我的路径的规范性意义在于，它寻求减少同一种类之中的不协调，即使是在采用不同术语的时候。

本书的主要论点之一是，前面介绍的四种方案不过是错误的二分法。为了将国际组织界定为双重实体，下面将反驳那些具有局限性的视角。[43]"双重法律属性"这一概念描述了国际组织如何创建源自国际法的特殊法律制度。这种特殊的条件影响了它们制定的法律，这些法律同时具有国际法和内部规章的属性。通过分析条约法、规则的法律效力以及国际责任，本书讨论双重属性的影响。[44]

1.3 术语

使用诸如功能主义、宪章主义、特殊主义（exceptionalism）和非正式主义（informalism）等术语，是相当困难的。其中一些术语在国际法中已经有其自己的内涵，而另一些则是在这里第一次使用，或者从来没有用于我所提出的使用目的。例如，费尔南多·卢萨·博尔丁（Fernando Lusa Bordin）最近的一本书采用了"条约概念"和"主体概念"这两个术语来指称我在这里所说的功能主义和宪章主义。[45] 我使用这些术语的方式与安妮·彼得斯（Anne Peters）相似，[46] 尽管我增加了基本的规范性声明；在这些声明下，不同的概念化影响国际组织所制定法律的属性。

没有明确的界定，会招致针对每一个分类的尝试都会有批评，特别是

---

[43] 在第 7 章中详细讨论。有关论证已经在作者的下列著述中予以勾勒：Lorenzo Gasbarri, "The Dual Legality of the Rules of International Organizations"（2017）14 IOLR 87。

[44] 分别在第 9—11 章中详细讨论。

[45] Fernando Lusa Bordin, *The Analogy between States and International Organizations*（CUP2018）53.

[46] Anne Peters, "International Organizations and International Law" in Jacob Katz Cogan, Ian Hurd, and Ian Johnstone（eds.）, *The Oxford Handbook of International Organizations*（OUP 2017）34.

在国际组织法这一高度碎片化的领域；我对此非常理解。然而，我想初步指出的是，我前面勾勒的概念化将在后面的章节中得到阐释。本书的主要目的之一，是说明如何能够就国际组织的统一概念化达成一致。总之，我将主要基于对国际组织所制定法律的属性的不同观点，强调各种概念化之间的规范性差异，这是为了特定的论证目的而采用的稻草人谬论。事实上，这四种概念化并不相互排斥。我将介绍几个事例；在这些事例中，它们共存以获得特定的结果。事实上，在某一特定制度下运行并在特定环境中的一个国际组织，可以同时被定性为宪章性的、功能性的、非正式的和特殊的实体。

1.4 为什么重要

适用于国际组织行动的法律框架在很大程度上取决于前面提及的四种概念化。那些导致采纳更适合特定情况下争论兴趣的国际组织概念的案例，并不少见。国际组织经常被不加区分地视为：（1）当批评国家主权及其在全球化中的局限性时，国际组织是其成员国的代理人（功能主义）；（2）当批评其缺乏民主上的正当性时，国际组织是自治的强大实体（宪章主义）；（3）当批评其缺乏透明度时，国际组织是行政实体（非正式主义）；（4）当从反对或赞成一体化的价值视角进行批评时，国际组织是"超国家"机构或"软法"机构（特殊主义）。这样的事例不胜枚举，这也证明迫切需要一种创新性的分析，对不同路径的优点和缺点进行阐释。虽然本书基本上是理论性的研究，但是将使用几个事例描述从国际组织的一个或几个概念的应用中得出对国际责任、条约法和越权行为效力的突出影响。出于介绍的目的，对不同概念发挥基本作用的一些情况进行介绍，是有益的；这里选取的是联合国制裁、国际刑事法院逮捕令以及世界卫生组织《国际卫生条例》。

联合国制裁的效力至少取决于两个主体：一是作出制裁决定的国际组织，二是在自己的命令中对制裁进行转化的实体。每一主体采纳的不同观念都会影响制裁的合法性。在 2005 年和 2008 年对 *Kadi* 案的判决中，欧洲法院采纳了欧盟内部性问题这一视角，将安理会决议视为国际法。它没有考虑联合国内部性问题这种视角；如果采纳联合国内部性问题的视角，决议很可能属于联合国的内部法律。关于国际组织在跨法律制度活动中的人权义务，采用内部性问题的视角意味着仅适用它们自己的规则体系而不考虑创设其规则的法律制度的观点。这种情况发生在 2005 年。当时的欧洲法院依赖其法律制度的功能主义概念化，声称在欧洲共同体成立之前所缔结条约项下的国际义务优先于该共同体的法律制度。事实上，当该法院使用条约法来化解联合国和欧洲共同体义务之间的冲突时，就揭示了欧洲共同体法律体系的功能属性。它明确指出联合国义务"显然优先于国内法或条约国际法的每一项其他义务，包括对于那些属于欧洲委员会成员国的国家，它们在《欧洲人权公约》项下的义务，以及对于那些还是欧洲共同体成员国的国家，它们在《欧洲共同体条约》项下的义务"[47]。相反，在 2008 年，欧洲共同体法律制度的宪章属性（以及因此而具有的封闭性质）优先于联合国法律制度。的确，当该法院指出欧洲"共同体任何措施涉及基本权利方面的效力必须被认为是在一个基于法治的共同体中表达了源于《欧洲共同体条约》的宪章性保障，该条约是一个自治的、不受国际协议损害的法律制度"时，就揭示了欧洲共同体法律制度的宪章属性。[48] 尽管结果不同，但是在这两起案件中，法官都没有提及联合国视角的问题。假设从联合国内部性问题的视角来看，欧盟法律可以被视为国际法，而《联合国宪章》第 103 条规定的联合国义务的首要地位应该优先。[49] 可以说，不同法律制度之间的关系最终是异质的，由最强大的、加强其相对视角的法律制度予以主导。[50]

另一个相关的事例是关于国际责任方面的行为归结问题。国际刑事法院上诉分庭最近对 *Al-Bashir* 案作出了判决；该判决是以我即将界定的国际刑事法院的宪章性概念化作为基础。作为宪章性实体的国际组织概念特别与国际刑事法院检察官在上诉分庭提出的一个论点相关。2018 年 8 月 14 日，国际刑事法院检察官办公室阐释了一种新的理论，用以证实存在

---

[47] Case T-315/01 *Yassin Abdullah Kadi v. Council of the European Union and Commission of the European Communities* [2005] ECR II 3649, para 181.

[48] Joined Cases C-402/05 P and C-415/05 P *Yassin Abdullah Kadi and Al Barakaat International Foundation v. Council of the European Union and Commission of the European Communities* [2008] ECR I 6351, para. 316.

[49] 《联合国宪章》第 103 条规定："联合国会员国在本宪章下之义务与其依任何其他国际协定所负之义务有冲突时，其在本宪章下之义务应居优先。"

[50] Nico Krisch, *Beyond Constitutionalism: The Pluralist Structure of Postnational Law* (OUP 2010) 370.

对国际刑事法院成员国具有约束力的逮捕苏丹现任总统的义务。[51] 在第11段，它声称执行国际刑事法院逮捕令的请求不等于请求行使国家管辖权："被请求国只不过是法院执行法院逮捕令的代理人，因此，正在行使的执行管辖权是法院的，而不是被请求国的。"从约旦的观点来看，检察官论点的根本理由是，如果国家被视为代理人或代理，那么国家在执行对非成员国现任国家元首发出的逮捕令时，就没有违反其习惯法上的义务。[52] 在上诉分庭的听证会上，对国家可以成为国际刑事法院代理人的观点进行了广泛讨论。检察官办公室扩大了国际刑事法院管辖权的性质，它依据的是逮捕令的法律依据，而且逮捕令不被视为国内法律文件或国际法律文件，而是被视为国际刑事法院的法律。检察官这样争辩："本法院不是另一个国家的司法机构；它在体制上和适用相关规范方面都是超国家的。"[53] 法庭之友罗杰·奥基夫（Roger O'Keefe）教授这样回应："说把官员移交给国际刑事法院，被请求国是作为国际刑事法院的代理人或司法代理行事，这在法律上没有意义。我想指出的是，这还是一个不准确的比喻，因为是缔约国赋予了法院以管辖权，而不是相反。"[54] 的确，从纯粹的功能主义视角来看，说成员国是国际刑事法院的代理人毫无意义，因为它们确实保持了作为主权主体的国际义务。他正确地问道："一个缔约国自己的警察逮捕一个人，一个缔约国自己的法院对该人实施移交程序，怎么可能不等于该缔约国行使其［自己］的刑事管辖权？"[55] 唯一可能的回答是，如果人们支持成员国和该组织之间的关系受该组织内部的（而不是国际的）法律管辖的说法，那么国际刑事法院及其成员国对第三方来说就是一个自成一体的实体。

另一个相关的事例涉及特别法论点的应用。《国际卫生条例》是一个特殊的法律渊源，产生于《世界卫生组织组织法》第 21 条和第 22 条；

---

[51] ICC, "Prosecution Response to the Observations of the African Union and the League of Arab States（the Prosecutor y Omar Hassan Ahmad Al Bashir）"（2018）ICC-02/05-01/09.

[52] ICC, "The Hashemite Kingdom of Jordan's submissions following the hearing of 10, 11, 12, 13 and 14 September 2018（the Prosecutor v. Omar Hassan Ahmad Al Bashir）"（2018）ICC-02/05-DI/09, 4, 5.

[53] ICC, Appeals Chamber, Transcript, "The Prosecutor v. Omar Hassan Ahmad Al Bashir"（10 September 2018）ICC-02/05-01/09-T-4-ENG, 72.

[54] Ibid.（11 September 2018）ICC-02/05-01/09-T-5-ENG, 4.

[55] Ibid.（18 September 2018）ICC-02/05-01/09-T-8-ENG, 52.

为了解决卫生危机，该条例具有罕见的约束力。㊾世界卫生组织大会以简单多数通过了该条例，并在适当通知后对所有成员国生效，虽然成员国有可能在一个短的时期内选择退出。㊿仅根据所选择视角的不同，《国际卫生条例》可以被设定为国际性的或内部性的文书。这种模糊性产生了相关的结果，因为如果该条例是纯粹的内部法律，那么成员国的实施问题可以提交给《国际卫生条例》第56条规定的争端解决机制，而不是根据国际组织责任的一般性规则予以解决。世界卫生组织的法律顾问已经确认，内部规则允许发展一个量身定制的内部法律秩序，它可以避免关于相当小的问题上的法律争议。㊽然而世界卫生组织表示，直接从其宪章性文书中产生的义务必然是国际义务，只是不包括工作人员条例。㊼法律问题在世界卫生组织法律顾问使用的"量身定制"一词中得到了体现。它强调，一个国际组织的内部活动不能总是发生国际争端，因为这将无可挽回地损害该组织的运行。然而，"量身定制"意味着一个国际组织可以自由决定哪些法律问题值得放到国际层面，哪些法律问题应该保持在机构边界之内。

1.5 本书的结构

本书分为两编。第一编包括五章，分别讨论前边简述的国际组织的四种概念的起源和主要特征，并对描述它们与国际责任问题互动的论证进行总结。在这五章中，对于在国际组织创建法律制度的能力方面只采用一种视角，我将重点讨论它的局限性。对于使用有限视角时存在的分析性谬误，将根据取自不同法律场景的整合予以证明。例如，在功能主义下，我将讨论国际组织采取反制措施的能力；而在特殊主义下，我将讨论欧盟的

㊾ David P. Fidler, "From International Sanitary Conventions to Global Health Security: The New International Health Regulations" (2005) 4 CJIL 325; Benton J. Heath, "SARS, the 'Swine Flu' Crisis and Emergency Procedures in the WHO" in Sabino Cassese and others (eds.), *Global Administrative Law: The Casebook* (IRPA2012) I. B. 10.

㊿ Bruce Plotkin, "Human Rights and other Provisions in the Revised International Health Regulations (2005)" (2007) 121 Public Health 840.

㊽ Gian Luca Burci and Clemens A Feinäugle, "The ILC's Articles Seen from a WHO Perspective" in Maurizio Ragazzi (ed.), *Responsibility of International Organizations* (Brill 2013) 186.

㊼ ILC, "Comments and Obligations Received from International Organizations" (2006) UN Doc A/CN. 4/568, 4.

对外关系。不同主题的选择旨在确保足够的多样性水平，并使我能够尽可能有效地进行论证。

在本书的第二编，我将首先深入探讨国际组织制定法律制度的能力，以及我称为它们所制定法律的双重法律特征的理论讨论。之后，我将运用这些理论性见解来描述国际组织规则的规范种类，描述性宪章文书、一般原则、习惯法、嗣后实践、次级规范、司法裁决以及与成员（国）和第三方的条约。第二编将转向在条约法、国际组织所制定法律文件的效力以及国际责任的背景下，正视国际组织的双重属性。

第一编

国际组织的四种概念

第一编关注的是国际组织的四种概念：功能主义、宪章主义、非正式主义和特殊主义。这是根据国际组织所制定法律的性质进行区分的。第一编的前四章分为两个部分。第一部分描述相关理论的历史渊源及其对国际组织所发展的法律体系性质的规范性影响。第二部分批评相关理论，并举例说明其缺点。在功能主义下，其理论侧重于对组织规则的违反和反制措施；在宪章主义下，其理论侧重于特别法原理和行为归结；在非正式主义下，其理论侧重于劳动关系和全球行政法；最后，在特殊主义下，其理论侧重于欧盟和欧安组织。总的来说，我认为，已有理论受一种局限性视角的影响，即这种视角只能解释国际组织的组织活动的有限方面。本编的最后一章（第6章）提供了一些中间结论，揭示了导致不同视角产生混乱的错误的二分法。我将这四种概念化应用于关于国际组织责任的法律争端，得出的结论是：采用适用于所有国际组织的一种国际法律框架，受制于反驳局限性的视角以及采用一种"绝对的观点"这两种可能性。

第 2 章 功能主义

传统上,功能主义被认为是国际组织法的一种主流范式。功能主义是一种以国家为中心的概念化;在这种概念化中,成员国和国际组织之间的契约关系优先于组织内部关系。国际组织是成员国的代理人,其获赋职能优先于拥有采取任何相关行动的一般行为能力。成员国与其国际组织之间基于条约的关系被认为完全是一个国际法问题。国际组织的透明机构面纱使成员国与组织之间的内部法律关系表现为纯粹的国际法。国际法和国际组织制定的特定法律体系并不相互独立。

纯粹的功能主义概念化的主要信条是:

· 国际组织通过契约关系成为成员国的代理人;
· 国际组织制定的法律是纯粹的国际法;
· 国际组织的机构面纱表现为极具透明性的特征;
· 国际组织仅具有很低限度的自治权,并且只能通过严格职能和极少默示权力的方式赋予;
· 成员国在国际组织或其机构的会议或论坛上的行为与国际法事项相关。

在本章,我将首先介绍功能主义这一概念化的历史起源,并详细说明将国际组织规则概念化为纯粹国际法的理由。接着,讨论这一理论的缺陷,描述国际组织违反其组织规则所产生的困境,以及对成员国的不法行为采取反制措施而产生的问题。

2.1 作为国际法的国际组织规则

将国际法新主体的发展与古典唯意志论路径进行协调的尝试,促进了对国际组织概念的首次理论研究。这一学术时代最有趣的事件之一由意大利《国际法学刊》(*Rivista di Diritto Internazionale*) 主办,它在 1914 年公布了迪奥尼西奥·安齐洛蒂 (Dionisio Anzilotti) 和吉多·富西纳托 (Guido Fusinato) 之间关于国际农业学会法律属性的辩论情况。①

国际农业学会是第一个关注国际粮食管理领域的国家间合作组织。它于 1905 年由 51 个国家在罗马创设,其工作地点在罗马,这种状况一直持续到它被"联合国粮食及农业组织"所取代。② 该学会的最初任务限于公布市场价格和其成员国农业生产的统计账户,不过其组织结构反映了现代国际组织的构成,即由成员国大会、一个成员数量有限的常设委员会和一个秘书处组成。③ 法律学者对该机构作为一个国际法主体的模糊的法律地位以及因此是否享有特权和豁免权非常感兴趣。

在只有国家被认为具有国际法律人格的理论背景下,富西纳托主张该机构是一个完全合格的国际法主体,并且认为国际法承认新的非国家实体成为国际法主体正当其时。④ 不过,他承认这种新的法律主体具有特殊性,它是同时根据国际法和东道国国内法创设的。尤其是,在富西纳托看来,该学会受意大利管辖,并适用意大利法来弥补其宪章性文书的缺陷。

安齐洛蒂对这一理论提出质疑,坚信国际法主体的主体性与创建一个单独的法律秩序的能力相关,而这种秩序不可能根据一项国际条约而形成。⑤ 他重申自己的唯意志论视角,认为只有国家才是国际法的主体,而国际农业学会只是成员国的一个共享信息的机关。他描述的国际组织概念如下:"集体机构是指由若干国家共同建立的机构,其意愿的宣布根据国

---

① Dionisio Anzilotti, "Gli organi comuni nelle società di Stati" (1914) RDI 156 (hereafter Anzilotti, "Gli organi comuni"); Guido Fusinato, "La personalità giuridica dell'istituto internazionale di agricultura" (1914) RDI 149 (hereafter Fusinato, "La personalità giuridica").

② Asher Hobson, *The International Institute of Agriculture: An Historical and Critical Analysis of its Organization, Activities and Policies of Administration* (University of California Press 1931).

③ Luigi Luzzatti, "The International Institute of Agriculture" (1906) 182 The North American Review 651; Vittorio Racca, "Della utilità sociale di un istituto internazionale di agricoltura" (1905) 30 Giornale degli Economisti 490; Maffeo Pantaleoni and John H Hubback, "Parere di un 'pratico' sull'instituto internazionale di agricultura" (1908) 36 Giornale degli Economisti 109; Carlo Dragoni, "IL programma di statistica agraria all'istiuto internazionale di agricultura" (1909) 39 Giornale degli Economisti 115; Umberto Ricci, "L'ufficio di statistica dell'Istituto internazionale di agricoltura" (1913) 46 Giornale degli Economisti e Rivista di Statistica 157.

④ Fusinato, "La personalità giuridica" (n 1) 150.

⑤ Anzilotti, "Gli organi comuni" (n 1) 157.

际法与主体的集体性有关。因此，集体机构是以法律确定的后果为前提。"⑥ 国际组织只不过是成员国的集体意志。他强调国际组织的契约属性而非它的机构属性。

这场导论性的辩论揭示了功能主义和宪章主义之间的初始区别。学术界早期认为，国际组织只有在形成自己的内部法律秩序时才具有法律人格。否则，国际组织只不过是由其成员国共享的机关。在安齐洛蒂基于成员国意志相关性的理论中，可以识别国际组织的第一个概念；这一概念后来以功能主义之名发展。第二个概念可以在富西纳托基于国际农业学会自治权的理论中找到；这一理论后来以宪章主义之名发展，并作为对主流的功能主义范式的回应。

在第一个概念化下，安齐洛蒂将国际组织视为其成员国执行它们联合职能的共享机关。这一理论有助于控制新行为主体的出现，并重申只有国家才享有国际法上法律人格的这一信条。这一理论的特点是缺乏对机构的关注，有时甚至不清楚共享的机关是否真正作为机构而发展。⑦ 当然，这一理论因战后国际社会中国际组织的扩张现实而被搁置。一旦关于是否具有法律人格的争议得到解决，这两种概念化之间的争议就转变为下列问题：国际组织的法律人格是由成员国所赋予（功能主义），还是一个国际组织因其创设而固有（宪章主义）。通过平衡新机构的出现与以国家为中心的国际社会，功能主义范式得到了越来越多的支持。

20世纪初，保罗·萨缪·芮恩施（Paul Samuel Reinsch）发表的著述奠定了功能主义的基础。⑧ 他对国际法上国际组织概念化的贡献有据可查。⑨ 正如简·克莱伯斯（Jan Klabbers）所主张的，芮恩施的主要成功在于他提出了一种理论，能够解决与他同时代的读者的困惑。他的理论主要是证明这种新的"联盟"不威胁国家主权。第一，因为它们是为了执行特定的职能而设立的。第二，因为它们是不涉及政治的技术性行政机

---

⑥ Dionisio Anzilotti, *Cours de Droit International* (Gilbert Gidel ed., Receuil Sirey 1929) (hereafter Anzilotti, *Cours*) 283.

⑦ Jan Klabbers, "The Emergence of Functionalism in International Institutional Law: Colonial Inspirations" (2014) 25 EJIL 645, 653 (hereafter Klabbers, "The Emergence of Functionalism").

⑧ Paul S Reinsch, "International Unions and their Administration" (1907) 1 AJIL 579; Paul S. Reinsch, "International Administrative Law and National Sovereignty" (1909) 3 AJIL 1.

⑨ Jan Klabbers, "The EJIL Foreword: The Transformation of International Organizations Law" (2015) 26 EJIL 9 (hereafter Klabbers, "The EJIL Foreword").

构,满足了被工业革命改变的世界开展技术合作的需求。第三,因为创设那种规避成员国意志的主体的风险被一种比较主义者的路径所消除,这种路径限制了国际组织之间的差异,并提出了一个适用于所有国际组织的一般性监管框架。总之,功能主义将国际组织描述为其成员国的代理人,国际组织既可以被视为国家开会讨论和缔结协议的论坛,也可以被视为采取行动的独立办事机构。⑩

芮恩施所处时代活跃的国际组织数量较少,他分析的范围因此受限,但功能主义成功地成为规范国际组织未来发展的主流范式。特别是,国际联盟和国际劳工组织的成立激发了关于国际组织概念化的辩论。1919年,和平会议设立的劳工委员会讨论了国际劳工组织的法律性质。劳工委员会面临的主要问题之一是如何协调国家主权和赋予该组织的权力。⑪ 然而,仅仅是一种咨询性的职能将无法实现其目标,而具有约束力的法律却需要一个执行机制来处理违规行为。《凡尔赛和约》第13部分没有解决这一困境。它没有提及国际组织的国际法律人格,也没有将建构文书界定为宪章。对于行政机构,该文件对其自治权避而不谈,也没有授予其特权和豁免权。

在两次世界大战之间,国际劳工组织已经成长为一个强大的实体,并塑造了其内部和外部特征。就内部特征而言,它扩大了自己的职能;而就外部特征而言,自治权则通过成员国与国际联盟间的实践建立起来。常设国际法院对法律人格的存在并没有表态,尽管这难以支持它的下列论点:国际劳工组织没有作为法律人格者实施行为,而且成员国是通过国际组织以其个人身份行使权力。⑫ 国际劳工组织从一个类似于国际农业学会的"国际标准制定机构"转变为一个技术援助的提供者。⑬ 国际劳工组织的职能范围迅速扩大,因此,法律理论也不断发展以满足新的期望。

最初,国际组织法律属性的不明确限制了其活动。这一问题早在1922年就已经出现,当时国际联盟的性质以及其与国际劳工组织之间

---

⑩ Klabbers, "The Emergence of Functionalism" (n 7) 656.

⑪ Antony Evelyn Alcock, *History of the International Labour Organisation* (Springer 1971).

⑫ Chittharanjan Felix Amerasinghe, *Principles of the Institutional Law of International Organizations* (CUP 2005) (hereafter Amerasinghe, *Principles*) 77.

⑬ Guy Fiti Sinclair, *To Reform the World: International Organizations and the Making of Modern States* (OUP 2017) Chapter 1.

的关系成为国际劳工组织理事机构第十四届会议的争议主题。这场辩论涉及该组织总部的建筑物是属于国际联盟还是国际劳工组织。有评论强调，国际联盟"在公法和国际法上具有法律人格"。⑭ 1931年《官方公报》（*Official Bulletin*）详细讨论了这一问题，讨论了自由城市但泽的成员资格；其中，把国际劳工组织描述为一个不同于先前存在的国际联合体的特殊实体。⑮ 欧内斯特·马海姆（Ernest Mahaim）断言国际劳工组织拥有与国际联盟相同的法律属性；讨论提到了他的著述。⑯ 因此，国际劳工组织是一个基于国际公约的常设性国家联盟。然而，他坚持认为，"就国家承担《劳工公约》项下义务而言，将该组织描述为一个法人的这种概念是完全虚拟的"。国际组织的发展并非没有倒退；基于宪章性实体与功能性实体之间的主要区别，形成了不同的理论。1926年，国际联盟与瑞士签署了它的第一份总部协议；保罗·内古列斯科（Paul Négulesco）将这份协议描述为关于国际组织内部秩序享有国家管辖豁免的有限主权的证据。⑰

在两次世界大战之间，没有一个研究领域可以与当今视为的国际组织法领域相比较。国际组织的概念要么用来界定国家之间的一般性合作，要么用来界定特定的国际组织，如国际劳工组织。这种分析比较不同的国际组织，但仅限于解决眼前的问题，并没有提及一般性框架。在1927年关于多瑙河欧洲委员会的咨询意见中，常设国际法院围绕功能主义定义，提炼了国际组织的概念：

> 由于[多瑙河]欧洲委员会不是一个国家，而是一个具有特殊宗旨的国际组织，它只具有《最终规约》所赋予的、为了实现其宗旨所需要的职能。不过，在规约没有对它加以限制的范围内，该委员会有权充分行使其职能。⑱

---

⑭ ILO, "Minutes of the XIV Session of the Governing Body of the International Labour Office" (1922) 09601 (1922-14) 402.

⑮ ILO, "Official Bullettin" (1931) Volume XVI, 184.

⑯ Ernest Mahaim, "L'Organisation permanente du travail" (1924) 4 RCADI 69, 99.

⑰ Paul Négulesco, "Principes du droit international administratif", (1935) 51 RCADI 581 643.

⑱ *Jurisdiction of the European Commission of the Danube between Galatz and Braila* (Advisory Opinion) [1927] PCIJ Series B, No. 14, 64.

一年后，常设国际法院的另一份咨询意见在关于希腊—土耳其委员会权力的决定中讨论了国际组织的概念。[19] 第一次世界大战后，土耳其和希腊签署了一份协议，成立一个混合委员会来解决两国关于人口交换的法律问题。法院将该委员会描述为一个行政性机构，并首次涉及了默示权力理论。[20] 伊莱休·劳特派特（Elihu Lauterpacht）识别了这一决定的三项基本结果。第一，该委员会是一个具有"法人资格"的组织。因为其成员国没有将问题提交仲裁的联合权限，而这一权限属于委员会本身。第二，他对该决定的解释是，应该通过与国内法律体系类比的方式来弥补该委员会内部规章的缺失。第三，该委员会目标的实现应该取决于它自己，而非其成员国。[21]

相较于安齐洛蒂最初支持的共同机关理论，基于三要素的国际组织概念化有一个明显的演变过程。值得强调的是，安齐洛蒂是签发咨询意见的常设国际法院的法庭庭长。这一概念化融合了富西纳托观点中的一些考量因素，从根本上反驳了共同机关可以由混合法律体系构成的论点；在混合体系下，部分法律属于内部法律，而其他部分则属于国际法。只有在它是基于私法人的类似处理时，与国内法进行类比才会有用，但它并不决定国际组织的法律体系的内容。这一决定是协调国际组织的功能属性与宪章性发展的首次尝试。

第二次世界大战后，国际劳工组织自身面临着法律人格的问题，要求对其建构文书进行修订。事实上，国际劳工组织坚持制定一部宪章性章程，从而将增强其相对于成员国和其他国际组织的自治性。[22] 其宪章问题委员会建议在宪章中列入两项新条款，用来专门处理该组织的法律地位和豁免权问题。[23]

联合国的成立使关于国家以外的国际法主体存在的辩论取得重大进展。国际法院关于赔偿问题的咨询意见通常被认为是关于这一事项的导向

---

[19] *Interpretation of the Greco-Turkish Agreement of December 1st, 1926* (Advisory Opinion) [1928] PCIJ Series B, No 16.

[20] Negar Mansouri, "Analysis OXIO 357 'Interpretation of the Greco-Turkish Agreement of 1 Decembre 1926'" (2018) Oxford Report on International Law: International Organizations.

[21] Elihu Lauterpacht, "The Development of the Law of International Organization by the Decisions of International Tribunals" (1976) 152 RCADI 383, 404.

[22] ILO, "Official Bulletin" (1945) Volume XVII, 199.

[23] ILO, "Official Bulletin" (1946) Volume XVII, 921.

性决定。㉔ 它的结论是联合国独立于其会员国，但它又却没有明确识别国际组织的性质。

国际法院根据功能主义范式，将联合国概念化为成员国的代理人；这意味着联合国的法律人格不可能是因其成立而固有的，而是必须从其创始会员国的意志中寻找来源。如果会员国在宪章性条约里没有明确地授予联合国以法律人格，那么，如果其法律人格是实现联合国目标所必需的，则必须默示其具有法律人格。根据这一概念化，国际法院认为：根据国际法，必须认为该国际组织拥有这些权力，即，根据履行其职责不可或缺的必要默示而赋予的权力，尽管《联合国宪章》中没有明确规定。㉕

这一咨询意见成为新兴功能主义范式的基石。如今，克莱伯斯将功能主义界定为"本质上是一种委托—代理的理论，由一个集体性组织的委托人（成员国）配置一项或多项特定的任务——职能给其代理人"㉖。他将维拉利（Virally）的著述视为是功能主义宣言。维拉利在其著作中识别了三重定义。㉗ 第一，职能构成成员国赋予实施行为的授权。第二，职能决定国际组织行为的局限性。第三，国际组织的机构必须根据成员国设定的义务，以某种方式实施行为。

国际法院在其判例法中巩固了功能主义视角。㉘ 最近的裁决提示，国际组织规则（rule of international organization）的属性影响国际组织活动的各个方面——从与第三方缔结协议，到确定越权行为活动的影响。在武装冲突中使用核武器合法性咨询意见案中，国际法院依据《世界卫生组织宪章》的国际性质，作出该组织无权请求其发表咨询意见的裁决。㉙ 它采用功能主义概念化，认为"国际组织是国际法主体，但不像国家那样拥有普遍权限。国际组织受'特殊性原则'的规制；换言之，它们由创建它们的国家赋予权力，而这些权力的限度处于这些国家委托国际组织促进

㉔ *Reparation for Injuries Suffered in the Service of the United Nations* (Advisory Opinion) [1949] ICJ Rep 174.

㉕ *Reparation for Injuries Suffered in the Service of the United Nations* (Advisory Opinion) [1949] ICJ Rep 182.

㉖ Klabbers, "The EJIL Foreword" (n 9) 10.

㉗ Klabbers, "The EJIL Foreword" (n 9) 22.

㉘ Eyal Benvenisti, "Upholding Democracy Amid the Challenges of New Technology: What Role for the Law of Global Governance?" (2018) 29 EJIL 9, 16.

㉙ *Legality of the Use by a State of Nuclear Weapons in Armed Conflict* (Advisory Opinion) [1996] ICJ Rep 66.

其共同利益的职能范围之内"㉚。

功能主义视角在洛克比案（洛克比空难）中也占据了优势；在该案中，法院没有考虑这一论点，即利比亚的控告应该向联合国安理会而不是向英国和美国提出。㉛ 同样，关于1995年9月13日《临时协议》的适用（南斯拉夫马其顿共和国诉希腊案），国际法院依据争议的双边属性，并没有讨论该案件涉及的北约内部发生的行为。它默示地依赖这些实体的透明品质。㉜ 显然，功能主义概念占主导地位，是由于国际法院的运作制度具有以国家为中心的特征。

法律学者对功能主义的普遍认同，有助于对国际组织规则的国际属性的批判性承认。事实上，规范成员国和国际组织之间关系法律的国际属性的根源，可以在安齐洛蒂的共同机关理论中找到。㉝ 在同一时期，苏珊娜·巴斯迪凡（Suzanne Basdevant）认为，国际法还涵盖了国际组织内部劳动关系的法律。㉞ 杰赛普（Jessup）认为，国际组织规则的国际属性与他所称"国际议会法"有关。㉟ 在为数不多的专门论述该主题的专著中，马泰奥·德克列瓦（Matteo Decleva）对国际组织所发展法律体系的"原始性"特征提出了质疑，并将其描述为国际法的衍生物。㊱ 在他看来，这种制度的衍生属性是基于成员国赋予的获赋职能，因为成员国是国际法的主要主体。

威尔弗雷德·詹克斯（Wilfred Jenks）采用功能主义路径，分析国际组织法，对私法、行政法和公法进行区分。㊲ 他将国际组织内部层面限定为劳动关系；不过，他认为，"内部的"（internal）是一个不影响个人合

㉚ *Legality of the Use by a State of Nuclear Weapons in Armed Conflict*（Advisory Opinion）[1996] ICJ Rep 25.

㉛ *Case Concerning Questions of Interpretation and Application of the 1971 Montreal Convention Arising from the Aerial Incident at Lockerbie*（Libya v. United Kingdom）（Provisional Measures）[1998] ICJ Rep 9.

㉜ *Application of the Interim Accord of 13 September 1995*（the former Yugoslav Republic of Macedonia v. Greece）[2011] ICJ Rep 644.

㉝ Anzilotti, *Cours*（n 6）295, 296.

㉞ Suzanne Basdevant, *Les fonctionnaires internationaux*（Sirey 1931）.

㉟ Philip C Jessup, "Parliamentary Diplomacy: An Examination of the Legal Quality of the Rules of Procedure of Organs of the United Nations"（1956）89 RCADI 183, 204; Philip C Jessup, "International Parliamentary Law"（1957）51 AJIL 396.

㊱ Matteo Dedeva, *Il diritto interno delle unioni internazionali*（CEDAM 1962）.

㊲ Clarence Wilfred Jenks, *The Proper Law of International Organisations*（Stevens & Sons 1962）.

同国际性质的形容词。劳动关系不是来源于国际组织的宪章性质,而是来源于一种被视为合同的宪章性条约:"如果一个国际组织具有国际法人机构的性质,那么调整其内部活动的法律必然具有国际属性。"[38] 这句话表明,国际属性和功能概念化是如何同国家为完成特定任务而创建作为社团的国际组织的观念紧密联系起来的。[39] 同样,格纳茨·塞德尔-霍恩韦尔登（Ignaz Seidl-Hohenveldern）认为国际组织的起源是借用民法上的社团概念。[40] 在一个国际组织被视为一种合作的契约形式而其成员国有着明确的职能赋予的情形下,该组织制定的法律保持契约的性质,即国际法。

最近,朱斯特·保维赖恩（Joost Pauwelyn）在世界贸易组织的背景下采用了国际组织功能主义的概念。[41] 他区分了其所称 WTO 义务的"互惠"和"整体"性质。在保维赖恩看来,"互惠"义务具有双务属性;基于这种路径,WTO 义务可以简化为双边条约关系的汇编。相反,"整体"义务具有集体约束效力的多边内涵。他坚持认为,WTO 的大多数义务必须具有互惠性质,强调 WTO 法的契约性基础。在这一理论下,国际组织并没有发展特殊的法律体系,因而国际组织所制定法律的属性在国际法范围内予以解释。与其他国际组织相比,WTO 法律、联合国法律或世界卫生组织法律之间的差异仅仅是国际公法不同分支的问题。在缺乏单独自成一体的法律体系边界的情况下,类别被用来描述国际法的不同领域。

如果国际组织规则是国际法,即使《国际法院规约》第 38 条没有提及,那么它们也在国际法的传统渊源中具有一种特殊地位。[42] 除了极少数例外,国际法教科书一般将国际组织制定的法律视为国际法的一种渊源,并不对其进行争辩,或最多将它作为全球化背景下国际社会演变的一个事例。[43]

---

[38] Clarence Wilfred Jenks, *The Proper Law of International Organisations* (Stevens & Sons 1962) 68.

[39] Amerasinghe, *Principles* (n 12) 15.

[40] Ignaz Seidl-Hohenveldern, *Corporations in and under International Law* (CUP 1987) 69.

[41] Joost Pauwelyn, *Conflict of Norms in Public International Law: How WTO Law Relates to other Rules of International Law* (CUP 2003) 52.

[42] For instance, Marcelo Gustavo Kohen, "La pratique et la théorie des sources du droit international" Société française pour le droit international, *La pratique et le droit international Colloque de Genève 2003* (Pedone 2004) 105.

[43] For example, Alain Pellet and Patrick Daillier, *Droit international public* (7th edn, LGDJ 2009); Malcolm N. Shaw, *International Law* (8th edn, CUP 2017); Evelyne Lagrange and Jean Marc Sorel, *Traité du droit des organisations internationales* (LGDJ 2013); Amerasinghe, *Principles* (n 12).

总之，国际组织规则的国际性与功能主义密切相关。国际组织在成员国赋予其管辖权限的同一法律体系框架内行使其职能。㊹ 然而，正如克莱伯斯所争论的，这与强调国际组织广泛自治权的经验现象并不兼容。功能主义不能解释自治法律体系的发展。早在 1969 年，巴拉多尔·帕利耶（Balladore Pallieri）就发现，一个内部规则体系如果没有自己的法律体系，就无法存在。㊺ 在他看来，如果一个国际组织不能创制法律体系，那么它的规则就根本不是法律。

2.2　功能主义的局限性

本节通过两个事例着重讨论功能主义概念化的局限性。第一个事例是关于国际组织违反组织机构规则，第二个事例是关于反制措施和制裁之间的复杂关系。一般而言，功能主义受制于有限国际性的观点/以国家为中心的观点；这种观点不承认存在内部的视角/国际组织机构的视角。

2.2.1　功能主义视角下的违反机构规则问题

简而言之，如果制定这些规则的同样的绝大多数国家能够修改规则，那么功能主义并没有解释国际组织是如何违反内部规则的。㊻ 如果国际组织不创制内部法律体系并且制定的法律保持源自成员国意志的国际性质，那么通过（成员国的）决定搁置内部规则的同样意志，就能使任何违反行为变得正当。国际法院对两起主要案件作出了裁决，其中功能主义的局限性遭到了挑战。

第一起案件涉及联合国行政法庭裁决的效力。㊼ 1953 年，联合国大会要求国际法院就大会是否有义务执行联合国行政法庭的裁决发表咨询意见。基于纯粹的功能主义逻辑，创建联合国行政法庭的绝大多数国家同样

㊹ 关于丹·萨洛希（Dan Sarooshi）所使用"赋予"（delegation）的含义，参见 Dan Sarooshi, "International Organizations: Personality, Immunity and Responsibility" in Dan Sarooshi (ed.), *Remedies and Responsibility for the Actions of International Organizations* (Nijhoff 2014) 20。

㊺ Giorgio Balladore Pallieri, "Le droit interne des organisations internationales" (1967) 127 RCADI 1, 22.

㊻ Benedetto Conforti, "The Legal Effect of Non-Compliance with Rules of Procedure in the UN General Assembly and Security Council" (1969) 63 AJIL 479.

㊼ *Effect of Awards of Compensation made by the United Nations Administrative Tribunal* (Advisory Opinion) [1954] ICJ Rep 47.

有权撤销后者的裁判。显然，这种推理将会违背任何基于公正公平的劳动关系的相关论点。为了反驳纯粹的功能主义论点，国际法院信赖联合国制定的对其机关和工作人员具有约束力的内部宪章性秩序。[48]

会员国进而主张，联合国大会无权建立一个有权约束大会自身的法庭。[49] 根据《联合国宪章》的规定，联合国大会应该建立一个仅具有咨询管辖权的机关。成员国争辩，建立一个有权施加支付赔偿金的法庭违反了《联合国宪章》；因为联合国大会根据宪章应当批准联合国的预算。国际法院驳回了这一论点，认为联合国大会对支出没有绝对的权力，因为支出可能还来自已经产生的义务和国际组织不能拒绝的支出。

最后一个相关的功能主义论点指出，联合国大会通过建立一个附属机构，下放自己的职能。[50] 在该案中，法院驳回了这一论点，确认联合国大会是在行使宪章所赋予的权力。联合国大会可以废除或修改行政法庭规约。但是，一旦联合国大会创建了一个属于联合国内部法律体系的机构，它就必须执行该机构的决定。

第二起案件涉及世界卫生组织及其迁移东地中海区域办事处的决定。[51] 在20世纪70年代，埃及的亚历山大市是世界卫生组织区域办事处的所在地；在此之前，亚历山大市是卫生委员会所在地。政治原因迫使世界卫生组织提出了将办事处迁移到约旦首都安曼的请求，但相关法律框架远未明确。有两项协议可能适用于区域办事处的迁移。1951年缔结的东道国协议规定了不少于两年的通知期。然而，在东道国协议签订之前，亚历山大办事处已经根据1949年缔结的非正式协议开展工作，而该协议并没有规定通知期。为了尽快迁移办事处，出现的争议是：1951年的协议仅涉及豁免权、特权和该区域办事处的设施，然而区域办事处此前已经根据1949年的协议予以建立。

国际法院首先描述世界卫生组织关于设立区域办事处的"宪章性框

---

[48] *Effect of Awards of Compensation made by the United Nations Administrative Tribunal* (Advisory Opinion) [1954] ICJ Rep 56.

[49] *Effect of Awards of Compensation made by the United Nations Administrative Tribunal* (Advisory Opinion) [1954] ICJ Rep 59.

[50] *Effect of Awards of Compensation made by the United Nations Administrative Tribunal* (Advisory Opinion) [1954] ICJ Rep 61.

[51] *Interpretation of the Agreement of 25 March 1951 between the WHO and Egypt* (Advisory Opinion) [1980] ICJ Rep 73.

架"，而后进行分析。㊾ 接着，法院重新厘定了该请求提出的法律问题："在什么条件下和按照什么方式可以将该区域办事处从埃及迁移的问题，以及适用于这一问题的法律原则和规则是什么？"㊿ 国际法院努力调和不同的观点；其中，埃及同时是世界卫生组织法律体系的内部主体和国际协定的相对方。一方面，世界卫生大会拥有决定其区域办事处地址的绝对权力。在国际组织和其成员国之间的内部关系中，与埃及之间的协议可以通过国际组织"主权"决定进行修正。另一方面，成员国在接受区域办事处总部方面拥有"主权"。总之，"国际组织在这个方面的决定权并不比一个国家的决定权更为绝对"㊾。从功能主义视角来看，法院重申了国际组织不是一种"超国家"的形式，而且从宪章主义视角来看，国际组织受到下列约束：

> ［它们］根据国际法一般规则承担的任何义务，根据它们的宪章或它们作为缔约方的国际协定承担的任何义务。相应地，它并没有回答提交给法院的问题，而只是提及国际组织有权确定其区域办事处地址的位置。㊺

在基于国际组织内部法律的宪章性框架内，功能主义无法解决基于国际法的契约关系而产生的困境。结果是，国际法院依据善意原则，裁决世界卫生组织和埃及负有义务，进行相互协商，谈判迁移事宜，并就合理的通知期限达成一致。㊻

2.2.2 功能主义视角下的反制措施和制裁

根据联合国国际法委员会《国家对国际不法行为的责任条款草案》第 22 条，反制措施是指排除行为不法性的情形；在这些情形下，当符合第 49—54 条规定的条件时，一国不符合国际法的行为不会引起国际责任。㊼ 特别是，

㊾ *Interpretation of the Agreement of 25 March 1951 between the WHO and Egypt* (Advisory Opinion) [1980] ICJ Rep 77; see Klabbers, "The EJIL Foreword" (n 9) for a similar analysis.

㊿ *WHO-Egypt Agreement* (n 51) para. 36.

㊾ *WHO-Egypt Agreement* (n 51) para. 37.

㊺ *WHO-Egypt Agreement* (n 51) para. 37.

㊻ *WHO-Egypt Agreement* (n 51) para. 49.

㊼ ILC, "Draft Articles on Responsibility of States for Internationally Wrongful Acts, with Commentaries" (2001) UN Doc A/56/10.

反制措施必须由受害方实施，以促使对方遵守义务；反制措施必须针对对方对其具有约束力的有限数量义务的违反，并且必须遵守若干条件（其中包括与受害方所遭受的不法行为成比例）。反制措施是以应对另一国际法主体在先的违反行为而实施的违反国际法的行为，旨在促使对方遵守义务。[58] 反制措施是私力实施国际法的典型机制。

国际组织具有采取反制措施的能力，但国际组织也可能受到反制措施的约束。[59] 然而，与国家相比较，由于其内部和外部的动态性，国际组织的主动性和被动性能力更为复杂：（1）与成员国或非成员国有关的反制措施；（2）关于违反任何国际法义务或违反来自国际组织规则义务的反制措施。这些区别表明，在确定国际组织是否拥有制定内部法律的法律体系以及它们如何融入国际法方面，存在困难。

在国际组织法中，关于内部和外部反制措施重要性的一个最新事例，是世界卫生组织对流行病暴发的响应。[60] 2015年，埃博拉临时评估小组指出，世界卫生组织成员国在病理学上违反了《国际卫生条例》。[61] 该小组建议建立一个内部机制，来制裁成员国违反《国际卫生条例》的行为。特别是成员国往往违反《国际卫生条例》，对那些与宣告的国际性突发公共卫生事件有关的国家施加歧视性措施。问题是，在世界卫生组织缺乏内部的制裁机制来执行宪章性条约项下义务的情形下，该组织是否可以对其成员国采取国际反制措施？

采取国际反制措施的可能性意味着，国际组织与其成员国之间的组织内部关系是以国际法为基础。在缺乏国际组织机构规则的情形下，以国际法为退路反映了一种基于特别法和一般法之间动态的关系。

为了厘清这一问题，联合国国际法委员会特别报告员乔治奥·盖加（Giorgio Gaja）在其关于反制措施的第六次报告中，基于WTO内部发展

---

[58] ILC, "Draft Articles on Responsibility of States for Internationally Wrongful Acts, with Commentaries" (2001) UN Doc A/56/10. 参见第22条评注中关于反制措施与报复的定义。

[59] 有关一般性讨论，参见 Frédéric Dopagne, *Les contre-mesures des organisations internationales* (Anthemis 2010)。

[60] Andrea Spagnolo, "(Non) Compliance with the International Health Regulations of the WHO from the Perspective of the Law of International Responsibility" (2018) 18 Global Jurist 1; Andrea Spagnolo, "Contromisure dell'organizzazione mondiale della sanità come conseguenza di violazioni dei regolamenti sanitari internazionali in contesti epidemici" in Laura Pineschi (ed.), *La tutela della salute nel diritto internazionale ed europeo tra interessi globali e interessi particolari* (Eidtoriale scientifica 2017).

[61] WHO, "Report of the Ebola Interim Assessment Panel" (2015).

的且与欧洲共同体有关的实践，主张没有理由区分反制措施是针对国家的还是针对国际组织的。⑫ 这种路径的后果是，当一个国际组织对一个违反其内部规则的成员国采取行动时，内部制裁和国际反制措施之间的区别是不清晰的。⑬ 联合国国际法委员会拒绝了特别报告员采取的依赖于 WTO 实践的路径，认为这一路径是建立在区分作为内部制裁而采取的反制措施和作为履行国际责任而采取的反制措施的基础之上。⑭ 总之，联合国国际法委员会的辩论表明将国际反制措施与内部制裁混淆会产生风险。⑮ 区别就在于"主管社会机构"的授权⑯，能够区分国际组织的集体性逻辑与私人的契约性逻辑。⑰

国际组织所制定法律的国际属性的结果是，制裁和反制措施都将受到同一监管框架的调整。⑱ 此外，基于纯粹的功能主义概念化，不需要对成员国或非成员国采取的反制措施进行区分。他们都具有对一个国家采取集体的国际行动的特点，以促使国家遵守规定。

然而，在一个国际组织的动态中，当采取反制措施的国家还是该国际组织的成员国时，该国际组织的规则可能会施加进一步的限制，甚至是禁止成员国采取反制措施。这可能导致反制措施的采取是对下列制裁措施的一种回应，即在国际法上不法的、但在国际组织内部法律上却合法的制裁措施。⑲ 这不只是理论上的一种可能性。主要事例是联合国安理会的制裁；在某些情

---

⑫ ILC, "Sixth Report on Responsibility of International Organizations by Giorgio Gaja" (2008) UN Doc A/CN.4/597.

⑬ Simone Vezzani, "Countermeasures by Member States against International Organizations" in Maurizio Ragazzi (ed.), *Responsibility of International Organizations: Essays in Memory of Sir Ian Brownlie* (Nijhoff 2013) 373.

⑭ 特别参见联合国国际法委员会的讨论。ILC, "Summary Record of the 2963rd Meeting" (2008) UN Doc A/CN.4/SR.2963.

⑮ ILC, "Report of the International Law Commission on the work of its 60th Session" (5 May–8 August 2008) UN Doc A/63/10, para. 148 ss.

⑯ Georges Abi-Saab, "The Concept of Sanction in International Law" in Vera Gowlland-Debbas (ed.), *United Nations Sanctions and International Law* (Kluwer 2001) 29.

⑰ Mariano J Aznar, "La distinction entre sanctions et contre-mesures" (2013) RBDI 111.

⑱ Yann Kerbrat, "Sanctions et Contre-Mesures: Risques de Confusion dans les Articles de la CDI sur la Responsabilite des Organisations Internationales" (2013) 46 RBDI 103 (hereafter Kerbrat, "Sanctions").

⑲ Tom Ruys, "Research Handbook on UN Sanctions and International Law" in Larissa van den Herik (ed.), *Sanctions, Retortions and Countermeasures: Concepts and International Legal Framework* (Elgar 2017).

况下，安理会并没有遵守反制措施的所有要求，特别是在相称性和禁止使用武力方面。⑩

制裁不是反制措施。⑪ 因此，国际组织的法律体系不具有纯粹的国际法属性。功能主义所依赖规则的国际属性无法调和这类制裁的内部属性。事实上，国际组织自治权受到其规则的内部或国际属性的影响。⑫ 制裁优先于反制措施，而且制裁应该更具有效力；只有在制裁失败的情况下，才允许采取反制措施上的应变措施。制裁是"复杂法律秩序"的"最显著特征"，"使其本身区别于一般国际法"。⑬ 联合国国际法委员会特别报告员盖加承认这种区别，他指出："虽然反制措施本身可能会是不法的，但制裁是国际组织根据国际组织规则对其成员国可以采取的合法措施。因此，在反制措施一章中不考虑制裁。"⑭

因此，针对违反国际法或国际组织规则的行为，联合国国际法委员会起草了两种不同的反制措施标准。《国际组织责任条款草案》第 52 条作出了一般性规定：在针对违反国际组织规则项下国际义务所采取的反制措施必须由规则作出规定的情形下，成员国对其所在国际组织采取的反制措施必须符合规则的规定（第 1 款 b 项），但第 2 款另有规定的除外。⑮

---

⑩ Kerbrat, "Sanctions" (n 68) 108.

⑪ James Crawford, "The Relationship between Sanctions and Countermeasures" in Vera Gowlland-Debbas (ed.), *United Nations Sanctions and International Law* (Kluwer 2001) 57.

⑫ Frédéric Dopagne, "Sanctions and Countermeasures by International Organizations: Diverging Lessons for the Idea of Autonomy" in Richard Collins and Nigel D White (eds.), *International Organizations and the Idea of Autonomy* (Routledge 2011).

⑬ Frédéric Dopagne, "Sanctions and Countermeasures by International Organizations: Diverging Lessons for the Idea of Autonomy" in Richard Collins and Nigel D White (eds.), *International Organizations and the Idea of Autonomy* (Routledge 2011) 188.

⑭ ILC, "Seventh Report on Responsibility of International Organizations by Giorgio Gaja" (2009) UN Doc A/CN.4/610, para 111.

⑮ 《国际组织责任条款草案》第 52 条规定如下：

1. 在遵守第 2 款的前提下，责任国际组织的受害成员国或国际组织，不得对该组织采取反制措施，除非：

（a）第 51 条所指的条件得到满足；

（b）反制措施并非不符合该组织的规则；且

（c）别无其他适当手段促使责任国际组织遵守关于停止违法行为和作出赔偿的义务。

2. 责任国际组织的受害成员国或国际组织不得因该组织违反其规则所规定的国际义务而对该组织采取反制措施，除非该组织的规则规定了此种反制措施。

ILC, "Draft Articles on the Responsibility of International Organizations, with Commentaries" (2011) UN Doc A/66/10 (hereafter ARIO).

从国际视角来看，这一双重标准遭到了批评，即质疑对违反规则的行为缺乏有效的补救措施。[76] 但是，该双重标准反映了考量一项国际法规则的困难，因为这种困难影响批判本身。这一问题涉及对无效规则的国际回应。[77] 缺少关于下列假设前提的一致性意见影响了辩论：无效性通常是一个内部概念，而反制措施却是以国际法为基础。因此，为了针对无效规则而采取国际反制措施，国际法需要一项应变措施制度。[78]

2.3 小结

毫无疑问，功能主义理论在国际组织法的发展过程中发挥了一种根本性作用。克莱伯斯将功能主义理论界定为国际法上为数极少的真正的库恩范式之一。[79] 事实上，本章的目的在于阐明功能主义思维是如何嵌入国际法的历史发展之中的，但阐明的程度是不关注功能主义思维对我们理解国际组织的影响。

我相信，这种概念化的规范性结果是假设国际组织规则是纯粹的国际法。这是它的基本特征。总而言之，功能主义概念化不能得到支撑是因为国际组织远不止成员国之间的条约关系。将国际组织规则概念化为纯粹的国际法，存在理论和实践上的缺陷。功能主义理论对于描述国际组织的某些特征是有用的，尽管它未能捕获国际组织的其他特征。

---

[76] Antonios Tzanakopoulos, "L'Invocation de la Theorie des Contre-Mesures en Tant Que Justification de la Desobeissance au Conseil de Securite" (2013) 46 RBDI 78, 97.

[77] 有关一般性讨论，参见 Antonios Tzanakopoulos, *Disobeying the Security Council: Countermeasures against Wrongful Sanctions* (OUP 2013)。

[78] 有关一般性讨论，参见 Lorenzo Gradoni, "*Regime failure'nel diritto internazionale*" (CEDAM 2009)。

[79] Klabbers, "The EJIL Foreword" (n 9) 10.

第 3 章 宪章主义

在本书中,"宪章主义"一词是指与功能主义相对立的所有理论,否认国际组织与其成员国之间关系的国际属性。宪章主义这一概念是功能主义的对立概念。功能主义者看到的是权力属性,宪章主义者看到的是给予完全自治权的不可逆的授权。功能主义者看到的是法律人格属性,宪章主义者看到的是伴随国际组织的建立而衍生的固有人格。功能主义者认为,国际组织是其成员国的代理人,负责执行特定的任务;而宪章主义者认为,成员国是国际组织的代理人,负责执行实现宪章宗旨所必要的任务。总之,功能主义者的理论和宪章主义者的理论是同一现象的两面:"同一张纸的正面和反面。"①

纯粹的宪章主义概念化的主要信条是:

• 当成员国为实现国际组织的宗旨而采取行动时,它们是国际组织的代理人或机关;

• 国际组织制定的法律属于纯粹的内部组织法;

• 国际组织的机构面纱的特征是极其不透明;

• 国际组织具有很高程度的自治权,而且其自治权是基于它根据宪章和国际组织的固有权力而采取任何行动的一般行为能力;

• 成员国在国际组织内的会议的行为与国际法并不相关,因为根据国际法,它们可以被视作国际组织的机关。

与前一章类似,以下各节将讨论宪章性概念化的历史渊源,阐述在这一视角下为什么国际组织规则是每一特定组织法律体系的内部法律。然后,将接着探讨这一理论的缺陷。本章将特别关注两个难点,即该理论如

---

① Michel Virally, *L'organisation mondiale* (Armand Colin 1972) (hereafter Virally, *organisation mondiale*) 30.

何与特别法优于一般法原则相协调以及该理论如何与国际组织行为归结的规则适用问题相协调。

3.1 作为内部法律的国际组织规则

任何宪章性概念化都是基于反功能主义的精神。比如说，最有信服力的理论之一是由芬恩·塞尔斯特德（Finn Seyersted）提出的；他主张国际组织转化为独立的机构，而不是作为其成员国的代理人。② 职能一旦转移，国际组织就不再受其成员国的束缚，它们可以控制自己的职能并在必要时予以扩大。因此，塞尔斯特德主张，国际组织的机构规则并非来自创设它们的国际条约，相反，它们具有纯粹的内部制度的性质。③ 他将国际组织的规范性秩序与国家的法律秩序进行类比。塞尔斯特德的反功能主义观点是基于国际组织所拥有的固有权力，这些权力能在一般国际法中找到其法律基础，而不是由成员国授予。④

从历史发展的视角来看，塞尔斯特德的理论和类似的宪章主义路径只在国际组织这种现象已经发展成熟时才出现，而且主要是作为对功能主义主流范式的一种回应，因该主流范式的局限性正变得愈发明显。事实上，反功能主义的历史最近被提及。在这段历史中，国际组织已经从集体机关演变为自治机构，它们表现为其成员国的竞争对手而不是工具。⑤ 辛克莱（Sinclair）的历史分析揭示，在法学学术缺乏支撑宪章发展的理论时，国际组织内的专业实践事实上是围绕着宪章性理想主义而不是功能主义的精神展开的。国际组织履行其使命的方式，实际上与国家的功能和一般职能相类似。例如，1920 年任命的国际劳工组织局长艾伯特·托马斯（Albert Thomas）经常将国际劳工组织称为"真正的鲜活组织"⑥。同年，昆西·赖特（Quincy Wright）发表于《美国国际法杂志》的文章中提到了国际

---

② 关于主代理关系的特殊问题，参见 Finn Seyersted, "Objective International Personality of Intergovernmental Organizations – Do their Capacities Really Depend upon the Conventions Establishing them" (1964) 34 Nordisk Tidsskrift Internationall Ret 3。

③ Finn Seyersted, *Common Law of International Organizations* (Nijhoff 2008).

④ Finn Seyersted, *Common Law of International Organizations* (Nijhoff 2008). 24.

⑤ Guy Fiti Sinclair, *To Reform the World: International Organizations and the Making of Modern States* (OUP 2017) (hereafter Fiti Sinclair, *To Reform the World*).

⑥ Albert Thomas, "The International Labour Organisation–Its Origins, Development and Future" (1921) 1 International Labor Review 5, 5–7.

组织宪章的发展，并将其与国内法律体系进行比较。[7] 国际组织根据源于社会团结感的民意，设定宪章发展的框架；这赋予国际组织的活动以道德权威。[8]

20世纪初，常设国际法院的咨询意见扩大了国际劳工组织的职能，这也可以从宪章的角度来解读。特别是，该法院经常依赖于宪章性条约和国内宪法之间的类比："在常设国际法院看来，立法权受基本宪法制约的国家在决定某些立法是否合宪或是否越权时，常常诉诸国内或国际实践以确定特定政府权力的范围，这并不罕见。"[9] 事实上，国际法中宪章表象的兴起是由国际组织的特定概念化的发展促进的。[10]

再往后推，20世纪50年代出现的承认国际组织法律人格的现象，可以从宪章（主义）的角度来解读。除了功能主义之外，宪章主义理论出现在损害赔偿咨询意见案的咨询意见中。[11] 国际法院认为，联合国是一个客观存在的实体，其国际法律人格并非来自成员国的意志，而是根据国际法所固有的。根据这一概念："代表国际社会绝大多数成员的50个国家，有权力按照国际法的规定建立一个拥有客观国际人格的实体，而不仅仅是由它们单独承认的人格，同时也有提出国际求偿的能力。"[12] 这种国际组织的概念建立在其作为一个有生命力的实体基于宪章而发展的能力上，因此，其法律人格是在一个新的宪章性主体创立时所固有的。

与早期的功能主义理论相反，早在1938年就有人承认国际法律人格与法律体系的发展并不相同；里卡多·莫纳科（Riccardo Monaco）认为，一个国际组织的内部运作并不取决于它在多个国家或国际制度中拥

---

[7] Quincy Wright, "The Understandings of International Law" (1920) 14 AJIL 565, 579-5808

[8] Fiti Sinclair, *To Reform the World* (n 5) 45.

[9] *Competence of the International Labour Organization to Regulate, Incidentally, the Personal Work of the Employer* (Advisory Opinion) [1926] PCIJ Series B No. 13, 20. The other Advisory Opinions are *Employment of Women during the Night Case* [1932] PCIJ Series A/B No. 50; *Competence of the ILO in regard to International Regulation of the Conditions of the Labour of Persons Employed in Agriculture* (Advisory Opinion) [1922] PCIJ Series B No. 2; Competence of the ILO to Examine Proposal for the Organization and Development of the Methods of Agricultural Production [1922] PCIJ Series B No. 3.

[10] Fiti Sinclair, *To Reform the World* (n 5) 69.

[11] Jan Klabbers, *An Introduction to International Organizations Law* (3rd edn, CUP 2015) (hereafter Klabbers, *Introduction*) 46.

[12] *Reparation for Injuries Suffered in the Service of the United Nations* (Advisory Opinion) [1949] ICJ Rep 174 (hereafter *Reparation for Injuries*) 185.

有的多个法律人格。⑬ 一个实体的法律人格，即在一个特定法律体系下拥有权利和义务的资格，是由该实体在其下运行的该法律体系所赋予的。⑭

国际组织内部宪章的发展出现在国际法院的实践和判例法中，并没有足够的理论基础。⑮ 在国际法院裁决的案件中，国际组织概念的缺失是显而易见的。自成立以来，国际法院为联合国做了常设国际法院为国际劳工组织所做的同样事情，并完善了默示权力的理论，为新机构的发展提供了理论依据。然而，国际法院对国际组织与其成员国之间的关系仍持矛盾态度。在首次接纳一国为联合国会员的条件案中，国际法院必须确定《联合国宪章》第 4（1）条所载的标准是否详尽无遗，或成员国是否可以为接纳新国家加入联合国而规定新的标准。⑯ 国际法院将《联合国宪章》定义为一项多边条约，并申明第 4 条是详尽的。然而，它避而不谈第 4 条是对在该组织内行事的成员国还是对该组织本身施加义务。在第二次联合国大会接纳会员国的权限案中，对联合国大会和安理会关系的讨论重申了这一推论。⑰ 法院指出，未经安理会推荐，联合国大会不得接纳新成员国，但没有分析成员国在组织内的作用。因此，根据这些早期的决定，国际组织既可以被视为自治行为者，也可以被视为其成员国的代理人。

与此同时，联合国正经历着一种明显的宪章化发展，特别体现在其早期的维和任务上。⑱ 联合国秘书长达格·哈马舍尔德（的权限）体现了联合国的宪章化精神，这种精神要求详细描述新的职能和法律技术。国际

---

⑬ 里卡多·莫纳科指出："无论有关实体的演变是为了放弃其机关或机构的性质以成为国际法人，还是它们进入几个国家的法律体系而不成为国际法律体系的主体，它们在内部运作方面的情况都不会改变。" Riccardo Monaco, "I regolamenti interni delle organizzazioni internazionali" (1938) Jus Gentium 52. 最近, Chittharanjan Felix Amerasinghe 考虑了类似的推理。Chittharanjan Felix Amerasinghe, *Principles of the Institutional Law of International Organizations* (CUP 2005) 67.

⑭ Klabbers, *Introduction* (n 11) 43.

⑮ Seventh Commission, "Are there Limits to the Dynamic Interpretation of the Constitution and Statutes of International Organizations by the Internal Organs of such Organizations (with Particular Reference to the UN System)?" (Institut de Droit International 2019).

⑯ *Conditions of Admission of a State to Membership in the United Nations* (Article 4 of the Charter) (Advisory Opinion) [1948] ICJ Rep 57.

⑰ *Competence of Assembly regarding admission to the United Nations* (Advisory Opinion) [1950] ICJ Rep4.

⑱ Fiti Sinclair, *To Reform the World* (n 5) 161.

法院在联合国某些经费咨询意见案中承认联合国的自治权来自其成员国。[19] 这种观点明显采取了组织中心的视角。国际法院承认成立联合国的条约的特殊性,这与"联合国在历史上的实践"相关。它规定"每一机关至少首先必须确定自己的管辖权"。它还引入了一项推定,即在行为不能归结于特定成员国时,归结于国际组织是有效的。它辩称,尽管《联合国宪章》有其特殊性,但仍是一项多边条约。[20]

1971年西南非洲(纳米比亚)国际地位咨询意见案的咨询意见也体现了类似的组织中心的视角。有论点认为,一个常任理事国的弃权妨碍安理会通过决议。为了反驳这一论点,国际法院在该案中明确地将成员国的实践与联合国的实践结合起来:"安理会遵循的有关程序在1965年《联合国宪章》第27条修改后继续保持不变,已经被联合国会员国普遍接受,并证实于联合国的一般实践。"[21]

大约在同一时期,欧洲共同体的发展激起了关于国际组织制定的内部法律体系的特点及其与国际法关系的辩论。20世纪60年代初,欧洲共同体法院申明"共同体构成了一个新的国际法法律秩序,各国在有限领域内为其利益限制了其主权权利,而且其主体不仅包括成员国,还包括其国民"[22]。判决书界定了其法律体系的界限,指出"与普通国际条约相比,欧洲经济共同体条约建立了自己的法律体系,在条约生效后,该法律体系即成为成员国法律体系的一部分,成员国法院有义务适用该制度"[23]。欧洲共同体的宪章性框架也在外部层面得到了加强。卢森堡的法官们发展了一种"几乎无限的权力",可在国际社会中采取行动,甚至抢先于成员国的行动,并不顾及职能属性尚未确定。[24]

---

[19] *Certain Expenses of the United Nations* (*Article 17, paragraph 2 of the Charter*) (Advisory Opinion) [1962] ICJ Rep 151.

[20] *Certain Expenses of the United Nations* (*Article 17, paragraph 2 of the Charter*) (Advisory Opinion) [1962] ICJ Rep 10.

[21] *Legal Consequences for States of the Contitiued Presence of South Africa in Namibia* (*South West Africa*) *notwithstanding Security Council Resolution 276* (1970) (Advisory Opinion) [1971] ICI Rep16, 22.

[22] Case 26/62 *van Gend Loos v. Nederlandse Administratie der Belastingen* [1963] ECR 1.

[23] Case 6/64 *Flaminio Costa v. ENEL* [1964] ECR 585.

[24] Case 22/70 *Commission v. Council* (*European Road Transport Agreement*) [1971] ECR 263; Jan Klabbers, "Case 22/70, Commission v. Council (European Road Transport Agreement), Court of Justice of the EC, [1971] ECR 263" in Cedric Ryngaert and others (eds.), *Judicial Decisions on the Law of International Organizations* (OUP 2016) 19.

学术界研究国际组织的法律体系创建这一问题，讨论了国际组织的法律体系是源于国际法还是类似于国家的"初始"秩序。[25] 一方面，拉扎尔·福萨纳努（Lazar Focsaneanu）和菲利普·卡希耶（Philippe Cahier）等学者认为，国际组织建构了独立于国际法的并构成"初始"秩序的法律体系。[26] 另一方面，马泰奥·德克列瓦（Matteo Decleva）和巴拉多尔·帕利耶（Balladore Pallieri）等学者认为，国际组织源于国际法，因此不构成独立的法律体系。[27] 作为一种初始实体的国际组织的概念，发展成为宪章性概念化。相反，作为一种衍生实体的国际组织的概念，演变为主流的功能主义理论。

一方面，国际组织被视为拥有初始的法律体系；在这种体系下，它们的规范不属于国际法。[28] 另一方面，国际组织被认为是源于国际法的实体；在国际法体系下，它们的法律体系的国际属性以成员国（国际法的主要主体）的意志作为基础。[29]

长期以来，人们一直在讨论国际组织的两面性[30]，特别是在其机构面纱的透明度方面。[31] "透明度"一词最早是由勒内-让·迪普伊（René-Jean Dupuy）在条约法中使用的。[32] 他认为，国家独特和"完整"的法律秩序是透明的，根据具体情况，每一国际组织的法律秩序都是透明的。[33] 关于成员国在该组织缔结条约中的地位的辩论反映出，它们既不是该组织的缔约方，也不是第三方；从不同角度来说，国际组织的机构面纱可以被

---

[25] See, for instance, Angelo Piero Sereni, *Le organizzazioni internazionali*（Giuffrè1959）（hereafter Sereni, organizzazioni）. 关于初始的和派生的法律体系，将在第7章讨论。

[26] Lazar Focsaneanu, "Le droit interne de l'Organisation des Nations Unies"（1957）3 AFDI 315 （hereafter Focsaneanu, "droit interne"）; Philippe Cahier, "Le droit interne des organisations internationales"（1963）67 RGDIP 563（hereafter Cahier, "droit interne"）.

[27] See Chapter 2. Matteo Decleva, *Il diritto interno delle unioni internazional*（CEDAM 1962）（hereafter Decleva, *diritto interno*）Giorgio Balladore Pallieri, "Le droit interne des organisations internationales"（1967）127 RCADI 1.

[28] Sereni, *organizzazioni*（n 25）.

[29] Decleva, *diritto interno*（n 27）.

[30] Virally, *organisation mondiale*（n 1）.

[31] Catherine Brölmann, *The Institutional Veil in Public International Law: International Organisations and the Law of Treaties*（Hart 2007）.

[32] See Chapter 9.

[33] Fourtcenth Commission, "L'application des regles du droit international général des traités aux accords conclus par les Organisations internationales"（Annuaire de l'Institut de Droit International 1973）221.

视为"透明"或"不透明":如果假设为初始法律实体,与国家不透明的方式一样,组织拥有封闭的("不透明的")结构;如果被认为是衍生的法律实体,国际组织就拥有一种基于功能主义概念化的开放的("透明的")结构,成员国的行为在这种结构下仍然是可见的。从这一区别中,学术界开始辩论是否存在独立的法律体系(初始的和不透明的)或存在持续的渗透性(衍生的和透明的)。

然而,要找到支持每一国际组织所有规则内部属性的学术观点是相当困难的。主张内部属性的学者往往只关注几个国际组织的规则或国际组织内的几类规则。事实上,主张将国际法和国际组织规则进行明确区分的学者,往往侧重于国际组织的内部行政职能。例如,福萨纳努是经常被引用来支持国际组织制定的法律具有内部属性这一观点的学者之一。[34] 然而,他的著述是在国际法委员会就国际组织规则的全面定义进行辩论之前撰写的,因而将他的研究与他那个时代不存在的定义进行比较是不正确的。[35] 即使他支持发展一个不以国际法为基础的自治法律体系,但是他认为这种制度限于与内部行政职能相关的部分规范。

在为数不多的学者中,安杰洛·皮埃罗·塞雷尼(Angelo Piero Sereni)认为,国际组织所制定法律体系的"初始性"特征涵盖所有规则。[36] 根据他的理论,"初始性"是指不源于国际法的一个法律体系,在该法律体系中内部规则的效力是基于国际组织的实际存在。

也许,卡希耶是当代宪章主义理论支持者中最知名的学者。他在1963年和1998年写了两篇不同的文章,提出了两种不同的观点。1963年,他区分了关于内部运行的法律和"直接针对成员国义务的法律"[37]。即使对直接约束成员国的机构规则的含义并不完全清楚,但他声称只有欧洲共同体将这些规则发展为欧盟内部法律。1998年,卡希耶将初始法律体系定义为不源于现存制度的法律体系。[38] 他声称,国际组织是初始法律体系,这种初始性涵盖了每一项规则,而不仅是行政职能。

---

[34] Focsaneanu, "droit interne" (n 26).

[35] As in Christiane Ahiborn, "The Rules of International Organizations and the Law of International Responsibility" (2011) 8 IOLR 397 (hereafter Ahlborn, "The Rules").

[36] Sereni, organizzazioni (n 25).

[37] Cahier, "droi t interne" (n 26).

[38] Philippe Cahier, "L'ordre juridique interne des organisations internationales" in René-Jean Dupuy (ed.), *Manuel sur les Organisations Internationals* (Nijhoff 1998).

在讨论国际组织规则的属性时，当代学术界也经常引用朱利奥·巴布雷斯（Julio Barberis）的观点。㊴ 他没有明确承认纯粹的内部属性，而是更倾向于描述国际组织的自治法律人格。与卡希耶类似，他对国际组织法律体系中的内部规则和国际规则进行了区分。

此外，值得一提的是，费利斯·莫根斯滕（Felice Morgenstern）讨论了内部性问题的视角的局限性；他重点讨论了如下几点：与国内法类比的价值，对条约作出保留的权力，对成员国设定权利和义务的权力，以及国际组织所创建的附属机构的性质。㊵

3.2 宪章主义的局限性

宪章主义的局限性是费尔南多·卢萨·博尔丁（Fernando Lusa Bordin）最近研究的主要内容。㊶ 他提到了"主体概念化"；不过，尽管术语不同，他的论点与我在宪章主义名义下探讨的并无不同。事实上，他声称在这种观点下，"国际组织是一般国际法规则下的法人"，并且"国际组织的内部法律在分析上与国际法是独立的"。㊷ 因此，他认为"主体概念化"是组织和国家之间类比的基础。

博尔丁认为应该通过"主体概念"来理解国际组织，国际组织和国家之间的类比可以用来制定国际组织的法律框架。然而，他还描述了一些影响国家类比的分析流程。一般来说，当国际组织不能被视为我所说的宪章性实体时，国家类比并不适用。特别是，博尔丁认为，类比的局限性在适用特殊性原则时显而易见；根据特殊性原则，国际组织职能有限，是一个无法与国家相比的多元化实体群体。此外，国际组织是分层次的主体，不能像国家那样被视为单一层次的实体；国家类比与这一事实并不兼容。

与博尔丁的观点类似，笔者认为，国家和国际组织之间的结构差异不允许在每种情形下都适用于国家类比。只有从内部机构的视角，国际组织

㊴ Julio A. Barberis, "Nouvelles questions concernant la personalité juridique internationale" (1983) 179 RCADI 147.

㊵ Felice Morgenstern, *Legal Problems of International Organizations* (CUP1986).

㊶ Fernando Lusa Bordin, *The Analogy between States and International Organizations* (CUP2018) (hereafter Bordin, *The Analogy*).

㊷ Fernando Lusa Bordin, *The Analogy between States and International Organizations* (CUP2018) (hereafter Bordin, *The Analogy*) 52, 54.

才能被视为类似于国家的"主体",宪章性概念化才能用来制定一个法律框架。下一节,我将根据国际组织的宪章性概念化对特别法优于一般法原则的影响以及行为归结于国际组织的影响,批判性地探讨国际组织宪章性概念化的局限性。

3.2.1 特别法优于一般法

机构的特别法和国际法的一般法之间的复杂关系揭示了国际组织的宪章主义概念化的局限性。另一位支持国际组织规则内部属性的学者克里斯蒂安·艾尔伯恩(Christiane Ahlborn)在2011年明确提出了一种结论,我的论点建立在她的结论之上。[43] 她声称,如果这些规则属于不同的法律体系,那么在与国际法之间的关系上,它们就不能被视为特别法。

《国际组织责任条款草案》第64条涉及国际法特别规则对国际法委员会项目的减损:"如果国际不法行为存在的条件或国际组织或国家涉及国际组织之行为的国际责任的内容或履行须遵守国际法特别规则,则在此范围内不适用本条款。"[44] 与关于国家责任的项目类比,特别规范可能产生于与第三方约定的主要义务。同样的一般原则既适用于国家,也适用于国际组织。

然而,《国际组织责任条款草案》第64条这样补充:"国际法的这种特别规则<u>可能</u>载于适用于国际组织同其成员之间关系的组织规则。"通过强调"可能",该条认为,不是国际组织规则的每项规则都是国际法,也不是每一国际组织都有属于国际法的规则。这种不确定性造成的疑问在于只有在同一法律体系中,特别法优于一般法原则才具有意义。与属于不同法律体系的一般规范相比,特定规范并不特殊。

《国际组织责任条款草案》作为触发特别法原则的一个框架,其性质存有争议。[45] 一方面,特别法原则反映了保证每一国际组织特殊性的必要;另一方面,它为摆脱国际责任铺设了一条捷径。国际法委员会对滥用特别法条款的风险进行了详细讨论,表明在下列两种需求之间难以平衡:避免使用特别法规则作为违反《国家对国际不法行为的责任条款》的理

---

[43] Ahlborn, "The Rules" (n 35).

[44] ILC, "Draft Articles on the Responsibility of International Organizations, with Commentaries" (2011) UN Doc A/66/10 (hereafter ARIO).

[45] Mathias Forteau, "Regime General de Responsabilite ou Lex Specialis" (2013) 46 RBDI 147 (hereafter Forteau, "Regime General").

由（因为《国际组织责任条款草案》第 32 条与《国家对国际不法行为的责任条款》第 32 条并行）[46]；以及承认不同责任制度（《国家对国际不法行为的责任条款》第 55 条和《国际组织责任条款草案》第 64 条）。[47] 为了避免滥用，这些规则需要被视为内部法律，与一国的国内法类似。相反，为了允许成员（国）和国际组织之间适用不同的责任制度，这些规则需要被视为国际法。

规则的内部属性建立在这种国际组织概念化之上，即，区分由国际法调整的国际活动和由内部法律体系调整的内部活动。[48] 这一理论无法承认，当内部法律体系受某一漏洞影响时，可以以国际法为应变措施。它基于对特别法原则的一种特殊理解，即，制度的特殊性是一般性管理框架的出路。[49] 然而，部分特别法原则的应用仍然与一般性框架相关，制度并不完全与它的环境相隔离。[50]

特别法原则的不同适用属于国际法碎片化的传统辩论范畴。[51] 在国家责任方面，西玛（Simma）和普尔科沃斯基（Pulkowski）承认，当特殊制度高度自治时，该原则的适用是有争议的。[52] 然而，即使自成一体的制度意味着与国际法完全分离，他们也承认，完全分离是不可能的。例如，联合国大会第 52/247 号决议构设的赔偿机制被描述为减损国际法的一次失败尝试；该决议规定了因维和行动而对联合国产生的第三方责任机制，包括时间和财务限制。[53] 以在责任方面减损一般国际法为目的的规则创制，并不允许一个没有外部性影响的自成一体的制度形成。

---

[46] ILC, "Draft Articles on Responsibility of States for Internationally Wrongful Acts, with Commentaries" (2001) UN Doc A/56/10.

[47] See, for instance, ILC, "Responsibility of International Organizations-Statement of the Chairman of the Drafting Committee Mr. Marcelo Vázquez-Bermúdez" (6 July 2009).

[48] Pierre Klein, *La responsabilité des organisations internationales dans les ordres juridiques internes et en droit des gens* (Bruylant 1998).

[49] Kristen Boon, "The Role of Lex Specialis in the Articles on the Responsibility of International Organizations" in Maurizio Ragazzi (ed.), *Responsibility of International Organizations* (Brill 2013).

[50] Forteau, "Regime General" (n 45).

[51] Bruno Simma and Dirk Pulkowski, "Of Planets and the Universe: Self-contained Regimes in International Law" (2006) 17 EJIL 483.

[52] Bruno Simma and Dirk Pulkowski, "Of Planets and the Universe: Self-contained Regimes in International Law" (2006) 17 EJIL 152.

[53] Pierre Bodeau-Livinec, "Les Faux-Semblants de la Lex Specialis: L'Exemple de la Resolution 52/247 de l'Assemblee Generale des Nations Unies sur les Limitations Temporelles et Financieres de la Responsabilite de l'Onu" (2013) 46 RBDI 117.

国际法委员会关于国际法碎片化的结论，否定了存在脱离国际法的自成一体的制度，强调了国际法律秩序的系统性。(54) 每一项专门的制度都仍然镶嵌在一般法之中，并允许特别法沉默或失败时回归到一般法。(55) 在国际法委员会的辩论中，马蒂·科斯肯涅米（Martti Koskenniemi）拒绝支持国际组织规则的内部属性的论点，指出“这将会强行重新引入自成一体的制度的概念”(56)。

宪章主义所特有的国际组织规则的排他性内部属性，无法承认国际组织法律体系的国际性一面。(57) 如前一章所述，朱斯特·保维赖恩（Joost Pauwelyn）对世界贸易组织背景下的这一局限性进行了完美描述。(58) 他的书致力于证明世界贸易组织归属于国际法。规范的冲突是一个法律体系固有特征，他对此进行了特别研究。他利用条约法提供的工具描述了国际组织内部的和国际的两个维度之间的关系，并强调回归和退出国际法之间存在两种固有的紧张关系。这是特别法和一般法之间的两个基本形态，表明简单的减损无法预见。国际组织规则的纯粹内部属性并没有反映出这两个制度之间的渗透程度。他用“子系统”一词来描述这种渗透性。(59) 这一术语（也是次级秩序）(60) 来自国际法委员会特别报告员威廉·里普哈根（Willem Riphagen）关于国家责任的工作报告，(61) 已经被数位学者用来描述内部法律制度。(62)

然而，世界贸易组织本身在审视另一个国际组织欧盟时，对国际组织

---

(54) ILC, “Conclusions of the Work of the Study Group on the Fragmentation of International Law: Difficulties Arising from the Diversification and Expansion of International Law” (2006) UN Doc A/61/10.

(55) Bordin, *The Analogy* (n 41) 29.

(56) ILC, “Summary Record of the 2841th Meeting” UN Doc A/CN. 4/SR. 2841, para. 34.

(57) 参见国际法协会国际组织责任研究小组中的辩论。See Study Group on the Responsibility of International Organisations, “Trascript of Working Session” (International Law Association, Sofia conference, 2012) 880.

(58) Joost Pauwelyn, *Conflict of Norms in Public International Law: How WTO Law Relates to other Rules of International Law* (CUP 2003).

(59) Joost Pauwelyn, *Conflict of Norms in Public International Law: How WTO Law Relates to other Rules of International Law* (CUP 2003) 9.

(60) Nico Krisch, *Beyond Constitutionalism: The Pluralist Structure of Postnational Law* (OUP 2010) 91.

(61) Klabbers, *Introduction* (n 11) 12.

(62) ILC, “Fourth Report on the Content, Forms and Degrees of International Responsibility (Part 2 of the draft articles) by Willem Riphagen” UN Doc A/CN. 4/366 and Add. 1 & Add. 1/Corr. 1, 202.

规则的国际属性提出了质疑。㉖ 如果世界贸易组织试图确保其国际规则得到遵从，它就必须将欧盟视为一个唯一的责任实体。㉗ 因此，世界贸易组织专家小组认为欧盟成员国是欧盟的机关，而不是独立的国际法主体。㉘ 世界贸易组织认为，一个国际组织是一个自成一体的实体（成员国只是其机关），而这一事实意味着欧盟法律的内部属性，因其规范欧盟与成员国之间的内部关系。㉙

综上所述，宪章主义源自国际组织内部性问题的视角，它与允许减损国际法律体系的意图有关。忽视国际法主体在国际组织内部的作用是其明显的风险。内部属性有助于最大限度地减少国家在国家组织内行事的责任，并使国际组织相对于成员国的权力最大化。

3.2.2 行为归结

我将使用的第二个事例是国际责任背景下的行为归结于国际组织的问题，以显示纯粹的宪章性概念化的局限性。国际刑事法院审理的 *Al-Bashir* 案提供了一种理想情况，说明国际刑事法院规则的内部属性如何仅在不考虑成员国在国际组织中的作用的这一局限性视角基础上加以解释。

2005 年，安理会根据第七章采取行动，将达尔富尔局势提交国际刑事法院检察官。㉚ 苏丹不是《国际刑事法院罗马规约》的缔约国；根据规约第 98（1）条，法院不能要求成员国协助其采取不符合其自身对第三方义务的行动。㉛ 因此，有人提出了以下数个论点，以支持对成员国设定协助逮捕阿尔-巴希尔的义务：该义务产生于安理会的提交，而不是国际刑

㉖ 例如：WTO, *Protection of Trademarks and Geographical Indications for Agricultural Products and Food-stuffs* (United States v. European Communities) (20 April 2005) WT/DS174/R, para 7.725. WTO 一个专家组采取相同观点。WTO, *Measures Affecting the Approval and Marketing of Biotech Products* (United States v. European Communities) (29 September 2006) WT/DS29/RWT DS292/Rand WT/DS293/R, para 7.101.

㉗ Pieter-Jan Kuijper, "Attribution-Responsibility-Remedy: Some Comments on the EU in Different International Regimes" (2013) 46 RBDI 57.

㉘ WTO, *EC-Selected Customs Matters* (12 June 2006) WT/DS315/R, para. 7553.

㉙ Ahlborn, "The Rules" (n 35).

㉚ UNSC Resolution 1593, UN Doc S/RES/1593 (2005) (31 March 2005).

㉛ 《国际刑事法院罗马规约》（1998 年 7 月 17 日开放签署，2002 年 7 月 1 日生效，2187 UNTS 3）。其第 98（1）条规定：如果被请求国执行本法院的一项移交或协助请求，该国将违背对第三国的个人或财产的国家或外交豁免权所承担的国际法义务，则本法院不得提出此项请求，除非本法院能够首先取得该第三国的合作，由该第三国放弃豁免权。

事法院的规约；作为习惯国际法的一个问题，国家元首的豁免权并不妨碍国际刑事法院对其国际罪行的起诉；安理会的移送要求各国"充分合作"，构成对阿尔-巴希尔豁免权的默示放弃；国际刑事法院的规约是"作为一个整体"（包括《国际刑事法院罗马规约》第 27 条以及国家元首官方身份的无关性）而适用的。⑩

正如导论中已经提到的，作为宪章性实体的国际组织概念与国际刑事法院检察官在上诉分庭提出的论点有关。检察官声称，执行国际刑事法院逮捕令的请求并不等于请求行使国家管辖权："被请求国只不过是执行法院逮捕令的法院代理人，因而所行使的执行管辖权是法院的管辖权，而不是被请求国的管辖权。"⑪

在国际组织责任避免将行为归结于成员国时，这一理论经常得到运用。欧洲人权法院在 *Behrami and Saramati* 案中确认，成员国作为联合国的准机关行事时，隐藏在联合国的机构面纱后面。⑪ 国际海洋法法庭在 2015 年的咨询意见中也提出了类似观点，声称当欧盟成员国根据其专属职能行事时，其行为就是欧盟本身的行为。⑫

总而言之，这一理论是基于一个特定的国际组织概念，根据这一概念，国际组织是所谓的超国家实体。在这一概念下，成员国和国际组织之间的关系不是基于国际法，而是基于国际组织的特定法律体系的内部法律。实际上，该理论与主流功能主义理论背道而驰，颠覆了传统观念，即，创设国际组织是为了履行特定的职责，并且它是其成员国的代理人。

在实务界和学术界，这种宪章性理论几乎没有得到支持，特别是当它运用于不以区域一体化为宗旨的国际组织时。然而，对于那些不能明显地契合功能主义范式的现象，它具有解释的描述性能力。例如，宪章主义可

---

⑩ 《国际刑事法院罗马规约》第 27 条规定：（1）本规约对任何人一律平等适用，不得因官方身份而差别适用。特别是作为国家元首或政府首脑、政府成员或议会议员、选任代表或政府官员的官方身份，在任何情况下都不得免除个人根据本规约所负的刑事责任，其本身也不得构成减轻刑罚的理由。（2）根据国内法或国际法可能赋予某人官方身份的豁免或特别程序规则，不妨碍本法院对该人行使管辖权。

⑪ ICC, "Prosecution Response to the Observations of the African Union and the League of Arab States (the Prosecutor v. Omar Hassan Ahmad Al Bashir)" (2018) ICC-02/05-01/09.

⑪ *Behrami v. France and Saramati v. France, Germany and Norway* App Nos. 71412/01 and 78166/01 (ECtHR, 5 May 2007).

⑫ *Request for an Advisory Opinion Submitted by the Sub-Regional Fisheries Commission* (SRFC) (Advisory Opinion) [2015] ITLOS Report No. 21.

以阐明国际组织相对于第三方的"客观"存在。根据检察官的论证,国际刑事法院应该是一个拥有"客观国际人格"的机构,正如国际法院在损害赔偿咨询意见案中所定义的那样。[73] 因此,对于创设国际组织的条约,条约第三方不能否认国际组织的存在。因为国际组织不仅基于其成员国的意志,还基于它发展了一个宪章性框架。总而言之,国际组织虽然在功能主义范式下是其成员国的代理人,但是在宪章主义下,相对于非成员国的当事方而言,它们是类似于国家的机构。在 *Al Bashir* 案中,这一理论与以下主张有关,即国际刑事法院的"制定法框架"应该"作为一个整体"适用于苏丹这一非成员国当事方。[74]

根据国际组织法,没有理由排除国家在某些情况下作为其所在国际组织的代理人行事的能力。对《国际组织责任条款草案》的字面理解并没有消除这种可能性。[75] 草案第 2 (d) 条将"代理人"定义为包括国际"组织的机关以外,受组织之命行使或帮助行使其某项职能,从而替组织行事的官员或其他人或实体"。此外,第 6 (2) 条规定,"为确定该〔国际〕组织的机关和代理人的职能,适用该组织的规则"。在 *Al Bashir* 案听证会上,国际刑事法院院长问道:《国际刑事法院罗马规约》第 59 条连同第 4 (2) 条,是否具有将成员国转变为国际刑事法院代理人的效果?[76]

然而,就行为归结问题而言,国家可以作为某一国际组织的代理人而行事;这一事实并不自动意味着国家失去了作为国际法主权主体的独立人格。例如,下列观点并不牵强,即,"当一个国家的某一机关被置于某一国际组织的支配之下时,该机关可以完全借调给该国际组织。在这种情形下,该机关的行为显然只能归结于该国际组织";[77] 但这只限于与本案完全无关的特定情形。总之,在执行逮捕令时,(国家机关)作为代理人的情况并不足以使人认为该成员国是国际刑事法院的"代理人"。将成员国视为代理人的唯一直接后果是,在违反国际义务的情况下,它们的行为也可以归结于国际刑事法院,并应该引发该法院的国际责任。

---

[73] *Reparation for Injuries* (n 12).

[74] Decision on the Prosecution's Application for a Warrant of Arrest against Omar Hassan Ahmad Al Bashir (Pre-trial Chamber) [2018] ICC-02/05-01/09-3, para 45.

[75] ARIO (n 44).

[76] ICC, Appeals Chamber, Transcript, "The Prosecutor v. Omar Hassan Ahmad Al Bashir" (14 September 2018) ICC-02/05-01/09-T-8-ENG, 43.

[77] ARIO (n 44) 56.

对于这种背景，作为法庭之友的罗宾逊（Robinson）教授建议审视"双重职能"这一概念："有时国家的代理人在行事时，既可归结于他们的国家，还可以看作在代表某一国际组织行事。"[78] 迈克尔·伍德（Michael Wood）爵士拒绝这一提议，因为这对豁免权的影响并不明确："在这种背景下，国家元首是否应该有一半的豁免权？"[79] 他的意思可能是，作为国际行为者，国家应该有义务尊重这种豁免权；同时，作为国际组织代理人，也有义务放弃对这种豁免权的尊重。然而，成员国作为双重行为者执行逮捕令，并不直接涉及事关阿尔-巴希尔豁免权的初始义务，而只是涉及事关行为归结的次级规则。[80]

为了触发检察官所期望的效果，成员国需要被视为国际刑事法院的机关；在这种情形下，国家的国际法律人格在国际刑事法院的机构面纱下"消失"了。这种理论基于一个特定的国际组织概念；根据这一概念，国际组织是宪章性实体，并且，成员国和国际组织之间的关系不是基于国际法，而是基于该国际组织特定法律体系的内部法律。

国际组织规则是能够将一个独立国家变成一个机构机关的关键概念。事实上，争议的核心涉及逮捕令作为国际组织规则的属性。如果逮捕令属于国际法，那么国际刑事法院就是一个功能性实体，而成员国则是独立的主权实体。成员国在执行国际刑事法院法律的同时，仍然对所采取的行动负责。相反，如果逮捕令是国际组织的内部法律，国际刑事法院是一个超国家的宪章性实体，成员国作为其隶属的机关出现。成员国将不对自己的行为负责，因为这些行为只是履行国际刑事法院规定的义务。从检察官的角度来看，习惯国际法规则要求成员国尊重在任国家元首的豁免权与国际刑事法院约束成员国执行逮捕令的内部义务之间的冲突，被内部属性化解了。约旦认为，正是国际属性与强调冲突的存在有关。这两种观点都没有揭示全貌，但是，国际组织法并没有一个明确的答案。

3.3　小结

在本章，我描述了主流的功能主义范式是如何被竞争的宪章性理论所

---

[78] ICC, *The Prosecutor v. Omar Hassan Ahmad Al Bashir*, 59.
[79] ICC, *The Prosecutor v. Omar Hassan Ahmad Al Bashir*, 91.
[80] 这一论点将在第二编第 5 章中进一步讨论。

批评的。这两种概念促进了相互对立的观点，进而得出了相互矛盾的结论。值得强调的是，它们是同一实体的不同镜像。为了反驳功能主义概念化，只需采取宪章主义的视角；相反，为了反驳宪章主义概念化，只需采用功能主义的视角。总之，二者之间并不存在孰优孰劣的问题，它们都应以其相互抵触的论据加以否定。

在对这两种主要概念化的描述中，我发现，很多人试图声称完全一致的理论却都受到了相关例外的影响。例如，功能主义者倾向于接受只有某些国际组织是在宪章主义思维下发展起来的，或宪章主义者声称规则的内部属性只适用于某些行政性职能。在随后两章，我将根据我所说的混合法律体系来辩驳这些例外情况。

第4章 非正式主义

非正式主义（或非正式法律，IN-LAW）涵盖所有将国际组织制定的法律（the law produced by international organizations）在规范性语境中进行表达的理论；在这种语境下，法律和非法律之间的明确界线由于软规范的泛化而变得模糊不清。功能主义和宪章主义受二元思维模式的限制；据此，国际组织规则要么是国际性的，要么是内部性的。相反，非正式主义强调监管制度的混合属性，认为无法从法律体系的角度清晰理解该监管制度。国内制度与国际的和跨国的监管框架相互重叠；其中，国际组织在非国家行为者中发挥着根本作用。非正式主义反对法律渊源的正式理论，认为国际组织的法律制定不受正式程序的制约。

非正式主义与传统的法律渊源理论的分歧显而易见；最近关于所谓非正式法律的研究被国际组织制定的法律是否是国际法这一问题所困扰。[①] 在下文中，笔者认为，非正式法律理论是基于混合法律体系这一概念。混合性是指，并非所有规范都处于同一法律体系并具有同样的特征。如功能主义所需要的，国际组织的部分规则是国际法的一部分。而同一国际组织制定的其他规范则属于另一个不同的法律体系，是其内部规范。然而，不同的非正式法律理论在如何区分国际性和内部性这两个领域方面存在分歧；有些使用行政原理，有些则使用"公共性"这一概念。[②]

[①] Joost Pauwelyn, "Is it International Law or Not, and Does it Even Matter?" in Joost Pauwelyn, Ramses Wessel, and Jan Wouters (eds.), *Informal International Lawmaking* (OUP 2012) (hereafter Pauwelyn, "Is it International Law or Not").

[②] Philipp Dann and Marie V. Engelhardt, "Legal Approaches to Global Governance and Accountability: Informal Lawmaking, International Public Authority, and Global Administrative Law Compared" in Joost Pauwelyn, Ramses Wessel, and Jan Wouters (eds.), *Informal International Lawmaking* (OUP 2012).

非正式主义概念化的主要信条是：

• 成员国和国际组织被整合于主要由政治调整的异质关系之中，而不是由本质上需要代理人—被代理人关系的法律规范所调整。

• 国际组织制定的法律属于混合法律体系。其中一些规范是国际性的，而其余的则属于软规范泛化（非正式造法）于其中的独立法律体系。

• 国际组织的机构面纱的特征是，其透明的程度或不透明的程度取决于国际组织与其成员国之间的内部权力关系。

• 成员国在国际组织或其机构会议或论坛上的行为是否与国际法相关，取决于国际组织的内部权力关系。

下面，笔者将首先讨论非正式主义概念化的历史渊源，其次阐述为什么在这一视角下，国际组织规则被认为是合法性程度的问题。最后，将阐述这一理论的缺陷，其中重点是国际公务员法和全球行政法。

4.1 作为非正式法律的国际组织规则

非正式法律一直是这样的现象，其主要特征是"政治行动的有效性"，其基础是制定所谓非正式规则的必要性。[3] 国际组织制定法律的非正式性与传统的国际造法相对立。[4] 国际组织规则的产生是非正式的，因为其并不完全符合《国际法院规约》第 38 条规定的国际法渊源。这些通过非正式程序产生的规范是由国际组织制定，还是由其他跨国行为者制定，其实并不重要。对国际组织进行定义的努力，并非特别有用。关注规范而非制定规范的主体，反映了规范制定中心和规范应用中心之间的松散联系。换句话说，非正式主义的核心要素是所涉及行为者的多样性以及缺乏一个可识别的法律体系。总之，非正式国际造法被定义为：

> 政府当局之间的跨界合作，无论是否有私人行为者和/或国际组织的参与，在传统国际组织以外的论坛上进行（程序上的非正式性）和/或在传统的外交行为者（如监管者或机构）以外的行为者之

---

[3] Jan Klabbers, "International Courts and Informal International Law" in Joost Pauwelyn, Ramses Wessel, and Jan Wouters (eds.), *Informal International Lawmaking* (OUP 2012) 223.

[4] Joost Pauwelyn, "Informal International Lawmaking: Framing the Concept and Research Questions" in Joost Pauwelyn, Ramses Wessel, and Jan Wouters (eds.), *Informal International Lawmaking* (OUP 2012) 15.

间进行（行为者上的非正式性）；和/或不产生正式条约或其他传统的国际法渊源（产出的非正式性）。⑤

正如本书所阐述的那样，国际组织的四个概念围绕着对其法律体系属性的分歧而展开。这四个概念还反映了关于法律属性的两种不同理论，非正式造法将其分别称为"明线"学派和"灰色地带"学派。⑥ 基于综合性法律体系而关注国际组织规则属性的那些概念化属于明线学派（每一机构的每条规则要么是国际性的，要么是内部性的。换句话说，要么是功能主义的，要么是宪章主义的）。灰色地带学派包含那些基于法律体系"混合性"的概念化（只有极少数规则或极少数机构不是国际性的，或者说不是非正式主义或特殊主义的）。法律体系的概念是作为一个综合性的整体还是作为一个支离破碎的事实，这是有区别的。

例如，从宪章性概念化的发展过程中，我们可以认识到这一理论慢慢地走向极端结果。早期的学者没有讨论国际组织规则的属性，也没有讨论其定义，而是更多关注国际组织的自治性和法律人格。⑦ 在《1975年国家代表权维也纳公约》采用综合类别之后，关于国际组织的学术思考开始出现内部和外部职能的区别；区别基于是否依赖外部职能的内部属性。这里，一方面，那些认为内部和外部之间的区别是描述性而不是规范性的学者开始转向明线学派；另一方面，那些认为专门用于内部职能的内部秩序和涉及国际组织外部职能的国际秩序之间存在规范性区别的学者，则专属于灰色地带学派。

"明线学派"认为，法律是一种"非此即彼"的现象。一项规则，要么是法律规则，要么不是。合法性的背景并不存在；出于同样的原因，软法这一概念并不是可靠的分析工具。前两个国际组织概念属于明线学派；认为，要么国际组织不发展法律体系，它们制定的法律是国际性的；要么它们发展法律体系，它们制定的法律是内部性的。根据功能主义者的国际组织概念，每一国际组织的每项规则都源自国际法。在宪章主义概念下，每一国际组织的每项规则都不是源自国际法，并且它们发展独立的法律

---

⑤ Joost Pauwelyn, "Informal International Lawmaking: Framing the Concept and Research Questions" in Joost Pauwelyn, Ramses Wessel, and Jan Wouters (eds.), *Informal International Lawmaking* (OUP 2012) 22.

⑥ Pauwelyn, "Is it International Law or Not" (n 1) 128.

⑦ 参见本书第3章。

体系。

"灰色地带学派"认为，法律具有不同程度的规范性，许多规则属于将法律与非法律分界的灰色地带。[8] 灰色地带学派基本上涵盖后两个国际组织概念。其一是非正式主义，它反对综合性的国际组织法律体系，并且坚持认为国际组织制定两种法律：一种是管理国际组织机构内部活动的规则，另一种是关于外部层面的规则。其二是特殊主义，它对国际组织进行区分，认为只有少数国际组织发展独立于国际法的内部秩序。因此，非正式主义者的理论阻碍我们提出一种包罗万象的国际组织法理论。

笔者认为，在国际组织的背景下，明线学派和灰色地带学派之间的区别并不特别重要；因为问题不在于规则是硬的还是软的，而在于它们被归类为内部法律还是国际法律。类似地，奈杰尔·怀特（Nigel White）指出，硬法和软法的区分"未能反映国际组织造法的全部规范性价值；此外，'软法'和'硬法'的划分并不像法律学说辩论所表明的那样具有理论上的清晰"[9]。

例如，关于联合国大会和安理会决议属性的长期辩论是软法与国际组织规则混合属性之间相互关联的一个事例。[10] 然而，一个更切题的问题是，它们是否是国际法或联合国法的法律渊源。一旦以其法律体系属性为基础的国际组织概念得以明晰，就没有必要再依赖于对明线和灰色地带的划分。

事实上，软法论题与法律归属于不同法律体系，两者之间存在明显的关联。正如简·克莱伯斯（Jan Klabbers）认为的，软法论题立足于这一假设，即，行为者能够根据其意愿来运用法律体系。[11] 国家既可以制定硬法，也可以制定软法，并决定是否适用国际法律体系。一旦软法规范最终被认为是在国际法的"硬性"体系之内，它将被完全视为硬法规范予以对待。同样，灰色地带学派根据相关行为者的意愿，将国际组织规则视为属于国际或内部法律体系的规范。克莱伯斯对非正式法律提出质疑，其理

---

[8] Oscar Schachter, "The Twilight Existence of Nonbinding International Agreements" (1977) 71 AJIL 296.

[9] Nigel D. White, "Lawmaking" in Jacob Katz Cogan, Ian Hurd, and Ian Johnstone (eds.), *The Oxford Handbook of International Organizations* (OUP 2017) 576.

[10] Marko Divac Öberg, "The Legal Effects of Resolutions of the UN Security Council and General Assembly in the Jurisprudence of the ICJ" (2005) 16 EJIL 879.

[11] Jan Klabbers, "The Redundancy of Soft Law" (1996) 65 NJIL 167.

由是不可能有受制于两种规制制度的两类国际组织,而是只能受制于一种以国际法为基础的制度。总之,非正式法律是一种描述性的质量,并不影响国际组织规则的规范性。他争辩说:"法律的魅力在于,它能够捕捉到所有这些不同的情绪和情感,并能够将它们转化为一种可行的分析模式:它可以将所有不同政治或道德上的微妙之处和细微差别转化为简单的二分法,如有约束力/无约束力、合法/非法;并通过确定到底什么是有约束力的或合法的,对这些微妙之处和细微差别进行公正处理。"[12] 正式的和非正式的国际组织之间的差别在于制度化的程度。[13]

然而,大多数学者并不赞同这一论点,即国际组织发展的一套综合法律制度,要么属于国际法律体系,要么属于其内部法律体系。通常,相信存在内部法律体系的那些人想到的是一套有局限性的规范用以调整国际组织行政职能。内部和外部规则之间通常有区别。[14] 国际法委员会关于国际组织责任问题的特别报告员也在内部/国际义务方面作出了这种区分。[15] 在其第七次报告中,他强调行政性和国际性规则之间的区别。然而两者之间的界限并不明确。每位学者几乎都是任意地确定内部和外部规则之间的界限。这一界限范围小到劳动关系这一内部核心事项,大到全球行政法。笔者认为,这些区分并不具有规范价值,而且主要是用于描述性目的。这种任意的区分是由于未就应该包括何种类别的国际组织规则形成一致意见。

从时间上看,最早出现的是强调劳动关系的纯粹内部行政性质的理论。[16] 它来自将新国际法主体的创设与自愿主义进行协调的理论上的必要性。由于个人未被认为是国际法的主体,学者们将国际组织内的劳动关系拟定为受内部组织法的调整。后来,关于调整国际公务员制度的法律属性,发展了不同理论;每一种理论要么采用纯粹的内部性问题的视角,要么采用纯粹的国际视角。[17]

---

[12] Jan Klabbers, "The Redundancy of Soft Law" (1996) 65 NJIL 182.

[13] Jan Klabbers, "Formal Intergovernmental Organizations" in Jacob Katz Cogan, Ian Hurd, and Jan Johnstone (eds.), *The Oxford Handbook of International Organizations* (OUP 2017).

[14] Henry G. Schermers and Niels M. Blokker, *Institutional Law: Unity within Diversity* (Nijhoff 2011) (hereafter Schermers and Blokker, *Institutional Law*) paras 1196, 1216.

[15] ILC, "Seventh Report on Responsibility of International Organizations by Giorgio Gaja" (2009) UN Doc A/CN.4/610, paras 39-44.

[16] Umberto Borsi, "Il rapporto di impiego nella Società delle Nazioni" (1923) RDI 283.

[17] 参见后面第4.2.1章节。

国际法院在处理联合国行政法庭判决的效力时，区分了国际组织某些规则的行政性质。[18] 如前所述，联合国大会认为，它有自由裁量权，可以拒绝支付行政法庭判给工作人员的赔偿金，因为它不能受由大会自己所设机构决定的约束。根据纯粹的功能主义概念，会员国将有权阻止联合国大会执行大会自己设立的机构所作出的司法裁决。根据纯粹的宪章概念，大会将是一个受联合国秘书处所签劳动合同约束的联合国机构。国际法院采用了一种混合形式的宪章主义，认为：

> 这一难题不会像有人提到的那样，导致国家之间正常仲裁过程中所作出的仲裁裁决无效的问题。本咨询意见处理的是一种不同的法律情形。它涉及联合国大会设立的常设司法法庭作出的裁判；该法庭根据特别章程在联合国组织自身的法律体系内运行，并专门处理工作人员与秘书长所代表的联合国之间的内部性争端。[19]

国际组织的"组织自身法律体系"的界限仍然限于其内部行政管理，并不涉及联合国的外部职能。因此，根据某些规则的行政性质，国际法院作出了内部法律和国际法律的区分。

"国际组织制定的法律"这一概念在"国际行政法"的名义下迅速发展演变，涵盖了对国际组织内部领域更为广泛的理解。该词最初是指专门调整劳动关系的法律，但在后来的阶段，它还被用来指国际组织的内部程序和官僚机制。[20] "行政的"（administrative）这一形容词让人想起国际组织的内部结构以及确保善治的法律原则的集合体。

作为国际法的一个分支领域，国际行政法出现于19世纪末，并迅速

---

[18] *Effect of Awards of Compensation made by the United Nations Administrative Tribunal* (Advisory Opinion) [1954] ICJ Rep 47 (hereafter *Effect of Awards*).

[19] *Effect of Awards of Compensation made by the United Nations Administrative Tribunal* (Advisory Opinion) [1954] ICJ Rep 47 (hereafter *Effect of Awards*). 12, 13.

[20] Andrea Rapisardi-Mirabelli, "La Théorie Générale des Unions Internationales" (1925) 7 RCADI 345; Francis Bowes Sayre, *Experiments in International Administration* (Harper 1919); C. Delisle Burns, "International Administration" (1926) 7 BYBIL 54; Norman, L. Hill, *International Administration* (McGraw-Hill 1931); S. D. Myres, "The Role of International Administration" (1937) 1 International Law Institutions and World Peace 59; EF Rabshofen-Wertheimer, *The International Secretariat* (Carnegie 1945); JosefL Kunz, "Experience and Techniques in International Administration" (1945) 31 Iowa Law Review 40.

被认可为特定研究领域。[21] 皮埃尔·卡赞斯基（Pierre Kazansky）所著《国际行政管理原理》是最早的著述之一，他在书中定义了他称为新概念的"万民法"（droit des gens）。[22] 自其诞生以来，国际行政法就回应了将国际组织制定的法律与国际法进行区分的需求。它反映了国际组织在创造"整个文明世界"共同法的能力方面的理论发展。[23] 到20世纪初，国际行政法成为主要研究领域之一。[24] 如今，全球行政法的学者们明确承认保罗·内古列斯科（Paul Négulesco）是他们的鼻祖。[25] 他们引用他的研究成果以阐述他们对全球行政法的广泛理解，其中涵盖了加强全球行政管理中问责制的所有规则和程序。[26]

全球行政法和国际公共权力这把大伞下的理论基础是：某些规则不能被完全地识别为法律，仅仅是因为它们不属于可识别的法律体系。从巴塞尔委员会和20国集团这样的监管机制，到世界卫生组织这种正式国际组织，事例多种多样。对国际组织进行定义失去了其必要性。这些理论主要集中在描述某些规范的非正式性质；这些规范可以被识别为国际组织规则，无论是国际性的，还是内部性的。

在缺乏具体问责框架的情况下，将国际组织概念化为非正式造法者的弊端依然存在。非正式主义的风险是允许政治效力优先于法治。考虑到这种风险，人们设想了从适用行政原则到公法原则的数种问责模式。

4.2 非正式主义的局限性

首先，应该强调的是，非正式主义并没有为我们提供国际组织的定

---

[21] Klaus Vogel, "Administrative Law, International Aspects" (1992) 1 Encyclopedia of Public International Law 22, 23.

[22] Pierre Kazansky, "Théorie de l'administration internationale" (1902) RGDIP 353.

[23] Paul S. Reinsch, "International Administrative Law and National Sovereignty" (1909) 3 AJIL 1, 1.

[24] 例如：José Gascon y. Marin, " Les transformations du droit administratif international" (1930) 34 RCADI 3。

[25] Paul Négulesco, "Principes du droit international administratif" (1935) 51 RCADI 581 (hereafter Négulesco, "Principes du droit international administratif").

[26] Benedict Kingsbury, Nico Krisch, and Richard B. Stewart, "The Emergence of Global Administrative Law" (2005) 68 LCP 15 (hereafter Kingsbury, Krisch, and Stewart, "Global Administrative Law") 28.

义。事实上，这一概念化的主要原则之一是，国际组织与其他跨国机构是无法区分的。非正式法律并不打算为国际组织找到一个正式的定义。事实上，非正式法律拒绝这样的可能性，即识别能够适用于每一国际机构以及其每一项规范的国际共同监管框架。

4.2.1 劳动关系

数百个国际组织积极开展越来越多的活动，从保护世界和平到提升咖啡质量不一。这些职能反映了国际组织的外部性以及创建它们的主要原因。在其后面，是受国际公务员法调整的官僚机器，而官僚机器是国际机构活动中最精细和最法律化的方面之一。

内部性的机构规则的核心事关国际公务员制度。源自成员国的组织自治权被认为是劳动关系不受国际法调整的主要原因。我已提及的温贝托·博尔希（Umberto Borsi）和苏珊娜·巴斯迪凡（Suzanne Basdevant）的著述追溯到19世纪上半叶。他们基于个人的国际地位，区分国际组织的国际活动和内部活动。如果个人不是国际法的主体，则其与国际组织之间的合同关系就不能建立在国际法基础之上。

国际联盟行政法庭1929年的一项早期裁判认定，调整劳动关系的法律是作为特定法律体系的内部法律而发展的。[27]

国际法院将国际行政法庭界定为国际法庭[28]，但将劳动关系界定为内部组织法[29]。在20世纪60年代，威尔弗雷德·詹克斯（Wifred Jenks）为支撑劳动合同的国际属性进行了论证。[30] 他支持这种合同的国际属性，该属性在国际公务员法和内部性的机构法之间划了一条明确界限。

阿默拉星赫（Amerasinghe）反对劳动关系是由组织而非合同赋予的理论，并肯定是国际组织的特定秩序支配着劳动关系。[31] 因受国际行政法庭管辖权的制衡，他将国际组织内部法律体系的边界视为仅包括劳动。关

---

[27] *Di Palma Castiglione v International Labour Organization* [1929] League of Nations Administrative Tribunal, Judgment No. 1.

[28] *Judgments of the Administrative Tribunal of the ILO upon Complaints Made against Unesco* (Advisory Opinion) [1956] ICJ Rep 77 (hereafter *Judgment of ILOAT*) 97.

[29] Effect of Awards (n 18).

[30] Clarence Wilfred Jenks, *The Proper Law of International Organisations* (Stevens & Sons 1962).

[31] Chittharanjan Felix Amerasinghe, *The Law of the International Civil Service: As Applied by International Administrative Tribunals* (OUP 1994) (Hereafter Amerasinghe, *The Law of International Civil Service*) 25.

于法律属性，他提出了涉及国际法的下列解决方案："对分类问题最切实可行的解决方案似乎是将这种内部法律视为属于并源于国际公法体系，并因而是国际公法的一部分，同时又具有类似于国内法体系的特殊属性；特别是因其在传统上众所周知的国内法运作领域内运作。"[32]

最近对这一专题的贡献是承认存在一套属于不同国际组织的法律集合体，其形式是国际法的一般原则。[33]

在国际法委员会关于国际组织责任工作的早期阶段，阿兰·佩莱（Alain Pellet）建议委员会应该明确规定，条款不包括与公务员制度有关的责任问题，因为它是一个不同的、内部性的"法律领域"。[34] 同样，世界卫生组织认为劳动合同不产生国际义务。[35] 最后，劳动关系作为国际组织的内部法律，与国际公务员就业类似，可以将个人行为归结于国际组织。[36]

总之，为了平衡国际组织的自治权以及它们源自国际法的衍生，人们发展了不同的理论。劳动规则被描述为国际法[37]、内部法律[38]、"一般意义上"的国际法[39]、具有国内法特点的某种国际法[40]。

复杂性的根源在于，国际组织在其与雇员的关系中似乎充当了"替代国家"的角色，提供了类似于国内制度中的福利制度和人权保护制度，

---

[32] Chittharanjan Felix Amerasinghe, *The Law of the International Civil Service: As Applied by International Administrative Tribunals* (OUP 1994) (hereafter Amerasinghe, *The Law of International Civil Service*) 25.

[33] Renuka Dhinakaran, "Law of the International Civil Service: A Venture into Legal Theory" (2011) 8 IOLR 137.

[34] ILC, "Summary Record of the 2740th Meeting" (2002) UN Doc A/CN.4/SR.2740, para 25.

[35] ILC, "Comments and Observations Received from International Organizations" (2008) UN Doc A/CN.4/593 and Add.1, 5, 6.

[36] ILC, "Draft Articles on the Responsibility of International Organizations, with Commentaries" (2011) UN Doc A/66/10, art 6.

[37] Suzanne Bastid, "Have the United Nation Administrative Tribunals Contributed to the Development of International Law?" in Wolfgang Friedmann, Louis Henkin, and Oliver Lissitzyn (eds.), *Transnational Law in a Changing Society: Essays in Honor of Philip C Jessup* (Columbia University Press 1972).

[38] Alain Plantey, *The International Civil Service: Law and Management* (Masson 1981).

[39] Kenneth S. Carlston, "International Administrative Law: A Venture in Legal Theory" (1959) 8 JPL 329.

[40] Amerasinghe, *The Law of International Civil Service* (n 31).

即使这些制度源于国际法。㊶ 如前所述，甚至国际法院"也不否认行政法庭是一个国际法庭"㊷。

格哈德·乌里希（Gerhard Ullrich）最近的一部专著表明了将国际公务员法理论化的困难。㊸ 他将自己的路径定义为"法教义学"，将之作为一个总括术语来涵盖三种基本的法律理论：多样性中的统一、功能主义以及国家类比。"多样性中的统一"路径将国际组织视为一个由孤立的实体组成的群岛，每一实体都有自己的内部规则，同时又被共同的原则连接在一起。㊹ 这种路径为发展通用国际组织法学家的学术领域创造了空间；他们并不关注法律制度（如环境法、贸易法和战时法等）的特殊性，而是关注能使国际组织成为它们自身权利中所涵括的一种现象的特征。乌里希认为，国际公务员法是最先进的一套原则之一，使我们能够谈论国际组织的普通法。特别是，行政法庭的发展加强了交叉融合，国际组织的封闭性不再是一个综合研究领域发展的障碍。他称这种路径为"总则"；借此他能从一个又一个国际组织中挑选部分事例以对调整劳动关系的法律进行全面阐述。

在乌里希看来，彰显国际公务员法特征的第二种路径是功能主义。前已讨论，在这种传统的国际组织概念下，国际组织只不过是成员国为实施具体任务而创建的工具。㊺ 除了那些为履行其职能所必要的有限默示职能外，权力归属仅限于成员国建立该机构时商定的内容。功能主义的后果之一是国际组织不能发展独立于国际法的法律体系，因为建构文书被视为授予职责的合同，而非不需要授予职能的宪章。事实上，在一开始，乌里希就将国际组织的内部法律定义为"特殊的国际公法，因为其效力仅限于成员国"㊻。对于一部专门讨论劳动关系法的专著来说，这是一个特殊的特征；它不强调国家，而是强调为国际组织工作的个人。事实上，这是国际组织法中最发达的自成一体的领域，是为了保证国际组织独立于成员国

㊶ Gerhard Ullrich, *The Law of the International Civil Service* (Duncker and Humblot 2018) (hereafter Ullrich, *International Civil Service*) 48.

㊷ *Judgment of ILOAT* (n 28) 97.

㊸ Gerhard Ullrich, *International Civil Service* (n 41). 关于我对该书的评论，参见 Lorenzo Gasbarri " Gerhard Ullrich. The Law of the International Civil Service Berlin：Duncker & Humblot, 2018. Pp. 538 € 89, 90. ISBN：978-3-428-14914-8"（2020）31（2）EJIL 781。

㊹ Schermers and Blokker, *Institutional Law* (n 14) para. 22.

㊺ 参见本书第 2 章。

㊻ Ullrich, *International Civil Service* (n 41) 31.

而发展起来的。

乌里希描述的最后一个特征涉及与国内法律体系的类比。他所依据的论据是，国际组织不仅是雇主，而且还充当了其雇员的替代国。㊼ 它们构建了一个集人权保护、社会基础设施、税收、家庭相关救济金以及类似福利措施的系统。乌里希坚持认为，国际组织对其人员承担的义务更类似国内社会制度，而不是国际法。当然，这一类比脱离了功能主义，没有调和国际组织的两个方面。

总之，关于国际组织内部劳动关系的法律没有获得可以解决其国际组织规则地位问题的理论支持。规制国际公务员的原则构成了国际法委员会1975年和2011年所通过的国际组织规则的综合性定义的一部分。这是唯一办法，因为这些原则是国际组织官僚机制的核心。然而，要把一个国际组织的内部和外部活动分开，即便有可能，也相当困难。㊽ 这仅是视角方面的问题。目前，还没有一个理论框架可以解释为什么国际组织内部的劳动关系会形成一个自治的法律体系，与其他被认为与国际法有关的规则（如决议或预算条例）相互分离。在对内部/外部动态性缺乏了解的情况下，全球行政法作为填补外部责任和内部问责之间的空白的理论出现。全球行政法的前提是混合法律体系的存在；在混合体系下，国际组织创制的有限规范才属于"全球行政"领域。

4.2.2 全球行政法

全球行政法与国际组织概念化的重要性之间的联系是"问责制：对谁负责？"的问题。㊾ 全球行政法的目的之一是推动全球行政机构内部的问责机制。他们追求行政法基本原则（如透明度、协商、参与、合理性以及合法性）的实施。㊿ 例如，在关于联合国安理会制裁的越权行为性质的辩论中，全球行政法和国际组织的不同概念有着许多共同疑问：参照哪一法律体系关于哪套规范的越权行为？是国际法还是联合国法律体系的内部法律？全球行政法机制的合法性从何而来？全球行政法的法律属性是什

㊼ Ullrich, *International Civil Service* (n 41) 48.

㊽ José E. Alvarez, *International Organizations as Law-makers* (OUP 2005) Chapter 4.

㊾ Nico Krisch, "The Pluralism of Global Administrative Law" (2006) 17 EJIL 247 (hereafter Krisch, "Pluralism") 249.

㊿ Kingsbury, Krisch, and Stewart, "Global Administrative Law" (n 26) 17.

么?它是属于国际法还是属于国际组织的内部法律体系?全球行政法与国际组织制定的其他规则是否不同?规则的行政质量如何影响其对国际法的归属?[51]

安理会在其反恐议程下通过的决议一直是全球行政法改革项目的主要目标之一。[52] 一方面,如果将制裁视为属于联合国法律体系,安理会决议则被定性为纯粹的内部法律。遵循这一路径,联合国可以申明,必须在自己的规则和自己的参数框架内对受指控的侵犯人权行为提出异议。考虑欧盟法律秩序的发展,欧洲法院在 Kadi 案中的做法正是如此。[53] 在设定了不同人权标准的不同法律体系中,这些决议可能是不合法的,尽管这并不妨碍这些决议作为联合国法律的有效性。联合国内部法律体系是否对外部国际法产生直接影响,这是一个开放性问题。事实上,目前还不清楚联合国是否承担人权义务,或者说联合国会员国是否可以根据《联合国宪章》第 103 条的规定违反人权义务。[54]

另一方面,如果决议属于国际法,联合国法律体系的存在就出现了问题。这意味着规则的国际来源(《联合国宪章》)不是一个单独的法律体系的构成。由此,其次级规范的属性源于会员国的国际行为(次级是指它们来自《联合国宪章》这一初始性来源)。这会与国际法院所说的"联合国的组织自身法律体系"相反。[55] 然而,正如我上述提及的,国际法院只是在行政法庭和劳动关系的背景下如此。也许联合国已经建立了只包括行政规则的法律体系,而不包括具有国际性质的法律。这是全球行政法的假设,国际组织的法律制定程序可以创造行政性的规则和国际性的规则。

这些问题与非正式法律的性质有关。前提是,全球行政法和非正式法律主要是由国际组织制定的,只有在国际组织中才能找到它们所寻找的参照体系。全球行政法不能在国内类比中发现问责制,而是在其属于多元法

---

[51] Mario Savino, "The War on Terror and the Rule of Law: Kadi II" in Sabino Cassese and others (eds.), *Global Administrative Law: The Casebook* (IRPA 2012) II. B. 1.

[52] Nico Krisch, *Beyond Constitutionalism: The Pluralist Structure of Postnational Law* (OUP 2010) (hereafter Krisch, *Beyond Constitutionalism*).

[53] Joined Cases C-402-05 P and C-415/05 P *Yassin Abdullah Kadi and Al Barakaat International Foundation v. Council of the European Union and Commission of the European Communities* [2008] ECR I 6351.

[54] 参见本书第 10 章。

[55] *Effect of Awards* (n 18) 55-56.

律体系的研究中，并在研究中发展。㊼ 事实上，全球行政法包括来源不同的广泛的法律文书。它涵盖传统的国际法渊源和国内法渊源，并代表万民法的复兴。㊽ 它是对倾向于适用行政原理的规范进行的横向的定性描述。它包括的文书来自混合的私私/公私规章、网络治理、环境政策、联合国安理会决议、世界银行条例等。㊾

全球行政法所属的法律体系性质的分析始于本迪克特·金斯伯里（Bendict Kingsbury）的《全球行政法中的法律概念》的结尾："全球行政法中存在法律……包括融入哈特式的法律概念方法的可能性，甚至融入承认规则这一公共需求的可能性。"㊿ 我们只有从全球行政法的源头理解承认规则的多元性，才能理解全球行政法。全球行政法有时介于应对一套普遍宪章主义的行政规范的激烈一元矛盾㉖和一个支离破碎的事实的多元矛盾之间。㉗

自成一体的制度导致法律的多元化，破坏传统的一元论和二元论之间的二元对立。㉘ 简言之，全球行政法影响凯尔森式法律体系的统一性和基于"相关性"关系的桑蒂·罗曼诺（Santi Romano）理论之间的传统分歧。㉙ 我分析的理论基础之一是，法律实证主义能够提供对多元主义法律架构的阐释，而不会在法律子秩序之间的关系不确定的情形下回归政治。

我质疑这种假设：多元主义"是这样一种秩序，其中各组成部分之

㊼ Richard B. Stewart, "U. S. Administrative Law: A Model for Global Administrative Law?" (2005) 68 LCP 63.

㊽ Benedict Kingsbury and others, "Foreword: Global Governance as Administration-National and Transnational Approaches to Global Administrative Law" (2005) 68 LCP 1 (hereafter, Kingsbury and others, "Foreword") 2.

㊾ Benedict Kingsbury and others, "Foreword: Global Governance as Administration-National and Transnational Approaches to Global Administrative Law" (2005) 68 LCP 1 (hereafter, Kingsbury and others, "Foreword") 2.

㊿ Bendict Kingsbury, "The Concept of 'Law' in Global Administrative Law" (2009) 20 EJIL 23, 57.

㉖ Carol Harlow, "Global Administrative Law: The Quest for Principles and Values" (2006) 17 EJIL 187.

㉗ Krisch, "Pluralism" (n 49).

㉘ Giorgio Gaja, "Dualism: A Review" in Janne Nijman and André Nolkaemper (eds.), *New Perspectives on the Divide between National and International Law* (OUP 2007)

㉙ Filippo Fontanelli, "Santi Romano and L'ordinamento giuridico: The Relevance of a Forgotten Masterpiece for Contemporary International, Transnational and Global Legal Relations" (2011) 2 TLT 67.

间的关系不受总体法律框架的调整，而主要受政治（通常是司法政治）的调整；在这里我们发现异质性，而不是等级性"[64]。事实上，法律在法律体系之间的互动中具有作用。从金斯伯里提供的关于全球行政法的哈特式描述开始，笔者关注作为全球行政法之源的法律体系。这一问题是在所谓的事关确定某项法律所属法律体系的标准的"同一性问题"中提出的。[65] 因此，这是建立在法律实证主义基础上的一种分析，是分析全球行政法法律属性的另一尝试。[66]

笔者关于全球行政法的研究路径可以用内古列斯科的问题予以框定："国际行政法是一门独立的法律科学还是国际法的一个分支？"[67] 该问题源于这样一种直觉：国际行政法是由部分不同于国内的和国际的一个法律体系产生的。问责机制的混乱局面被框定在采用不同制度的不同国际组织系统中。问题是：它们是国际法，还是别的什么？答案直接事关全球行政法的结构及其所属法律体系的问题，而这通常涉及"同时包括政府和非政府行为者的国际机构和跨国网络，以及在国际制度内运作或产生跨境监管影响的国内行政机构"[68]。

全球行政法是源自不同法律体系、具有类似特征的规范的集合体。问题是，一个法律体系如何能够同时产生属于全球行政法的和不属于全球行政法的法律，以及全球行政法的法律属性是什么。这一问题来自全球行政法与区分国际组织规则的内部和外部核心的意愿之间的比较。全球行政法是属于不同国际组织的多元法律体系的内部法律。在这一网络中，国家被视为仅仅是执行来自外部"全球层"的条例的机关，建立起个人和国际组织之间的直接关系。这就是金斯伯里所讨论的承认规则的"公共性"。对于推动对国际组织行使治理职能中的参与和透明等行政原则的尊重，成员国和国际组织之间的内部关系是基础。然而，正如业已讨论的，内部属性没有将国家视为国际法的自治主体，允许国家躲在国际组织的机构面纱

---

[64] Krisch, *Beyond Constitutionalism* (n 52) 111.

[65] Joseph Raz, *The Concept of a Legal System: An Introduction to the Theory of a Legal System* (2nd edn, OUP 1980) (hereafter Raz, *Concept of a Legal System*) 1.

[66] Ming-Sung Kuo, "Inter-public Legality or Post-public Legitimacy? Global Governance and the Curious Case of Global Administrative Law as a New Paradigm of Law" (2012) 10 IJCL 1050 (hereafter Kuo, "Inter-public Legality") 1060.

[67] Négulesco, "Principes du droit international administratif" (n 25).

[68] Kingsbury and others, "Foreword" (n 57) 3.

后面以规避其责任。

问题是,全球行政法是"一种规范性观念,还是对共同管理跨境治理事宜的各种监管制度的描述"[69]。笔者支持后者,并认为全球行政法的价值在于其描述全球治理网络系统的能力。然而,它并没有产生能被视为规范性的效果,即创造出必然独立于国内的或国际的法律体系。即使全球行政法围绕"威斯特伐利亚世界"的转变需要而发展,它也没有走向一个全球性法律空间,而是走向一个多元化的分层社会。

因此,全球行政法规则的属性不能与其他的国际组织规则的法律属性区别开来。如果国际组织发展自己的法律体系,它们就不能同时创造属于其法律体系的规则和不属于其法律体系的规则。每项国际组织规则都必须具有相同的法律属性。每项法律都必然属于一个法律体系,而一个法律体系不能产生不属于该体系的法律。[70] 因此,内部规则和国际规则之间的任何区别仅具有描述性上的重要性,而没有规范性的效果。基于国际组织规则的非正式属性的理论是不可接受的,因为每项来自承认规则的规范都必须属于该规则所创设的体系。在一个国际组织内,不能同时存在内部的和外部的事物。每项规则都必须具有同样的属性。

这一发现也反驳了认可法律有不同程度规范性的软法理论。全球行政法基于这一观念,即法律体系之间的关系通过政治而非法律予以实现。相反,我认为一个法律体系的存在不是程度问题;它要么存在,要么不存在。[71] 可以有一个法律性明显或不明显的体系,但这与其存在是不同的问题。事实上,法律不可能具有标度性,它必须属于一个法律体系才能被称为法律。国际组织的法律体系可能与一国的法律体系不同,但这并不意味着它们的法律性不足。因此,如果存在一个法律体系,它就必须有自己的法律。

4.3　小结

总之,非正式主义为我们提供了从规范的等级金字塔向规范制定的多

---

[69] Kuo, "Inter-public Legality" (n 66) 1051.
[70] Raz, *Concept of a Legal System* (n 65) 187ff.
[71] Thomas Schultz, *Transnational Legality: Stateless Law and International Arbitration* (OUP 2014) 68.

元中心转变的见解；这种多元中心是随着国际组织的激增而产生的。事实上，它的优势在于它能将全球治理概念化为不同利益集团争夺霸权的论坛，而在这个论坛中，法律是实现至高地位的工具。通过非正式主义理论，政治相关性得到了很好体现；这些理论都没有对国际法律体系提出规范性方面的任何要求。事实上，在将规范归属于法律体系方面，非正式理论并不寻求任何规范性结果。非正式理论并不提供定义，也不反驳对国际组织概念进行研究的相关性。

第 5 章　特殊主义

特殊主义者的概念化根据组织属性的存在程度，认为某些国际组织的发展不同于其他国际组织，进而主张，同一国际监管框架不能适用于所有的国际组织。根据这一概念化，国际组织不仅不同于国家，而且在其自身类别中也是多样且存在异质的。然而，特殊主义者的理论并没有就区分国际组织的基本要素形成一致意见。例如，在欧盟情景下，一体化进程将一个功能性实体转变为一个宪章性实体；而在欧安组织情景下，需要特殊对待的是其义务的政治性质而非法律性质。其他路径则依赖于技术特性，高水平的专业化或者地理范围。总之，国际组织的概念在多元化视角下是碎片化的，因为这些视角凸显了比较主义者路径的局限性。

特殊主义者的概念化的主要信条是：

- 成员国是国际组织的代理人还是第三方，取决于每一国际组织的具体情况；
- 国际组织的规则是内部性的还是国际性的，取决于每一国际组织的具体情况；
- 国际组织机构面纱的特征，或是其透明性的程度，或是其不透明性的程度，取决于每一国际组织的具体情况；
- 国际组织的自治是一个程度性问题；
- 成员国在国际组织或其机构的会议或论坛上的行为是否与国际法相关，取决于每一国际组织的具体情况；
- 众多国际组织是非常不同的实体，而这取决于它们的描述性要素（如其一体化程度，赋予其职能的质量，或其地理范围）。

5.1 作为特殊情形的国际组织规则

特殊主义者的概念化基于这样一种理论框架，即：国际组织据此没有一个共同的历史起源，而且每一组织为了说明自己的特殊性，都发展了一个特殊的叙述。例如，根据这种观念，导致欧洲共同体的创建和演变历史过程不能与不同的"技术性"组织的创建进行比较。与非正式主义的概念化相似，特殊主义概念化这种理论的结果是，根本不可能进行理论化和发展一个适用于所有国际组织的监管框架。①

国际组织之间的差异在19世纪末就已经非常明显。在国际法文献中，1899年和1902年的海牙会议传统上被认为是建立政府间政治合作的第一步，而于1815年成立的莱茵河航行中央委员会则被认为是第一个永久性的政府间技术性合作组织。② 当20世纪初出现关于拥有国际法律人格的辩论时，各种国际组织的实践已经碎片化，无法归入一种统一的现象。特别是像国际农业学会这样渴望实现普遍性的组织是一种新现象，与行政性实体并不相同。③

功能主义在20世纪初得到了发展，设法处理有限的国际组织群体的必要需求。在关于国际组织法功能主义理论谱系的研究中，简·克莱伯斯（Jan Klabbers）将19世纪末美国法学家弗朗西斯·鲍尔斯·赛尔（Francis Bowes Sayre）称为使用功能主义涵盖所有类型国际组织的先驱。④ 在其《国际行政管理实验》一书中，赛尔认为所有的国际组织都是以一种类似的方式和出于需要而建立的。⑤ 在他看来，诸如万国邮政联盟或斯帕特尔角灯塔国际委员会等组织都可以受相同法律框架的约束。他并不依赖这些组织所行使的不同职能，而是依赖它们类似的正式结构。相反，其他学者采取了相反的路径，认为国际组织的性质是一个程度问题；

---

① Jan Klabbers, "Unity, Diversity, Accountability: The Ambivalent Concept of International Organisation" (2013) 14 MelJIL 149.

② Georges Abi-Saab, *The Concept of International Organization* (UNESCO 1981) 9.

③ ILC, "First Report on Relations between States and Inter-governmental Organizations by Abdullah El-Erian" (1963) UN Doc A/CN. 4/161 and Add. 1, 162.

④ Jan Klabbers, "The EJIL Foreword: The Transformation of International Organizations Law" (2015) 26 EJIL 9, 21.

⑤ Francis Bowes Sayre, *Experiments in International Administration* (Harper 1919).

在这种路径下，基本要素（如拥有法律人格）与每一国际组织的特点紧密联系。⑥ 从这一视角来看，职能并不赋予国际组织以资格，即使它们影响国际组织作为独立法律主体的行为能力。

特殊主义者的概念化将探究的重点从国家所建立的国际组织履行某些职能的正式结构，转移到了职能本身的质量。因此，对致力于维护和平与安全的世界性组织，不能将之与致力于区域一体化的超国家组织进行对比。这种概念化还认为，在某些情况下，即使是功能性国际组织也会"失控"，进而转化为宪章性实体，而其中的职能转换不能再从代理人的视角解释。

特殊主义有不同的形式，但对于那些创制特别地适用于其自身法律体系的法律的国际组织，同样要求特别对待；因为这些法律不再源自国际法。例如，某些国际组织（如欧盟）主张自己具有超国家的地位。⑦ 其他国际组织（如欧安组织）声称自己具有政治的而非法律的约束力。⑧ 用来区分不同形式的特殊主义的主要标准是一体化；一体化与赋予该组织的权力的质量和数量有关。这一理论主张，组织属性是从环境条约的缔约方会议到欧盟这样一个程度问题。欧盟项目的进化论者的精神完美地反映了某些国际组织的发展方式与其他国际组织的不同。⑨

就法律体系的属性而言，特殊主义的特点是其混合性，这与非正式主义并无不同。同样，国际组织自己的法律体系规范也不具有相同的性质。例如，"专属职能"的授予引发了欧盟法律的内部质量，然而，对于应该适用哪种理论来描述欧盟及其成员国在共同职能下开展的活动，却没有明确的界定。事实上，特殊主义者的理论仍然属于更宽泛的非正式法律范畴。然而，由于许多国际组织所提论据或主张的相关性，值得对特殊主义者的理论进行单独讨论。⑩

---

⑥ Andrea Rapisardi‐Mirabelli, "La Théorie Générale des Unions Internationales" (1925) 7 RCADI 345.

⑦ Peter L Lindseth, "Supranational Organizations" in Jacob Katz Cogan, Ian Hurd, and Ian Johnstone (eds.), *The Oxford Handbook of International Organizations* (OUP 2017).

⑧ Mateja Steinbrück Platise and Anne Peters, "Transformation of the OSCE Legal Status" in Mateja Steinbrück Platise, Carolyn Moser, and Anne Peters (eds.), *The Legal Framework of the OSCE* (CUP 2019).

⑨ Magdalena Licková, "European Exceptionalism in International Law" (2008) 19 EJIL 463 (hereafter Licková, "European Exceptionalism").

⑩ 关于某些国际组织的特殊性质与它们所制定法律的非正式性质之间的关系，请参见 Leonardo Borlini, "Soft law soft organizations e regolamentazione 'tecnica' di problemi di sicurezza pubblica e integrità finanziaria" (2017) RDI 356。

在国际法委员会就《国际组织责任条款草案》开展工作期间，有关国际组织向它提交的评论和意见提供了特殊主义所包含内容的最佳事例。⑪ 响应该委员会邀请而提交评论和意见的所有国际组织，都以其特殊地位为由，声称每一国际组织的规则应该优先于《国际组织责任条款草案》。⑫ 事实上，特别法条款是唯一获得一致同意的条款，它被解释为有利于每一国际组织的特定规则的一般性减损。此外，有两个国际组织广泛依靠国际组织之间的差异来损害共同监管框架的相关性。

欧盟在其提交给国际法委员会的每份评论中都重申其特殊地位。2004年的评论强调欧盟与其他国际组织的区别，认为自己不仅是其成员国的一个论坛，还是一个受其自身法律体系约束的独立行为者。⑬ 欧盟认为其超国家地位要求制定一项反映其组织规则所规定的特殊性的归结规则。⑭ 欧盟2005年的评论明确申明："在调整国家责任条款使其适应国际组织责任这一主题时，国际法委员会应该充分考虑国际组织之间的巨大差异。"⑮ 最后，2011年的评论指出："欧盟没有异议的是，有些国际组织对国际法的'渗透性'无疑比欧盟更强"，但是欧盟内部规则不受国际法的约束，因为欧盟法律是一个独特的来源。⑯

另一个坚持认为，自己有权获得特殊待遇的国际组织是国际货币基金组织。在其2004年提交给国际法委员会的评论中，它强调国际组织之间的差异，认为"关于国际组织责任的任何分析都必须考虑每一国际组织据以建立的国际协定的规定"⑰。国际货币基金组织进而主张，无法建立一个共同的监管框架，因为共同的规范"并不存在"：⑱

---

⑪ ILC, "Draft Articles on the Responsibility of International Organizations, with Commentaries" (2011) UN Doc A/66/10 (hereafter ARIO).

⑫ ILC, "Comments and Observations Received from International Organizations" (2011) UN Doc A/CN. 4/637 (hereafter Comments 2011) 37 ff.

⑬ ILC, "Comments and Observations Received from International Organizations" (2004) UN Doc A/CN. 4/545 (hereafter Comments 2004) 5.

⑭ ILC, "Comments and Observations Received from International Organizations" (2004) UN Doc A/CN. 4/545 (hereafter Comments 2004) 13, 18.

⑮ ILC, "Comments and Observations Received from International Organizations" (2005) UN Doc A CN. 4/556 (hereafter, Comments 2005) 5.

⑯ Comments 2011 (n 12) 20.

⑰ Comments 2004 (n 13) 6.

⑱ Comments 2004 (n 13) 6.

《国际组织责任条款草案》的许多条款本身并不普遍适用。不同国际组织的法律框架之间存在重大差异，因而很难制定适用于所有这些国际组织的原则。国家都拥有相同的属性，但是国际组织却有着不同的宗旨、任务和权力。《国际组织责任条款草案》没有考虑这些差异，因而其结果是包括了似乎至少对某些国际组织（如国际金融机构）意义有限的规定。我们想质疑的是，将此类规定写入《国际组织责任条款草案》是否合适。[19]

对于使用《国家对国际不法行为的责任条款》作为关于国际组织责任规则的基础，国际货币基金组织提出了质疑。[20] 它认为，"国家在职能上和组织上彼此非常相似，但是，国际组织之间却有着重大差异"[21]。因此，"《国际组织责任条款草案》中应该明确的是，当一个国际组织根据其章程行事时，它不需要根据一般国际法原则（这在《国际组织责任条款草案》中隐含地提及但却未作实质性规定）就其行为承担责任，而是应该根据自己的章程确定责任。"[22] 事实上，欧盟依靠其规则的内部属性来主张自己的特殊地位，而国际货币基金组织则依靠自己规则的国际属性来主张自己不应该对不法行为承担国际责任。它声称：不可能"建议……在某些情况下（除涉及强制性义务外）一般国际义务可能优先于一个国际组织的规则"[23]。

5.2 特殊主义的局限性

特殊主义者的国际组织概念化具有一些显而易见的局限性。在某些国际组织被视为功能主义实体而其他的被视为宪章主义实体时，前面几章进行的论证也同样适用。正如我前面认为的，采用非此即彼的范式主要是基于这样一种有限的视角，即从纯粹的国家中心或纯粹的国际组织中心的角度审视国际组织。当重点转移到识别某一特定组织的特殊品质以及这种特

---

[19] Comments 2011（n 12）10.

[20] ILC, "Draft Articles on Responsibility of States for Internationally Wrongful Acts, with Commentaries"（2001）UN Doc A/56/10（hereafter ARSIWA）.

[21] Comments 2004（n 13）7.

[22] Comments 2004（n 13）79.

[23] Comments 2005（n 15）38.

殊性的根本原因时，反驳特殊情况的简单方法是，展现一个纯粹的功能性实体如何还表现出一项宪章性特征，反之亦然。

然而，这种碎片化的路径得到了国际组织及其内部从业人员的大力支持。㉔ 特别是，国际组织内部的高度专业化催生了这样一种论点，即不可能认同一个一般性的监管框架。在此，我以国际组织所发展法律体系结构上的相似性为基础，对如下论点提出质疑：描述性的差异据之并不影响规范性的质量。特别是，我将比较两种特殊主义的模式；一种是欧盟背景下认可的，另一种是欧安组织背景下认可的。

5.2.1 欧盟背景下的特殊主义

在国际组织责任问题特别报告员的第三次报告中，国际法委员会讨论了欧盟的特殊性质，涉及当时的第 8 条（后修改为最后版本的第 10 条）"存在违反国际义务的行为"："（1）如果一个国际组织的行为不符合一项国际义务对它的要求，该组织就违反了该项国际义务，不论该项义务的起源或特性为何；（2）前款原则上还适用于违反该组织的规则所规定的义务。"㉕

第 1 款是对《国家对国际不法行为的责任条款》第 12 条内容的复制和粘贴。㉖ 第 2 款反映了国际组织的分层结构。它隐含地承认国际组织创制的法律仅是"原则上"具有国际性。事实上，正如阿兰·佩莱（Alain Pellet）指出的，对于那些其规则不再是国际法的国际组织，特别是欧盟，特别报告员希望允许其作为例外情况。㉗ 特别报告员的做法反映了这样的国际组织概念，即区分功能主义实体和宪章主义实体。㉘ 这一做法强调了国际组织发展"初始性的"法律体系的能力，在该体系下只有某些国际组织可以主张自己拥有游离于国际法之外的内部法律。在反驳这种做法

㉔ Comments 2011（n 12）.

㉕ ILC, "Third Report on Responsibility of International Organizations by Giorgio Gaja" (2005) UN Doc A/CN.4/553. 其中的下划线部分为原作者强调的内容。

㉖ 《国家对国际不法行为的责任条款》第 12 条规定："一国的行为如不符合一项国际义务对它的要求，即构成违背该项国际义务，而不论该义务的来源或者性质为何。"

㉗ ILC, "Summary Record of the 2840th Meeting" (2005) UN Doc A/CN.4/SR.2840 (hereafter 2840th meeting) 15.

㉘ ILC, "Draft Articles on the Responsibility of International Organizations, with Commentaries" (2011) UN Doc A/66/10 (hereafter ARIO) commentary to art 10.

时，佩莱断言维护欧盟的特殊性并不正确。[29] 特别报告员回应时重申，该项目应该考虑的是欧盟法律不是国际法。他对欧盟规则的特别法性质和他所说的自成一体的制度性质进行了区别，前者意味着它们属于国际法。[30] 佩莱辩驳说，每一国际组织都是一个自成体系的法律秩序。从欧盟的背景出发，特别报告员乔治奥·盖加（Giorgio Gaja）提议："假设要替换'原则上'一词的话，他个人倾向于采用排除这种区域性组织规则的措辞，即它们发展了某种形式的组合体，其中势必产生不能再被视为国际法一部分的法律体系。"

如前所述，国际法委员会回避对国际组织所创制法律的法律属性进行讨论，第10（2）条的最终版本是："第1款包括国际组织违反根据其规则对其成员国可能产生的任何国际义务的情形。"因此，对于国际组织是创制国际法的功能性实体，还是制定内部法律的宪章性实体，该委员会并没有表明自己的立场。

这场辩论特别有意思，因为特别报告员在欧盟违反义务的背景下为欧盟的特殊性质辩护，而欧盟委员会则批评该项目没有考虑关于行为归结的特别规则。[31] 事实上，关于行为归结的一项特别条款会强调欧盟法律的内部属性。[32] 相反，国际法委员会倾向于维持其关于国际组织规则属性的不可知性，并依赖于这种特别法条款，即适用于每一国际组织但却产生一系列新问题的条款，正如我已经讨论的。[33]

在国际海洋法法庭发表的一份咨询意见中，欧盟背景下的特殊主义的局限性显而易见。[34] 2013年3月27日，次区域渔业委员会请求国际海洋法法庭发表咨询意见，就私人船只从事非法的、未报告的和未加管制的（Illegal, Unreported, and Unregulated; IUU）捕鱼活动所产生的对国家和

---

[29] 2840th meeting（n 27）16.

[30] ILC, "Summary Record of the 2843th Meeting" UN Doc A/CN.4/SR.2843, 19.

[31] Comments 2011（n 12）37.

[32] Frank Hoffmeister, "Litigating against the European Union and Its Member States – Who Responds under the ILC's Draft Articles on International Responsibility of International Organizations?"（2010）21 EJIL 723.

[33] 参见本书第3章2.1节。

[34] *Request for an Advisory Opinion Submitted by the Sub - Regional Fisheries Commission* (SRFC)（Advisory Opinion）[2015] ITLOS Report No. 21（Hereafter *SRFC Advisory Opinion*）. Lorenz Gasbarri, "The European Union is not a State: International Responsibility for Illegal, Unreported an Unregulated Fishing Activities"（2020）7 Maritime Safety and Security Law Journal 62.

国际组织具有约束力的义务的解释，提出了四个问题。㉟

该法庭认为，船旗国负有作为义务，确保悬挂其旗帜的船只遵守沿海国制定的关于养护措施的法律和规章。船旗国负有勤勉义务，采取一切必要措施，确保遵从并防止 IUU 捕鱼。该法庭进而指出，船旗国的责任源于违反其对悬挂其国旗的船只进行的 IUU 捕鱼活动的勤勉义务。

关于国际组织的义务，次区域渔业委员会报告，在 2010 年它的一个成员国登临了两艘船，后者根据其船旗国与某一国际组织签署的谅解备忘录正在捕鱼。㊱ 这两艘船违反了沿海国法律，产生了一笔巨额罚款。船主承认其行为违法，并当场支付了部分罚款。接着，在保证会在商定的时间框架内付清全部罚款后，两艘船被释放。由于剩余的罚款并未支付，次区域渔业委员会的该成员国要求该国际组织采取适当措施来支付罚款。作为回应，该国际组织宣称自己既无权要求船旗国支付罚款，也无权代替船旗国支付。因此，次区域渔业委员会咨询国际海洋法法庭："如果在与船旗国或国际机构签订的国际协定框架内向一艘船发放捕鱼许可证，该船旗国或国际机构是否应当对该艘船违反沿海国渔业法的行为承担责任？"㊲

作为第一步，该法庭缩小了所咨询问题的范围，认为它仅涉及《联合国海洋法公约》第 305（1）（f）条和第 306 条及其附件九中提及的国际组织，即其成员国已将渔业方面的权限移交给其国际组织。㊳ 因此，该法庭将其咨询意见限定于欧盟，因为欧盟是《联合国海洋法公约》唯一的国际组织缔约方；它进而指出，只有欧盟在渔业方面的专属职能具有相关性。这一结论被视为一个事实问题，它并没有解释下列两种义务之间的关系，即《联合国海洋法公约》项下的义务以及欧盟对次区域渔业委员会成员国承担的义务。

接着，该法庭根据《联合国海洋法公约》附件九第 6（1）条，将欧盟的责任与职能联系起来，认为："在其职能范围内承担一项义务但其对该项义务的遵守取决于其成员国行为的一个国际组织，如果成员国没有遵守该项义务而且该国际组织没有履行其'勤勉'义务，则可以追究该国

㉟ 次区域渔业委员会常设秘书处《关于界定获取和开发次区域渔业委员会成员国管辖海区渔业资源的最低条件的公约》（2012 年 6 月 8 日开放签署，同年 11 月 8 日生效）第 2 条。
㊱ 在次区域渔业委员会的如下"书面声明"中，该情况被匿名处理：SRFC，"Written Statement"（2013）ITLOS Advisory Opinion（hereafter SRFC，"Written Statement"）15。
㊲ *SRFC Advisory Opinion*（n 34）para. 2.
㊳ *SRFC Advisory Opinion*（n 34）para. 157.

际组织的责任。"㊴ 总之，国际海洋法法庭适用了所谓的"国家类比"，认为适用于国家的法律框架也适用于欧盟，其依据是专属职能的归属。㊵

此外，关于作为欧盟成员国的船旗国，法庭认为它仅是欧盟所缔结捕鱼协定的缔约方，因而不能认为是船旗国对悬挂其国旗的船只的行为承担责任。尽管如此，国际海洋法法庭提醒，根据《联合国海洋法公约》附件九第6（2）条，如果欧盟和有关国家不提供关于谁就某一具体事项拥有权限的信息，它们可能承担连带责任。

在私人渔船根据欧盟而非其船旗国缔结的协议而有权进入捕鱼区的情形下，该咨询意见产生了关于有效保护生物多样性的许多问题。特别是，该法庭全面依赖欧盟委员会的评论，而后者采取了明显的防御策略。一方面，欧盟主张自己是唯一负有责任的实体，免除成员国的任何责任；另一方面，它声称欧盟法规和相关的可适用规范已尽最大努力防止 IUU 捕鱼。㊶ 然而，本案的事实告诉我们一个不同的故事，在这个故事中，赋予的职能限制了欧盟执行制裁以及就不法行为进行赔偿的能力。㊷ 事实上，次区域渔业委员会给出的案情与这类情况十分相似，即，成员国通过赋予一个国际组织同第三方缔结协议的职能，规避其国际义务。㊸ 我担心的原因是，欧盟和国际海洋法法庭依赖对保护生物多样性的专属职能的归属，声称欧盟需要在海洋法制度中被视为一个船旗国，即使它缺乏采取所有必要步骤的一般能力（如提起刑事诉讼）。

国际海洋法法庭仅陈述了欧盟根据附件九关于区分专属职能和共享职能的第5（1）条提交的职能声明，进而得出结论在该案中只有欧盟的专属职能具有相关性。㊹ 这样，该法庭绕过了行为归结的问题，提出责任是职能所在。为了避免干扰职能配置及其在共享职能和专属职能之间的复杂

㊴ *SRFC Advisory Opinion*（n 34）para. 168.

㊵ 有关一般性讨论，参见 Fernando Lusa Bordin, *The Analogy between States and International Organization*（CUP 2018）。

㊶ European Union, "Second Written Statement"（2014）ITLOS Advisory Opinion; ITLOS, Public Sitting, Verbatim Record, "Request for Advisory Opinion Submitted by the Sub-regional Fisheries Commission"（4 September 2014）ITLOS/PV. 14/C21/3/Rev. 1.

㊷ 特别参见：SRFC, "Written Statement"（n 36）。

㊸ 关于欧盟背景下对这一情况的分析，参见 Esa Passivirta, "Responsibility of a Member State of an International Organization: Where Will it End-Comments on Article 60 of the ILC Draft on the Responsibility of International Organizations"（2010）7 IOLR 49。

㊹ *SRFC Advisory Opinion*（n 34）para. 164.

区分，该法庭没有适用《国际组织责任条款草案》所载的行为归结规范。在这一情况下，欧盟背景下的特殊主义得到了应用。然而，在防止 IUU 捕鱼活动涉及成员国的基本职能的情况下，职能并未明确划分以及欧盟背景下特殊主义的局限性就变得十分明显。例如，国际自然保护联盟建议强调欧盟职能以外的事项，包括对船只提起刑事诉讼。但该法庭没有接受这一建议。⑮ 次区域渔业委员会在其书面声明中，就欧盟拒绝支付该委员会成员国主张的罚款，也指出了缺乏职能的类似情况。⑯ 只有当欧盟被视为一个纯粹的宪章性实体而且完全适用国家类比时，国际海洋法法庭采用的推理才能确保生物多样性的充分保护水平。该法庭所用推理之所以能被推翻，是因为欧盟仍然依赖于其成员国的职能归属，并不拥有实施任何相关活动的一般行为能力。

依赖所谓的"规范控制"作为责任归结的方法，通过回避行为归结，国际海洋法法庭运用欧盟背景下的特殊主义。许多学者对职能声明的缺陷进行了评论；⑰ 不过我想强调它们初始义务的性质，该法庭错误地将其视为责任归结的一种方法。事实上，该法庭修改了《联合国海洋法公约》的性质，从用于界定勤勉内容的初始性义务以防止 IUU 活动，转为界定如何归结国际责任的次级规范。《联合国海洋法公约》第 305（1）(f) 条、第 306 条和附件九不是关于行为归结的特殊规则，而是《联合国海洋法公约》所有缔约方约定的主要义务。例如，国际海洋法法庭承认存在依赖于海洋法制度的连带义务，即使只有欧盟缔结了悬挂其成员国国旗的船只所违反的协议。⑱

总之，国际组织法中欧洲背景下的特殊主义基于一个特殊的国际组织概念；据之，只有少数国际组织在成员国授予专属职能的领域发展了内部法律体系。然而，笔者至少能够提出四项反驳：（1）职能不是一个非黑即白的问题，不同色调会影响对第三方的责任；（2）专属职能影响初始

---

⑮ International Union for Conservation of Nature and Natural Resources, "Written Statement" (2013) ITLOS SRFC Advisory Opinion, para. 78.

⑯ See n 36.

⑰ Joni Heliskoski, "EU Declarations of Competence and International Responsibility" in Malcom Evans and Panos Koutrakos (eds.), *The International Responsibility of the European Union* (Hart 2013); Andrés Delgado Casteleiro, *The International Responsibility of the European Union: From Competence to Normative Control* (CUP 2016) 110.

⑱ *SRFC Advisory Opinion* (n 34) para. 174.

性义务的承担,而非次派生规则;(3)成员国可以通过隐藏于国际组织的机构面纱后面来规避责任,即使它们从捕鱼许可证中获利;(4)它助推国际组织概念的碎片化,而这导致它的修辞性使用取决于案件的具体情况。

事实上,国际组织所发展法律体系的属性影响其国际责任。正如彼得-简·凯珀(Pieter-Jan Kuijper)和埃萨·帕西维塔(Esa Paasivirta)指出的,国际组织的规则"与欧盟机构面纱的强度和透明度密切相关"。㊾ 我认为,这同样适用于所有国际组织,但我们缺乏的是能将国际组织法归入一个共同理论之下的一个共同的概念。

我认为,时常与"区域(经济)一体化组织"这一惯用表述一起使用的一体化和自治的程度,具有描述性特征,但该特征并不能证明一个不同法律属性的合理性。特别是,特殊主义之所以失败,是因为它描述了一种混合的法律体系;在该体系下,部分规范是按照宪章主义的要求创设的,而其余的仍然属于功能主义者的。事实上,根据这一推理,对于成员国保留权限的事项来说,欧盟法律是国际法,但对于那些专属职能来说则是内部法律。然而,什么样的"国际法的新法律秩序"会创造出对某些事项是国际法而对其他事项却是内部法律呢?关于国际组织概念的理论必须反映出诸多国际组织的法律体系是一个一致的法律总体,而这一总体下的获赋职能或一体化程度并不决定它们的属性。

下面将讨论关于特殊主义者的国际组织概念化的一个不同版本。在该版本中,特殊主义的基础不是一体化和专属职能的授予,而是国际组织可以根据非法律规范进行创建的主张。㊿

5.2.2　欧安组织背景下的特殊主义

在《国际组织责任条款草案》的十年诞生期之初㈜,国际法委员会毫不怀疑该项目还会适用于欧安组织。早在2002年,国际法委员会工作组

㊾ Pieter-Jan Kuijper and Esa Paasivirta, "EU International Responsibility and its Attribution: From the Inside Looking out" in Panos Koutrakos and Esa Paasivirta (eds.), *The International Responsibility of the European Union: European and International Perspectives* (Hart 2013).

㊿ 该部分基于作者的如下已有成果而撰写:Lorenzo Gasbarri, "The International Responsibility of the OSCE" in Anne Peters, Mateja Platise, and Carolyn Moser (eds.), *Revisiting the Legal Status of the OSCE* (CUP 2019)。

㈜ ARIO (n 28).

的第一份报告就将欧安组织纳入下列国际组织定义之中：它的建立根据一项条约，"或者，在特殊情形下（如欧安组织），没有条约"[52]。在强调这一立场时，工作组指出："应该假定国际法赋予这些国际组织以法律人格，这是因为，若非如此，其行为将归结于其成员，进而不会产生国际组织在国际法上的责任问题。"[53]

一年后，国际法委员会公布了包括第 2 条 "术语使用" 的报告，其中国际组织被定义为 "根据条约或受国际法调整的其他文书建立的"[54]。当时的《国际组织责任条款草案》评注提及了欧安组织，明确承认预计的条款适用于默认建立国际组织的国际协议。[55] 联合国大会第六委员会 2004 年进行的讨论承认欧安组织的国际法律人格问题尚未解决。委员会还注意到欧洲共同体和欧盟之间的区别，特别报告员注意到这一问题是 "这两个实体的成员国必须解决的"[56]。

关于《国际组织责任条款草案》的适用性以及并未解决的欧安组织的国际法律人格问题，国际法委员会的这一立场贯穿于其工作始终，第 2 条的评注在最后草案定稿前都未修改。[57] 然而，奥地利和欧安组织 2011 年提交评论和意见，对国际法委员会的路径作出了回应。它们都坚持认为，就目前而言，欧安组织不是《国际组织责任条款草案》第 2 条项下的国际组织，不具备法律人格，因而不受国际法的调整。[58] 结果是，《国际组织责任条款草案》第 2 条的最后评注没有提及欧安组织。

---

[52] ILC, "Report of the Working Group on the Responsibility of International Organizations" (2002) UN Doc A/57/10, para 469.

[53] ILC, "Report of the Working Group on the Responsibility of International Organizations" (2002) UN Doc A/57/10, para 469.

[54] ILC, "Report of the International Law Commission on the Work of its 55th Session" (5 May-8 August 2003) UN Doc A/58/10, 38.

[55] 第 2 条评注第 4 段："虽然可以认为存在一项默认的协议，但是成员国坚持认为没有缔结具有此种效力的条约，例如关于欧安组织的条约。"

[56] ILC, "Topical Summary of the Discussion Held in the Sixth Committee of the General Assembly during its Fifty-eighth Session, Prepared by the Secretariat" (21 January 2004) UN Doc A/CN. 4/537, para37; Henry G Schermers and Niels M Blokker, *Institutional Law: Unity within Diversity* (Nijhoff 2011) para. 1569.

[57] 对此没有争议。See ILC, "First Report on Responsibility of International Organizations by Giorgio Gaja" UN Doc A/CN.4/532, A/CN.4/532, 2003, para. 14; ILC, "Summary Record of the 2753rd Meeting" UN Doc A/CN.4/SR. 2753, para. 27.

[58] ILC, "Comments and Observations Received from Governments" (2011) UN Doc A/CN. 4/636, 9; Comments 2011 (n 12) 18.

国际责任和赔偿义务是国际法对违反其规则的行为所设定的后果。[59] 就国际组织而言，主要问题之一是其结构是否允许它承担独立于其成员国的责任。[60] 国际责任是自治的属性，但问题是没有一个国际组织是真正独立于其成员国的。在这场辩论的框架内，欧安组织采取了一种极端立场，声称自己甚至不能被视为一个适当的国际组织。[61]

人们对国际组织法律人格的重要性给予了太多关注，而对其发展法律体系的能力的研究却很少。人们可以怀疑法律人格的存在，或者怀疑欧安组织是否受国际法的调整。然而，我们不能忽视欧安组织存在、履行自己的职能以及已经发展了一个规范体系的事实。事实上，使用"规范体系"这一表述不会遭到那些认为欧安组织是政治性义务而非法律性义务来源的人们的反对。每一国际组织都会发展一套规范体系来调整其内部运作，无论我们把它们定性为法律性的还是政治性的。什么是关键问题以及什么应该是关注焦点，应该是国际组织与国际法之间的关系。

一个国际组织所发展法律体系的属性围绕着宪章主义和功能主义之间的二分法。[62] 例如，欧盟可以被视为一个源于国际法并创制国际法的国际组织，或者被理解为一个不以国际法为基础但制定具有内部属性规范的国际组织。[63] 前一概念化将一个新国际组织的新兴法律体系视为"初始性的"，而不是基于以前存在的事物。当然，"初始性"可以采用各种形式：在欧盟的背景下，它意味着"特殊"；而在欧安组织的背景下，它意味着"政治"。

实践中，同其他任何国际组织一样，欧安组织经历了其法律体系双重法律属性的影响。就国际责任而言，国际组织的两面性对它们与其成员国之间的关系产生了重要影响。如果一个国际组织被认为是初始性实体，那么其成员国就会成为它的内部机关；反之，如果被认为是源自国际法的实体，那么其成员国就会成为第三方。两面性的影响超出了理论范围。取决

---

[59] *Case Concerning the Factory at Chorzów* (*Claim for Indemnity*) (Jurisdiction) [1927] PCIJ Series A, No. 9, 21.

[60] Jan Klabbers, *An Introduction to International Organizations Law* (3rd edn, CUP 2015) 306.

[61] Comments 2011 (n 12).

[62] Philippe Cahier, "L'ordre juridique interne des organisations internationales" in René-Jean Dupuy (ed.), *Manuel sur les Organisations Internationales* (Nijhoff 1998).

[63] 例如，比较如下两者：Alain Pellet, "Les fondements juridiques internationaux du droit communautaire" (1994) 5 Collected Courses of the Academy of European Law and Licková, "European Exceptionalism" (n 9)。

于具体情况和论辩的必要性,国际组织每天在其两面性之间摇摆不定。[64]例如,欧盟传统上被世界贸易组织专家组视为封闭的自治实体,而欧洲人权法院则将它视为其成员国的载体。

国际组织所发展法律体系的属性同调整其责任制度的结构密切相关。判定建立一种一般性责任制度的可能性,或是否每一国际组织都受一个独特责任制度的调整,不可或缺。[65]关于国际组织要么拥有初始性的、要么拥有衍生性的法律体系的观点,导致一般性规则难以适用。为了重申例外就是规则,欧安组织提议将国际法委员会草案关于特别法的第64条调整到第一部分,这并非偶然。[66]根据这一视角,欧安组织与欧盟背景下的两种特殊主义并无不同。[67]它们都因其法律体系的不明确性而要求获得特殊对待。

欧盟要求,当其成员国根据欧盟的专属职能采取行动时,必须将成员国的行为视为欧盟的行为。[68]它认为自己的法律体系具有自治性,足以使其成员国转变为它的准机构;这与联邦制国家并无区别。总之,欧盟"要求"自己被视作具有国际法律人格的一个初始性法律体系。相反,欧安组织关于特殊主义的"要求"则需要它被视为不具有国际法律人格的一个初始性法律体系予以对待。[69]反驳这种概念化的重要意义显而易见。

事实上,这种情况导致欧安组织本身及其参加国履行国际责任变得非常困难。在这一假设下,欧安组织将既没有缔结国际协议的能力,也没有承担国际责任的能力。它将不受国际法的调整。总之,它将构建一个独立的法律体系,就像国内法律体系独立于国际法一样,但它却不是国际法的主体。换句话说,欧安组织国际法上的地位将类似于跨国公司:不是由任

---

[64] Giorgio Gaja, "Note Introductive de l'Ancien Rapporteur Special" (2013) 46 RBDI 9.

[65] Jan Wouters and Jed Odermatt, "Are All International Organizations Created Equal?" (2012) 9 IOLR 7.

[66] Comments 2011 (n 12) 40.

[67] Emmanuel Decaux, "Linstitutionalisation de la CSCE" in Emmanuel Decaux and Linos-Alexandre Sicilianos (eds.), *La CSCE: dimension humaine et règlement des différends* (Montchrestien 1993).

[68] ILC, "Comments and Observations Received from Governments" (2004) UN Doc A/CN.4/545, 28; ILC, "Comments and Observations Received from Governments" (2005) UN Doc A/CN.4/556, 31; ILC, "Comments and Observations Received from Governments" (2006) UN Doc A/CN.4/568, 127; Comments 2011 (n 12).

[69] Comments 2011 (n 12).

何个别法律体系的法律建立的机构网络，而是由国内法上的主体“初始性地”建立的。(70)

欧安组织的这种景象是由那些支持对具有法律约束力的和具有政治约束力的义务进行区分的人士提出的。(71) 事实上，参加国在政治上有义务尊重欧安组织承诺的这一论点，起源于将该组织与国际法脱钩的意志。2006年题为“共同的责任”的关于加强欧安组织有效性的报告，声称：“欧安组织被称为价值共同体。这些价值体现在诸多承诺之中，而这些承诺虽然不是正式的法律义务，但却具有约束力。”(72) 报告从而暗示了这一概念化。

在这种模式下，欧安组织的活动仅受其内部法律体系的调整；该体系规定了一项合规制度，该制度同国际法平行运作并与国际法完全脱节。在这种背景下，对具有法律约束力的和具有政治约束力的义务进行区别可能有其某一合理性，重申欧安组织的承诺根本不受国际法的调整，而是属于不同的且相当独立的法律体系。从这一角度看，欧安组织被视为一个提供“软安全”的组织。(73) 人们可以辩解从“软安全”中衍生出了“软责任”，而这确实是对内部问责制形式的描述。(74)

在初始性法律体系内，内部合规制度是以通常被定义为的“问责制”作为基础。这并不意味着只有初始性制度才发展问责机制，但它们更倾向于采用这一概念用于内部合规。初始性制度并非基于国际责任所规定的机制，而是基于内部的实施体系。(75) 例如，对于违反内部价值观的行为，最直接和最基本的结果就是行为者被驱逐出社团。事实上，欧安组织是第一个对1991年6月西巴尔干地区危机作出反应的区域机构，并于1992年暂

(70) Jean-Philippe Robé, “Multinational Enterprises: The Constitution of a Pluralistic Legal Order” in Gunther Teubner (ed.), *Global Law Without A State Aldershot: Dartmouth Gower* (Dartmouth 1997) (hereafter Robé, “Multinational Enterprises”).

(71) Peter Van Dijk, “The Implementation of the Final Act of Helsinki: The Creation of New Structures or the Involvement of Existing Ones?” (1989) 10 Michigan Journal of International Law 110.

(72) OSCE, “Common Responsibility: Commitments and Implementation, Report submitted to the OSCE Ministerial Council in response to MC Decision No. 17/05 on Strengthening the Effectiveness of the OSCE” (2006) (hereafter OSCE “Common Responsibility”) para. 1; Alexandra Gheciu, *Securing Civilization?: The EU, NATO and the OSCE in the Post-9/11 World* (OUP 2008) 118.

(73) Roberto Dominguez, *The OSCE: Soft Security for a Hard World: Competing Theories for Understanding the OSCE* (PIE Peter Lang 2014).

(74) OSCE, “Common Responsibility” (n 72) para. l.

(75) OSCE, “Common Responsibility” (n 72) para. l.

停了南斯拉夫联盟共和国的参加国资格。(76)

在那些年里，欧安组织还在发展一个内部争端解决体系；它由不同的“政治性”程序组成，包括所谓的瓦莱塔机制、欧安组织调解委员会、定向调解以及调解和仲裁法院。(77) 保持与国际法明确分离的意志反映在那些年写的学术评论中。例如，学者们承认调解和仲裁法院所适用法律导致的问题。(78) 欧安组织的承诺将仅受调解而非仲裁的规制，因为后者是根据国际法决定的。(79)

最近，学界的注意力转移到了欧安组织之民主制度和人权办公室部署的选举观察团。(80) 由于缺乏具有国际约束力的规范，这些观察团并没有一个可以据之履行其职能明确的法律框架。同样，内部问责制度（例如欧安组织民主制度和人权办公室发布的方法论报告(81)）是该组织独立性的体现，而且它们往往被认为是确保尊重“非法律性”义务的唯一可用选择。在这一意义上，问责制是一个有助于将内部体系与国际法隔离开来的概念。

当我们站在欧安组织问责制之外并审视参加国对其在该组织框架内所采取行为的责任时，该组织的特殊属性带来了一系列不同的问题。事实上，在这种情况下，成员国可以凭借其作为该组织机关的地位，将自己隐藏在不可刺破的机构面纱后面。作为一个原始性实体，该组织将丧失它的透明品质，导致不可能刺破机构面纱。这一结果与当今跨国公司背景下所经历的并无不同。例如，关于试图就其子公司的行为起诉母公司的问题。(82) 跨国公司是不被国内法或国际法承认的事实上的实体。集团的每一子公司都是在某一国家注册成立的单一实体，并受该国内部法律秩序的规

(76) Stefanova Boyka, “Institutionalist Theories. The OSCE in the Western Balkans” in Roberto Dominguez (ed.), *The OSCE: Soft Security for a Hard World: Competing Theories for Understanding the OSCE* (PIE Peter Lang 2014).

(77) Susanne Jacobi, “The OSCE Court: An Overview” (1997) 10 LJIL 281.

(78) Luigi Condorelli, “En attendant la ‘Cour de conciliation et d’ arbitrage de la CSCE” in Christian Dominicé, Robert Patry and Claude Reymond (eds.), *Etudes de droit international en l'honneur de Pierre Lalive* (Helbing & Lichtenhahn 1993).

(79) Convention on Conciliation and Arbitration within the OSCE (opened for signature 15 December 1992, entered into force 5 December 1994) OSCE Segretariat, art 30.

(80) Anne Van Aaken and Richard Chambers, “Accountability and Independence of International Election Observers” (2009) 6 IOLR 541.

(81) OSCE, “Common Responsibility” (n 72).

(82) Peter Muchlinski, *Multinational Enterprises and the Law* (OUP 2007).

制，其结果是跨国实体本身构建了一个具有其自身特殊性的法律秩序。[83]

5.3 总结性评论

总之，数个国际组织主张其拥有独有的特征，使其与同类组织有着根本的不同。国际组织凭借建立在其独特性上的法律论证，根据需要，或确保自己独立于其成员国，或依仗其成员国。功能性实体会主张其特殊性在于需要确保其成员国控制国际组织的每一项行动。宪章性实体会主张其特殊性在于需要确保自己独立于成员国。总之，无法成功地确定一个包罗万象的国际组织概念。它的突出后果是，并不能确定共同的监管制度。每一国际组织只能根据自己的建构文书进行监管，而没有基本的平等性原则能够适用。国际法委员会的项目是基于这样的错误前提，即共同规则可以如同适用于国家的方式适用于国际组织。

采取相反的观点，笔者认为，不同的概念化服务于不同的论证策略和分析利益。所赋予职能的质量并不将一个功能性实体转化为一个宪章性实体；反之亦然。

---

[83] Robé, "Multinational Enterprises" (n 70).

第 6 章 中间结论

在前几章，基于国际组织所制定法律的属性，对四个可选的国际组织概念，我进行了讨论。特别是，联合国国际法委员会识别了关于"国际组织规则"概念的四种理论：(1) 所有规则都是国际性的；(2) 所有规则都是内部性的；(3) 仅有一些行政规则是内部性的，而其余则是国际性的；(4) 仅有一些国际组织制定内部规则。① 在这四种理论的基础上，笔者识别了国际法上四个相应的国际组织概念化。规则的国际属性（第一种理论）同功能主义相关联。这一主流范式的核心思想是国际组织源于国际法，因而其制定的规则具有国际性。② 第二种理论表明，宪章化程序将国际组织规则转化为内部性的组织法，而这取决于宪章的机构法，取决于发展内部性义务的新秩序的创造。③ 国际法委员会提及的第三和第四种理论是"混合"法律体系的概念；据之，国际组织规则通过所谓的非正式国际造法而创设。④ 这一法律渊源的非正式性源于可适用的法律制度缺乏明确性。事实上，在这一视角下，国际组织并未发展综合性法律体系，所制定的规则分为不同的种类；有些属于国际法，另一些则发展为内部体系。同样，在这一视角下，国际组织规则是全球行政法的主要组成部分，被理解为对产生于不同国际组织的法律体系的规范进行的定性横向描述。

在本章，我打算揭示导致不同观点混乱的错误的二分法。下文旨在说明这四种概念化如何能适用于关于国际组织责任的法律争端。案件情形会

---

① ILC, "Draft Articles on the Responsibility of International Organizations, with Commentaries" (2011) UN Doc A/66/10 (hereafter ARIO) 63.

② 参见本书第 2 章。

③ 参见本书第 3 章。

④ 参见本书第 5 章。

促进基于论证策略而采用一种或另一种概念化。我的分析突出表现在为确立国际组织和/或其成员国的责任而构建一般性法律框架的困难。我将得出结论：采用适用于所有国际组织的国际法律框架，是以反驳局限性视角和采用一种"绝对观点"为条件的。

6.1 *Al-Dulimi* 两案和竞争性的国际组织概念

欧洲人权法院与国际组织之间的关系一直很复杂。该法院采取不同路径来解决国际组织成员国开展活动背景下有关侵犯人权的法律困境。两起 *Al-Dulimi* 案件是该法院最近一次不得不应对的这类复杂情况，但也许并不是最后一次。⑤ 当国际组织独立责任原则遭遇属人管辖权（*ratione personae*）缺位时，各种不同利益牵涉其中，对具有法律效力的人权保护进行限制。

虽然该案的事实涉及联合国安理会对伊拉克设定的制裁措施，但所涉法律问题的根源在于《欧洲人权公约》同所有国际组织之间的复杂关系。该诉讼是位于巴拿马的 Montana 管理公司提起的，指控瑞士侵犯了原告获得公平审判的权利。申请人控诉它被剥夺了针对被没收的公司资产提出上诉的权利。瑞士基于联合国安理会第 1483（2003）号决议，为其行为的正当性辩护；该决议就其执行事宜没有给联合国会员国留下自由裁量空间。

对于同一国际组织（本案中为联合国）在一个单独法律秩序（本案中为欧洲委员会）中如何被根据案件情况和不同的国际组织概念化而予以不同对待，欧洲人权法院的这一案例进行了完美例证。为了在不明确讨论缺乏管辖权时联合国作用的情况下判断会员国的责任，该法院不得不从一个概念转向另一个概念。尤其是，法院虽然在功能主义和宪章主义两种路径之间转换，但也考虑了独特组织（特殊主义）的相关性以及组织内特定行为（非正式主义）的相关性。

之后，我将在第 11 章反驳此类非此即彼的路径，并宽泛地讨论国际

---

⑤ *Al-Dulimi v Switzerland* App no 5809/08（ECtHR，26 November 2013）(hereafter *Al-Dulimi Chamber*)；*Al-Dulimi and Montana Management Inc v Switzerland* App No. 5809/08（ECtHR Grand Chamber, 21 June 2016）(hereafter *Al-Dulimi Grand Chamber*). 本章以作者在如下文章中已提出的观点为基础而撰写：Lorenzo Gasbarri, "Al-Dulimi and Competing Concepts of International Organizations"（2016）1 European Papers 1117。

责任问题。本章中的中间结论仅是对适用于关于下列争论现状的前述发现的总结，即针对欧洲人权法院关于国际组织及其成员国责任的争论。

6.1.1 对人之诉的可受理性：行为归结

在 *Al-Dulimi* 两案判决中，对执行国际组织所发布法令过程中的国家行为提起诉讼的可受理性，欧洲人权法院似乎毫不怀疑。只要这些行为并不完全归结于国际组织，成员国应当对自己的行为负责。

欧洲人权法院分庭直接照搬 *Nada* 案中采用的论据，[6] 将本案的事实与 *Behrami and Saramati* 案[7]中不可受理性的事实予以区分，申明联合国决议要求国家以各自名义采取行动并在国家层面实施制裁。然而，瑞士在如何执行决议方面同样没有足够的自由裁量权。正如萨基奥（Sajó）法官在其部分性不同意见中所指出的，本案可能类似于 *Behrami and Saramati* 案，因为成员国被认定为涉案国际组织的准机关。事实上，鉴于相关行为完全归结于该国际组织，*Behrami and Saramati* 案路径排除了国家责任。结果是，成员国作为准机关行事，进而其自治的国际人格消失在国际组织的机构面纱后面。

欧洲人权法院在 *Al-Jedda* 案中采用了不同路径，依据的是国际组织所发布授权文件的情形差异。[8] 它认为，联合国的授权并不将多国部队中士兵的行为转化为联合国的行为。应当忆及的是，该法院甚至声明联合国对多国部队既无有效控制，也无最终的权威或控制。

正如第 11 章将要阐释的，将行为归结于成员国的不同路径，意味着将行为归结于国际组织的不同路径，进而决定它们是否承担责任。*Behrami and Saramati* 案判决采取的路径会导致将会员国视为联合国的机关，因而意味着它采用了《国际组织责任条款草案》第 6（1）条所规定的标准。[9] *Nada* 案和 *Al-Dulimi* 案判决采取的路径会导致将成员国视为独

---

[6] *Nada v. Siwizeriand* App No. 10593/08（ECtHR Grand Chamber, 12 September 2012）.

[7] *Behrami v. France and Saramati v. France, Germany and Norway* App Nos. 71412/01 and 78166/01（ECtHR, 5 May 2007）.

[8] *Al-Jedda v. the United Kingdom* App No. 27021/08（ECtHR Grand Chamber, 7 July 2011）（hereafter *Al-Jedda*）.

[9] 《国际组织责任条款草案》第 6（1）条规定："国际组织的机关或代理人履行该机关或代理人职能的行为，应当依国际法视为该组织的行为，不论该机关或代理人相对该组织而言具有何种地位。"

立的实体；然而，由于《国际组织责任条款草案》第 7 条规定的有效控制标准，会员国的行为仍会致使联合国承担责任。[10] 最后，Al-Jedda 案路径同样会产生将成员国视为独立实体的结果，但在缺乏有效控制的情况下，《国际组织责任条款草案》第 7 条并不会导致联合国承担责任。

当联合国与其会员国之间的关系基于《国际组织责任条款草案》第 6 条时，会员国被视为联合国的机关。调整这种关系的规则的法律属性是联合国的内部法律，因而触发了国际组织的宪章主义概念。其结果是，所涉行为完全归结于联合国，可以认为会员国无须对其不法行为负责。

相反，当联合国与会员国之间的关系基于《国际组织责任条款草案》第 7 条时，会员国被视为是独立主体。调整这种关系的规则的法律属性是国际性的，因而触发了国际组织的功能主义概念。其结果是，所涉行为还同时归结于会员国，可以认为会员国应当对其不法行为负责。

被告的诉讼策略完美地例证了在这两种概念化中任一概念化上可以形成的法律论据。英国在 Al-Jedda 案中为这种法律论据提供了典范事例。一方面，英国要求适用 Behrami and Saramati 案中关于行为归结的标准，用以主张该案具有不可受理性。另一方面，关于本案的实体，英国根据《联合国宪章》第 103 条的精神，要求联合国的义务优先于《欧洲人权公约》的义务。[11] 第一项要求意味着宪章主义概念化。第二项要求意味着与两种不同制度相关的义务共存于同一法律体系之中，这正如功能主义所要求的一样。

6.1.2 实体：义务是共存还是冲突？

Al-Dulimi 两案的两份判决在实体上的差异，是由于采用两种不同路径来认定瑞士的责任。法院分庭依赖于同等保护原则的推定，而大法庭依据的是和谐解释的推定。两种路径下面都隐含着对国际组织不同概念化的运用。它们被用于处理人权标准和联合国安理会决议之间的复杂关系。

在文本层面，法院分庭以"《欧洲人权公约》的保证与安理会决议给国家设定的义务并存"之题处理核心问题作为开始。[12] 相反，大法庭在确

---

[10] 《国际组织责任条款草案》第 7 条规定："一国的机关或国际组织的机关或代理人在交由另一国际组织支配之后，其行为若受后一组织的有效控制，则应依国际法视为后一国际组织的行为。"

[11] *Al Jedda*（n 8）para. 60.

[12] *Al-Dulimi Chamber*（n 5）paras. 111–122.

定获得公平审判的权利是否受限以及争议措施的正当目的是否存在之后,才处理义务冲突问题。该法院认为,义务冲突属于"案涉限制的相称性"的分析范畴。[13]

6.1.2.1 法院分庭:同等保护与宪章主义

在 *Al-Dulimi* 案中,法院分庭认为,瑞士仅是执行了联合国的决议,因此,如果联合国拥有与《欧洲人权公约》同等的人权保护制度,则瑞士不承担责任。同等保护是欧洲人权法院发展并用于处理国际组织事宜的最早路径之一。[14] 在成员国的行为是在一个等同于《欧洲人权公约》的保障人权保护的法律制度中实施的情形下,运用这一原则排除成员国的责任。当国际组织成员国仅履行源于其作为成员国身份的法律义务时,*Bosphorus* 案的推定被用作审视国际组织作用的一种方法。[15]

同等保护推定以国际组织的宪章主义概念化为基础,在行为归结方面与 *Behrami and Saramati* 案的推定并无太大差别。事实上,在 *Bosphorus* 案中,该法院依赖欧盟的演进精神,主张欧盟已经发展了一个与《欧洲人权公约》相当的内部人权保护制度。因此,该法院认为,并不存在违反行为。当适用这种推定时,该法院承认成员国行为所处法律体系的非国际属性。特殊的欧盟法律体系或联合国法律体系不属于该法院的管辖权限,而且它不能审议相关措施的相称性或它是否追求正当目的。同 *Behrami and Saramati* 案的路径类似,同等保护推定的适用可以让成员国隐藏在国际组织的机构面纱后面。

然而,在 *Al-Dulimi* 案中,法院分庭主张,联合国没有提供与《欧洲人权公约》同等的保护机制,反驳了同等保护推定。这一反驳的结果是,瑞士作为一个独立主体而从机构面纱中再度出现。实践上,该法院否认了关于联合国的宪章主义概念化,进而决定争议措施是否是正当的和相称的。在反驳联合国法律体系中的同等保护推定后,该法院承认会员国行为背后联合国的机构面纱具有透明性。与 *Al-Jedda* 案和 *Nada* 案类似,该法院认为,成员国是独立主体。

事实上,法院分庭完全忽视成员国执行涉案措施的来源,没有讨论一

---

[13] *Al-Dulimi Chamber* (n 5) paras. 137–149.

[14] *M. and Co. v. Germany* App No. 13258/87 (Commission Decision, 9 February 1990).

[15] *Bosphorus Hava Yollari Turizm ve Ticaret AS v. Irelan* App No. 45036/98 (ECtHR, 13 September 2001).

旦反驳同等保护推定后会产生的最终的义务冲突。它仅声称涉案措施虽然具有正当目的，但并不相称。⑯ 简而言之，该法院依赖的是非同等保护和违反义务之间关系的一种错误的三段论，而没有考虑会员国行为是为了履行其作为联合国会员国的义务。

如果保护是同等的，并且适用宪章主义概念化，那么会员国就不会面临遵守哪一项义务的两难境地，进而会遵从其会员国资格的职责。然而，如果联合国项下的与《欧洲人权公约》项下的人权保护不同等，就会产生义务冲突，导致迫使联合国会员国在违反《欧洲人权公约》还是联合国项下的义务之间做出选择。《联合国宪章》第103条本应该在此问题上发挥作用，从而彰显联合国项下义务的最高效力地位。然而，正如下一节将要讨论的，《联合国宪章》第103条只有在《欧洲人权公约》项下义务被视为国际义务时才予以适用。⑰

为了找到该案的解决方案，法院分庭混淆了国际组织的四种概念。正如我们所见，宪章主义与 *Bosphorus* 案推定的适用相关，而功能主义则与 *Bosphorus* 案推定的反驳相关。此外，*Bosphorus* 案推定是在欧盟这一特定国际组织的背景下以及在其他国际组织的特定规则（如关于劳动关系的）的背景下发展的，这一事实造成了进一步的混淆。⑱ 因此，非正式主义在下列情况下变得重要，即，主张只有当成员国在特殊的制度背景下（如劳动关系）实施行为时，才能适用同等保护推定。特殊主义与下列主张相关，即只有当成员国在拥有内部法律体系的那些特殊组织（如欧盟）中，才能适用同等保护推定。事实上，正如法院分庭在 *Al-Dulimi* 案判决中所例证的，在同等保护推定遭到反驳并且联合国内部法律被认为具有国际属性时，同等保护推定就会产生问题。

6.1.2.2 大法庭：和谐解释与功能主义

虽然法院分庭没有讨论《联合国宪章》第103条，但大法庭的关注重点是避免联合国项下的和《欧洲人权公约》项下的义务之间的冲突。因此，大法庭一开始就避而不谈同等保护推定，而是立即处理国家行为与人权标准的兼容性问题。大法庭承认申请人的权利遭受了实质性限制，即

---

⑯ *Al-Dulimi Chamber*（n 5）paras. 123-135.

⑰ 《联合国宪章》第103条规定："联合国会员国在本宪章下之义务与其依任何其他国际协定所负之义务有冲突时，其在本宪章下之义务应居优先。"

⑱ *Waite and Kennedy v. Germany* App No. 26083/94（ECtHR, 18 February 1999）.

使限制是以正当目的作为合理根据。

接着,大法庭转而讨论涉案措施的相称性,决定处理本节所讨论的义务冲突问题。法院在说理层面分析《联合国宪章》第 103 条的原因,但并不清晰。义务冲突与不同法律制度之间的相互作用有关,而且在认可涉案行为违反《欧洲人权公约》之后,更宜处理冲突问题。只有这样,才能以联合国安理会决议的最高效力地位作为判定涉案违反行为合理性的根据。

大法庭强调《联合国宪章》第 103 条在国际法上的作用,进而排除涉案权利的强行法属性。其结果是,《欧洲人权公约》项下的人权义务与联合国安理会决议之间产生了冲突。在其判例法中,该法院采用了不同路径来处理这一问题。在 *Al-Jedda* 案中,法院认为,决议授权联合国会员国采取措施以促进伊拉克安全和稳定的维持,但并没有授权国家违反其人权义务。在 *Nada* 案中,法院认为,涉案决议的措辞足以构成明确授权实施可能侵犯人权的行为。然而,该决议并没有规定特定的执行模式,而是给成员国留出了一些回旋余地。

在 *Al-Dulimi* 案中,大法庭最初试图找到一种和谐解释。[19] 大法庭进而阐明它不讨论联合国决议的合法性;涉案决议的作出旨在实现《联合国宪章》的宗旨,其中包括促进尊重人权。[20] 最后,它将 *Al-Jedda* 案中的推定适用于本案:

> 必须推定联合国安理会无意对会员国设定违反人权基本原则的任何义务(注释同上)。就联合国安理会一项决议而言,在其任何语义不清的情况下,本法院必须选择与《欧洲人权公约》规定义务最相和谐且避免任何义务冲突的解释。鉴于联合国在促进和鼓励尊重人权方面的重要作用,可以期待的是,假设联合国安理会意图让会员国采取同国际人权法项下义务冲突的特别措施,它会使用清晰而明确的措辞(注释同上)。因此,在国家层面对个人或实体实施制裁的背景下,如果联合国安理会决议没有使用任何清晰或明确的措辞排除或限制尊重人权,本法院必须始终推定相关措施与《欧洲人权公约》相兼容。换言之,在这种情况下,本着系统性和谐的精神,本法院原则

---

[19] *Al-Dulimi Grand Chamber*(n 5)para. 138.
[20] *Al-Dulimi Grand Chamber*(n 5)para. 138–139.

上将得出如下结论，即不存在能够导致适用《联合国宪章》第 103 条效力优先规则的义务冲突。[21]

和谐解释的适用建立在国际组织的功能主义概念基础之上，因为正是《欧洲人权公约》项下义务和联合国安理会决议两者的国际属性解决了冲突和兼容性推定。相反，其他国际组织（如欧盟）则依赖其宪章的性质来回避冲突，主张其内部法律体系的效力优先。[22] 事实上，《联合国宪章》第 103 条所确立联合国项下义务的最高效力地位仅适用于国际义务，并不适用于非成员国（如欧盟或欧洲委员会）法律体系下的义务。由于欧盟成员国同时是联合国会员国，因而有人主张欧盟受联合国项下义务的约束；正如我将在第 9 章条约法中讨论的，这一主张意味着功能主义概念化的适用。

总之，大法庭认为涉案决议"不能被理解为排除对执行决议所采取措施的任何司法审查"[23]。基于这一论断，该法院推导出两个基本结论：(1) 实际上不存在能够导致适用《联合国宪章》第 103 条效力优先规则的义务冲突；(2) 是否应该适用同等保护标准这一问题无关紧要。[24] 对这两个结论都可以批判。首先，就义务冲突而言，大法庭不可避免地对涉案冲突作出了裁决，对此可以描述为关于人权义务效力优先地位的解释。其次，正如平托·德阿尔布开克（Pinto de Albuquerque）法官的附和意见所揭示的，大法庭不可避免地适用并反驳了同等保护推定。[25]

6.2 余论

对于建立这样一种法律制度的可能性而言，适用关于国际组织的不同概念意义重大，即每一国际组织和每项国际组织规则都受该制度下国际法

---

[21] *Al-Dulimi Grand Chamber* (n 5) paras. 138, 140.

[22] Joined Cases C-402-05 P and C-415/05 P *Yassin Abdullah Kadi and Al Barakaat International Foundation v. Council of the European Union and Commission of the European Communities* [2008] ECR I 6351.

[23] *Al-Dulimi Grand Chamber* (n 5) para. 148.

[24] *Al-Dulimi Grand Chamber* (n 5) para. 149.

[25] Ibid concurring opinion of Judge Pinto de Albuquerque, joined by Judges Hajiyev, Pejchal, and Dedov, para. 54.

律框架的规制。为了解决现在的碎片化，下文将提出如下一种理论，即，国际组织既不是纯粹的功能主义实体，也不是纯粹的宪章主义实体，它们的特点是其所制定的法律具有双重法律属性。这些法律构成了源自国际法的单独法律体系。㉖

本书第 11 章将讨论国际责任和行为的双重属性；然而，对 *Al-Dulimi* 案进行总结和介绍双重法律属性的相关性，有助于以对该案最终评述的方式结束本书第一编。初步而言，承认双重法律属性需要进行抽象分析，这不受法院管辖权限的影响。有必要推翻欧洲人权法院的如下观点，即，该法院处理涉及国际组织事项的目的只是寻找回避对其责任作出裁判的方法。每当国家行为在国际组织的背景下实施时，都必须考虑国家和国际组织这两类实体参加不法行为的理由。

在可受理性层面，无论行为是否归结于国际组织的某一机关（《国际组织责任条款草案》第 6 条）或国际组织是否拥有有效控制（第 7 条），都应该对案件事实予以确定。对于这两种情况，都不应该低估成员国的作用。在论证说理这一阶段，执行国际组织法律中的回旋余地应该发挥作用。事实上，借助《国际组织责任条款草案》第 6 条或第 7 条，这一事实变量可以用来区分行为是否归结于国际组织。一国的机关可以被视为国际组织的机关，条件或是国际组织规则如此确认，或是一国的机关完全从属于国际组织。相反，即使国家对于如何执行国际组织的措施拥有决策余地，根据《国际组织责任条款草案》第 7 条，国家的相关行为仍可归结于国际组织。这与欧洲人权法院为避免对国际组织作出裁判的目的而做之事，差别不大；不过，笔者将在第 11 章回头讨论这一问题，于阐明作为双重属性实体的国际组织的概念之后。

在实体方面，同等保护推定可用来排除侵犯人权的行为。如果适用该推定，《欧洲人权公约》设定的和国际组织设定的义务之间就没有冲突。这仍可能导致成员国承担责任，如果成员国错误地执行了涉案决议。

如果反驳同等保护推定，那么《欧洲人权公约》设定的与国际组织设定的义务之间就会存在冲突。义务的冲突并不取决于涉案组织是否是欧盟、联合国或北约。一般来说，国际组织往往主张自己的规范效力优先。《联合国宪章》第 103 条是一项协调性规则。类似的规则载现于其他国际

㉖ 欧洲法院的措词是："欧洲共同体构成了一个新的国际法律秩序。" Case 26/62 *van Gend & Loos v. Nederlandse Administratie der Belastingen*［1963］ECR 1.

组织的建构文书之中,如《欧盟运行条约》第351条。后者是一项仅规制一种可能的冲突形式的国际组织规则,赋予成员国于欧共体条约生效前或加入前所缔结条约以优先效力。然而,在其适用于法院审理程序中,《欧盟运行条约》第351条广泛适用于它仅保护第三方权利的主张,而成员国在此类条约项下的权利不得不视为实质性放弃。[27]

无论是欧洲委员会还是欧盟,同联合国在级别上并不存在孰高孰低的问题,因为它们都是以宪章主义者的国际组织概念化作为基础的,不受联合国规范的国际属性的影响。在它们的法律体系中,国际组织可以自治地识别调整其关系的规则与其他制度的规则。将国际组织视为纯粹的宪章性实体将会意味着,国家会作为国际组织的机关行事,而且有可能它们作为国际组织的成员有义务尊重后者的规范,并且有义务因其作为其他国际组织的成员而对违反其他规范的行为承担责任。将国际组织视为纯粹的功能主义实体,则意味着国家将会作为独立的主权实体行事,而且规范之间的冲突可以通过解释或主张其中一项义务具有优先效力来解决。所有的国际组织规则都是国际法,联合国决议的最高效力地位建立在国际法规范(如《联合国宪章》第103条)之上。

基于双重属性,这些规则同时具有内部和国际属性;在与国际组织的关系上,成员国既不是后者的机关,也不是第三方。除少数情况外,双重归属是最可能的结果。这并不意味着连带责任;对此,第11章在阐明国际组织作为双重属性实体的概念后,将予以讨论。

---

[27] 有关一般性讨论,参见 Jan Klabbers, *Treaty Conflict and the European Union* (CUP 2009)。

第二编

作为双重属性实体的国际组织

第一编讨论了作为理论的四种国际组织概念，然而它们仅能解释国际组织的机构生活的有限方面。相反，第二编试图找到对"国际组织双重属性"更好、更全面的理解。① 第二编第一章（本书第7章）阐述双重法律属性的理论意义。第8章描述实践中的双重属性，区分构成"国际组织规则"这类法律的不同渊源。之后，第9章、第10章和第11章将分别在条约法、越权行为和国际责任的语境下阐释双重属性理论。

---

① Michel Virally, *L'organisation mondiale* (Armand Colin 1972) 30.

第 7 章　法律理论上的冒险

国际组织法尚未形成评估其法律体系属性的方法和概念。[①] 例如，关于"跨国合法性"的辩论通常并不关注国际组织，而是围绕非国际性的法律秩序（如作为自治的法律秩序的商事习惯法）的特征而展开。[②] 相关讨论关注法律体系与其外部环境之间的相互作用以及分析其开放程度的方法。[③] 本章试图将上述研究的成果应用于国际组织，目的在于：第一，提供一个描述国际组织法律体系质量的理论框架。第二，讨论这些法律体系如何与其环境相互作用。对于在关于"没有国家的法律"的辩论的框架内形成的分析工具，我将应用其中一些来分析这些特定秩序。[④] 特别是，我将关注所谓的"同一性问题"（problem of identity），分析确定某一特定法律所属法律体系的标准。[⑤] 的确，每项规则都必须属于某一法律体系[⑥]，否则，它根本就不是法律。[⑦]

[①] See, for instance, Max SØrensen, "Autonomous Legal Orders: Some Considerations Relating to a Systems Analysis of International Organisations in the World Legal Order" (1983) 32 ICLQ 559 and Julie Dickson, "How Many Legal Systems? Some Puzzles Regarding the Identity Conditions of, and Relations between, Legal Systems in the European Union" (2008) 9 Problema: Annuario de Filosofia y Teoria del Derecho 9.

[②] Gunther Teubner (ed.), *Global Law without a State* (Dartmouth 1997) 8.

[③] Michel van de Kerchove and François Ost, *De la pyramide au reseau?* (Publications des Facultés universitaires Saint-Louis 2002) (hereafter Kerchove and Ost, *De la pyramide*) 183.

[④] 这一想法是 2015 年在国际关系和发展高等学院托马斯·舒尔茨（Thomas Schultz）教授的《没有国家的法律》课程期间形成的。

[⑤] Joseph Raz, *The Concept of a Legal System: An Introduction to the Theory of a Legal System* (2 edn, OUP 1980) 1.

[⑥] Joseph Raz, *The Concept of a Legal System: An Introduction to the Theory of a Legal System* (2 edn, OUP 1980) 16.

[⑦] 在众多学术观点中，并不缺乏这一假设。See Giorgio Balladore Pallieri, "Le droit interne des organisations internationales" (1967) 127 RCADI 1, 36.

研究的起点是法律多元主义研究所建立的理论背景。安德烈·比安奇（Andrea Bianchi）主张，法律多元主义是后现代时代的一个特征，国家在这一时代失去了其对立法的垄断。⑧ 非国家制定的法律和跨国网络的兴起反映了若干法律体系的共存，而这些法律体系既存在交叠又相互冲突。多元主义制度接受不一致的存在，并将其纳入一个普遍性网络。⑨

反作用力或驱动监管制度的碎片化，或推动相互关联性和一致性。法律多元主义的最著名定义应该是博温托·德·苏萨·桑托斯（Boaventura de Sousa Santos）给出的定义；他使用了"合法间性"（interlegality）这一术语，主张：

> 法律多元主义是后现代法学观的关键概念。它不是传统法律人类学中的法律多元主义；根据后者，不同的法律秩序被视为存在于同一政治空间中共存的独立实体。它是这些不同法律空间的观念：在我们的思想和行动中，在我们的生活轨迹中所出现质的飞跃或全面的危机中，在我们碌碌无为的日常生活的枯燥常规中，相互交叠、相互渗透、相互混合的法律空间。我们生活在一个合法性危机四伏或者说法律漏洞无处不在的时代，一个多重的法律秩序网络迫使我们不停地转变和越界的时代。我们的法律生活由不同法律秩序的交汇所构成，也就是由合法间性所构成。合法间性是法律多元主义在现象学上的对应物，这就是它成为后现代法学观的第二个关键概念的原因。⑩

法律多元主义时常在与权威问题有关的学科（如国际关系学/政治学、社会学和法学）中讨论，这里试举几例。⑪ 就法律而言，不同制度之间效力位阶关系的缺乏，似乎模糊了法律声称具有的那种确定性。法律的

---

⑧ Andrea Bianchi, *International Law Theories: An Inquiry into Different Ways of Thinking* (OUP 2016) 227.

⑨ William Burke-White, "International Legal Pluralism" (2003) 25 MJIL 963, 977.

⑩ Boaventura de Sousa Santos, "Law: A Map of Misreading. Toward a Postmodern Conception Of Law" (1987) JLS 279 (hereafter de Sousa Santos, "Law A Map of Misreading" 297). 关于合法间性的一般概念，另见 Jan Klabbers and Gianluigi Palombella, *The Challenge of Inter-legality* (CUP 2019).

⑪ 例如，OSAIC 项目《全球秩序中的权力交叠与界限冲突》（http://www.osaic.eu/）。

作用受到了"权威稀释"的挑战,因为它改变了我们在法律体系方面的表意方式。[12] 尼科·克里施（Nico Krisch）将法律多元主义描述为"一种秩序,其组成部分之间的关系并非由一个总体性法律框架予以调整,而主要是由政治（时常是司法政治）进行调整；在这种秩序中,我们发现的是异构结构,而非等级结构"[13]。根据这一概念,全球治理由各种层次法律的异构性互动组成。不同法律体系间效力位阶关系的缺乏,通常是讨论它们相对互动的起点。[14] 结果是,法律被视为"限制损害"的一种工具,无法对不同制度之间的冲突作出裁判及进行调和。[15] 法律人士指出了他们对（国际法）碎片化的担忧,进而试图运用传统工具来解决规范之间的冲突。[16]

笔者坚持认为,效力位阶并非不同法律体系间相互作用的唯一正式方式。[17] 不同法律体系间互动中效力位阶的缺乏并不妨碍其他形式相互联系的发展,这些相互联系让国际组织发展法律体系的能力具有特征。事实上,法律体系交叠而成的网络为没有等级性但形式上相互关联的法律互动创建了一个结构。的确,国际组织的双重法律属性是朝着不同法律体系间的非等级性互动迈出的一步,尽管法律在其中尚未发挥作用。

7.1 适用于国际组织的法律体系概念

联合国国际法委员会不成体系问题研究小组认为：

> 国际法是一种法律体系。它的规则和原则（即规范）的运作与

---

[12] Nico Krisch, "Liquid Authority in Global Governance" (2017) 9 International Theory 237, 252.

[13] Nico Krisch, *Beyond Constitutionalism: The Pluralist Structure of Postnational Law* (OUP 2010) 111.

[14] François Rigaux, "La relativité général des ordres juridiques" in Eric Wyler and Alain Papaux (eds.), *L'extranéité ou le dépassement de l' ordre juridique étatique* (Pedone 1999).

[15] See Andreas Fischer-Lescano and Gunther Teubner, "Regime-Collisions: The Vain Search for Legal Unity in the Fragmentation of Global Law" (2003) 25 MJIL 999, 1045.

[16] ILC, "Conclusions of the work of the Study Group on the Fragmentation of International Law: Difficulties arising from the Diversification and Expansion of International Law" (2006) UN Doc A/61/10 (hereafter ILC, "Fragmentation").

[17] Keith Culver and Michael Giudice, *Legality' Borders: An Essay in General Jurisprudence* (OUP 2010) Chapter 4 in general and 161 in particular (discussing the EU).

其他规则和原则有关,而且应该在其他规则和原则的背景下进行解释。作为一种法律体系,国际法并非这些规范的随意收集。这些规范间存在具有意义的关系。因此,规范可能存在于较高和较低的等级,它们的形成可能涉及较大或较小的一般性和特殊性,它们的效力可能追溯到较早的或较晚的时期。[18]

这一定义是基于孔巴科(Combacau)采用的传统的体系概念:"一个集合的元素并不是随机聚合的,而是构成一种'秩序';这些元素彼此相互联系,并通过联系与集合本身相连,让人们在考虑这些元素的其中之一时不会脱离其周围环境而对该元素进行错误分析。"[19]

笔者认为,没有任何理由在国际组织语境下偏离上述关于体系和法律体系的界定。但是,国际法委员会的结论却从未明确提及国际组织。它的结论仅仅关注"自包含制度"(self-contained regime)这一更宽泛的概念;根据这一概念,"一组关于某一特定对象事项的规则和原则可以形成一项特别制度('自包含制度')并可作为特别法予以适用。这类特别制度通常由其自己的机构来执行相关规则"[20]。事实上,对于人权法或人道主义法等国际法领域形成的特别制度和国际组织创制的特别制度,国际法委员会并没有明确区分。[21]对于这两种情况,国际法委员会认为它们与国际法之间的关系是以特别法原则为基础的,意味着国际组织规则仍然是国际法的组成部分。世界贸易组织法就是国际法委员会提及的由国际组织创制的、具有国际法属性的特别制度的主要事例。[22]而且,在国际责任方面,我已提及研究小组负责人马蒂·科斯肯涅米(Martti Koskenniemi)对于某些国际组织的规则的内部属性采取明确立场的这一提议,是如何反对的。[23]

---

[18] ILC, "Fragmentation" (n 16) 177.
[19] Jean Combacau, "Le droit international: bric-à-brac ou système?" (1986) 31 APD 85, 85.
[20] ILC, "Fragmentation" (n 16) 179.
[21] ILC, "Fragmentation of International Law: Difficulties Arising from the Diversification and Expansion of International Law Report of the Study Group of the International Law Commission Finalized by Martti Koskenniemi" (2006) UN Doc A/CN. 4/L. 682 2006, para. 129.
[22] ILC, "Fragmentation of International Law: Difficulties Arising from the Diversification and Expansion of International Law Report of the Study Group of the International Law Commission Finalized by Martti Koskenniemi" (2006) UN Doc A/CN. 4/L. 682 2006, paras. 134 and 165ss.
[23] 参见本书第一编第3章2.1。

对于国际法的与国际组织的特别制度之间的类比,我提出了异议;这一类比基于一种国家中心的、功能主义的概念化。我坚持认为,如何概念化国际组织的主要问题是:如何以一种能够协调我所述四种路径的方式,将法律体系的概念应用于国际组织。

乔治·阿比-萨博(George Abi-Saab)识别了关于法律体系的三种主要观点。㉔ 第一种是凯尔森的纯粹法学理论,它以集权性制裁的基本发展作为基础。㉕ 根据这种理论,规则在法律体系中的归属由一种等级关系决定,而这种等级关系将每一规范与一项基本的"基础规范"联系起来,基本规范则保证整个法律体系的有效性。

阿比-萨博提及的第二种法律体系理论是桑提·罗曼罗(Santi Romano)的机构主义。㉖ 他认为,一个法律体系的统一性是通过某一机构的存在而实现的。规则不过是组织采取行动的工具:"法律在成为规范之前,在调整一种或多种社会关系之前,是它在其中发挥作用的那个社会的组织、结构和态度;通过,社会提升成为一个统一体,一个自身存在的存在。"㉗

最后是他提及的关于法律体系的第三种观点,这就是哈特(HLA Hart)的解析理论。㉘ 哈特将法律体系的规则分为两类。第一性义务规则(primary rule of obligation)是指那些调整法律体系主体行为的规范。第二性规则(secondary rule)是指那些规定初始规则运行的规范。第二性规则又分为三种类型。其中,变更规则关于第一性义务规则的制定、修改和废止。裁判规则关于第一性义务规则的适用。最后,承认规则关于属于法律体系的规范的识别。承认规则是每一法律体系的基础,决定识别第一性义务规则的标准以及判定其效力的标准。

笔者的路径反对凯尔森的法律体系概念;笔者在第一编第二章中已经

㉔ Georges Abi-Saab, "Cours général de droit international public" (1987) 207 RCADI 23 (hereafter Abi-Saab, "Cours général") 106.

㉕ Hans Kelsen, *Pure Theory of Law* (University of California Press 1967) (hereafter Kelsen, *Pure Theory of Law*).

㉖ Santi Romano, *L'ordinamento giuridico* (Mariotti 1917) (hereafter Romano, *ordinamento giuridico*). 100 年后才有了它的英译本,参见 Santi Romano, *The Legal Order* (Taylor & Francis 2017)。

㉗ Santi Romano, *L'ordre juridique* (Dalloz 1975) 19, para. 10.

㉘ Herbert Lionel Adolphus Hart, *The Concept of Law* (3rd edn, OUP 2012) (hereafter Hart, *The Concept of Law*) 100.

指出，在20世纪六七十年代，凯尔森的概念主要应用于关于国际组织是初始性还是衍生性的辩论。㉙ 这些辩论根据一种严格的唯意志论路径而界定，但该路径最终未能将凯尔森规范金字塔的等级属性应用于相对主义的和以网络为中心的国际组织体系。㉚ 它们主要关注法律体系的主体。例如，国际组织的衍生性根据这一事实而证明为正当，即国家先前存在并建立新的实体。

此外，凯尔森理论的一元论性质导致人们对赞成国际组织具有创建普遍性法律体系能力的叙事产生怀疑。例如，许多研究关注《联合国宪章》发展国际社会的全球性宪法的能力。㉛ 功能主义理论依赖国际法来论证国际组织创制的法律是普遍适用的。功能主义理论的内在叙事将国际组织概念化为"人类的救赎"，能够通过将政治冲突提升到全球层面的合作来解决政治冲突。㉜

然而，衍生于国际法本身是该理论核心的错误推理。事实上，一个法律体系如果是建立在一个先前存在的法律体系的法律之上，就无法实现普遍性。该论证表现出这样一种自相矛盾的推理，即，追溯国际法可以证明国际组织所创制法律的普遍精神。问题是，只有脱离国际法，才有可能实现国际组织所创制法律的全球性承认规则。实际上，很难坚持认为国际法的目前状况已经导致能够建立一个以全球性承认规则为基础的具有普遍影响力的国际组织。对此，本迪克特·金斯伯里（Bendict Kingsbury）在2009年坚持认为全球治理法尚未形成一项承认规则。㉝ 他并非忽视这种可能性，但当时他仅承认在特别制度中存在具体的承认规则，而它们日益交

㉙ Philippe Cahier, "L'ordre juridique interne des organisations internationales" in René-Jean Dupuy (ed.), *Manuel sur les organisations internationales* (Nijhoff 1998).

㉚ 关于等级结构和相对主义，参见 Kerchove and Ost, *De la pyramide* (n 3) 13。

㉛ Bruno Simma, "The Contribution of Alfred Verdross to the Theory of International Law" (1995) 6 EJIL 33; Pierre-Marie Dupuy, "L'unité de l'ordre juridique international: cours général de droit international public" (2002) 297 RCADI 215 (hereafter Dupuy, "Cours general"); Bardo Fassbender, *The United Nations Charter as the Constitution of the International Community* (Brill 2009); Bardo Fassbender, "Rediscovering a Forgotten Constitution: Notes on the Place of the UN Charter in the International Legal Order" in Jeffrey L Dunoff and Joel P Trachtman (eds.), *Ruling the World? Constitutionalism, International Law and Global Governance* (CUP 2009).

㉜ 对此，下列两个文献中的讨论相同：Nagendra Singh, *Termination of Membership of International Organisations* (Stevens &Sons 1958); Jan Klabbers, "The EJIL Foreword: The Transformation of International Organizations Law" (2015) 26 EJIL 9, 29。

㉝ Benedict Kingsbury, "The Concept of 'Law' in Global Administrative Law" (2009) 20 EJIL 23.

叠或相互交织。

类似于金斯伯里，我的路径也是基于哈特的法律体系理论。我认为，国际组织创制的法律体系引致了以国际组织宪章性文书为基础的多种承认规则的发展。为了解不同概念化下人们对国际组织产生不同认识的原因，下一节将讨论哈特的承认规则及观点的相关性。然后，笔者将探讨桑提·罗曼罗的机构主义，以及如何运用它来探究国际组织发展承认规则与国际法的承认规则之间的相互作用。最后，笔者将在法律多元主义背景下发展国际组织的双重属性理论。

7.2 观点和哈特的承认规则

将法律体系的概念应用于国际组织的困难，在于国际组织与其成员国之间的不明确关系。这是因为，国际组织是"透明的"机构；它既不像国家那样自成一体，也不像条约缔约方会议那样对国际法完全开放。㉞ 因此，就国际组织是否有能力发展这样的内部承认的规则以及法律体系而言，存在不确定性；能够创制不再属于国际法的法律的内部承认规则以及法律体系。问题是，建立某一机构的国际文书是否还是该机构内部宪章秩序的基础。

相对合法性这一概念解释了为什么可以分解性地既将国际组织描述为创制国际法的特别制度，也将之描述为制定内部法律的自成一体的制度。本节对合法性的不同视角进行区分，揭示观点如何改变规则的法律体系归属。㉟ 这将表明讨论国际组织发展法律体系能力的意义以及过去辩论所遗漏内容的意义。简言之，我坚持认为观点对国际组织所发展法律体系的概念具有重要影响。

甲乙相对合法性是在某一法律体系范围内为确定该体系内容而采用的一种内部属性的观点。㊱ 它是法律体系通过其承认规则而理解的。㊲ 它既可以认可一项规范是它自己的，也可以认可该规范属于不同于它的法

㉞ Catherine Brölmann, *The Institutional Veil in Public International Law: International Organisations and the Law of Treaties* (Hart 2007) (Hereafter Brölmann, *The Institutional Veil*) 11.

㉟ Thomas Schultz, *Transnational Legality: Stateless Law and International Arbitration* (OUP 2014) (hereafter Schultz, *Transnational Legality*) 81.

㊱ Hart, *The Concept of Law* (n 28) 100.

㊲ Schultz, *Transnational Legality* (n 35) 86.

律体系。例如，如果国际法律体系的造法机制确认安理会的一项决议是国际法，那么在这一视角下该决议就成为该体系的法律。相反，如果该国际组织法律体系的造法机制确认该决议是联合国内部法律，那么在这一视角下该决议就成为该国际组织法律体系的法律。当法律体系"甲"认可一项规范是其自己的法律或属于法律体系"乙"时，它采取了一种内部属性的观点。事实上，一种观点的采纳会影响不同法律体系之间的关系："秩序甲可能与乙有关，但与丙无关，尽管乙和丙都与甲无关。"[38]

一个法律体系一旦适用某项规范——认可该法律体系属于其他法律体系的一项规范，它就会在其体系内重现该项规范的内容，而不顾创设该项规范的该体系的内部属性观点以及该体系的绝对合法性。这是所谓"迈达斯原理"（Midas principle）的结果:[39] 一个法律体系所说的法律成为属于该法律体系的法律；法律体系"甲"所说的属于法律体系"乙"的法律，在"甲"的视角下成为后者的法律。总之，"决定相对合法性的权力属于认可法律体系的官员"[40]。

在相对合法性的一个视角下，可以将国际组织的法律体系视为源自国际法，确定其规则有效性的标准具有国际性。在相对合法性的另一个视角下，特定的法律体系有权将国际组织规则归于其内部法律体系，从而最终仅考虑内部的有效性标准。

一项规范的绝对合法性由承认存在多种观点的观察者归结。处于所研究法律体系的外部意味着不受该体系承认规则的影响。[41]

然而并不存在对任何法律体系来说都是外部的观点。事实上，内部的或外部的视角仅是角度方面的问题，它界定可以如何理解法律现象。分析法学认为，区分不同的观点仍然是一种认识论上的倾向。[42] 科乔夫（Kerchove）和奥斯特（Ost）认为存在内部的和外部的观点。他们主张，虽然内部性问题的视角意味着坚持机构使用的关于自身的话语，但是外部视角

---

[38] Schultz, *Transnational Legality* (n 35) 86.

[39] Kelsen, *Pure Theory of Law* (n 25) 161.

[40] Schultz, *Transnational Legality* (n 35) 84.

[41] Hart, *The Concept of Law* (n 28) 102.

[42] Michel van de Kerchove and François Ost, *The Legal System between Order and Disorder* (OUP 1993) (hereafter Kerchove and Ost, *The Legal System*).

假定了认识论上的突破。㊸ 两者都可以通过"内部性"范畴被绝对化，反映一个视角承认不同视角存在的可能性。㊹

观察者可以采用激进的外部观点、温和的外部观点、激进的内部观点或者温和的内部观点。对一个法律体系来说是内部的事物，对另一个制度来说则是外部的；反之亦然。没有考虑存在替代方案的那些观点都是激进的观点。相反，当外部/内部观点考虑相关的内部/外部观点的存在时，观察者就是采用了温和的观点。㊺ 例如，当国际法律体系的主体将国际组织规则视为国际法时，就是采用激进的内部观点。即使承认存在不同的法律体系，国际法主体却不顾国际组织的内部观点，仍将国际组织规则界定为国际法；当国家（以国际法律体系主体的身份）评价联合国安理会一项决议的法律地位时，就会发生这种情况。当国际组织法律体系的主体将一项规则仅定义为内部法律时，也是采用同样激进的内部观点；当国家（作为国际组织法律体系的主体）评价欧盟某部法规的地位时，就会发生这种情况。

绝对合法性是一种温和的观点，它承认存在不同的法律性质视角。事实上，处于所研究法律体系外部的观察者不应该排除该法律体系认为属于其自身的法律。相对合法性涵盖法律体系认为的其自身的法律以及它认为的其他不同法律体系的法律；而绝对合法性则考虑每一法律体系的内部观点和相对合法性的不同视角。

7.3 桑提·罗曼罗的机构主义

为了讨论国际组织和国际法之间的正式关系，笔者将采用桑提·罗曼罗的机构主义。初始/衍生二分法最早由罗曼罗提出，他使用多种模型描述不同法律体系之间的关系。㊻ 多年来，罗曼罗的机构主义服务于不同的主题，从介绍法律体系的概念，㊼ 到承认仲裁作为一个没有国家

㊸ Michel van de Kerchove and François Ost, *The Legal System between Order and Disorder* (OUP 1993) (hereafter Kerchove and Ost, *The Legal System*). 6-7.

㊹ François Ost and Michel Van de Kerchove, *Jalons pour une théorie critique du droit* (Saint-Louis, Facultés Universitaires 1987) 28.

㊺ Kerchove and Ost, *The Legal System* (n 42) 6 ss.

㊻ Romano, *ordinamento giuridico* (n 26).

㊼ Abi-Saab, "Cours général" (n 24).

的法律体系的坚实基础地位。[48] 就本书而言，罗曼罗的机构多元主义有助于描述不同国际组织不同的法律体系之间非等级形式的相互联系。罗曼罗比较了法律体系的概念和机构的概念，界定了在某些方面独立而在其他方面重合的秩序的存在。[49] 例如，国家是多种多样的内部或外部重合的、预设的或衍生的机构中的实体。他使用"相关性"这一概念解释机构之间的关系，这与当代关于法律多元主义的研究相反，反对不同法律体系之间仅能通过事实上的权力平衡而相互作用的观点。[50] 对他来说，一个机构与另一个机构"相关"的事实，意味着影响它们的存在、内容和效力的一种权利。[51]

根据机构之间的相互作用，他划分了五类权利：（1）优先/从属，即制度甲包含制度乙（罗曼罗所举之例：联邦国家）；（2）先前存在，即甲源于乙（罗曼罗所举之例：国际法源于国家）；（3）相互独立，但都从属于第三个法律体系（罗曼罗所举之例：国家之间）；（4）自发授权的单边相关性（罗曼罗所举之例：国际私法）；（5）法律体系的继承（罗曼罗所举之例：国家的继承）。[52]

就关于国际组织法律体系的概念的讨论而言，以存在为基础的相关性互动是根本。在这类权利下，罗曼罗区分了从属（关系）和先前存在（关系）。[53] 从属表示等级，意味着一种秩序对另一种秩序的完全压制。相反，先前存在描述了一个法律体系在先前存在的一个法律体系之上的形成。在罗曼罗看来，后者是将国家与国际法联系起来的关系，因为国家以国际社会的存在为前提。事实上，罗曼罗的先前存在观点是围绕法律体系的创建者而展开的。国家创造了国际社会，因此国际法以国家为前提。这一论点为支持国际组织衍生属性的学者所采用，断言国家还创建了国际组织，从而创设了衍生的法律体系。[54] 然而，它可能遭到反驳，被视为对唯

---

[48] Emmanuel Gaillard, *Legal Theory of International Arbitration* (Nijhoff 2010).

[49] Romano, *ordinamento giuridico* (n 26) 95.

[50] Schultz, *Transnational Legality* (n 35) 86.

[51] Schultz, *Transnational Legality* (n 35) 109.

[52] Filippo Fontanelli, "Santi Romano and L'ordinamento Giuridico: The Relevance of a Forgotten Masterpiece for Contemporary International, Transnational and Global Legal Relations" (2011) 2 TLT 67 (hereafter, Fontanelli, "Santi Romano and L'ordinamento Giuridico").

[53] Romano, *Ordinamento Giuridico* (n 26) 130.

[54] Matteo Decleva, *Il Diritto Interno delle Unioni Internazionali* (Cedam 1962).

意志论和对国家在国际法中传统作用的不合时宜的提醒。[55] 遵循这种对创建者的关注，个人就应该实际上是创设法律体系的唯一主体。

将罗曼罗的理论具体化可以发现：先前存在的基础是一个法律体系的形式主义创建，该创建基于属于先前存在秩序的法律的渊源；而不是作为主体的创建者。应用这一理论，国际法律体系并非根据国内法律渊源而建立；同样，国内法律体系也不是根据国际法渊源而建立。国际和国内秩序都是"初始的"法律体系。它们之间的相互作用不能定义为以存在为基础的相关性互动。因此，即使没有国家，国际法律体系也可以存在。[56] 这一理论反驳了法律与国家之间于分解上的必要联系。[57]

聚焦以存在为基础的相关性互动，法律体系既可是初始的，也可是衍生的。在它们并未根据属于另一不同体系的法律的正式创建行为而出现时，它们就是初始的；当它们由属于先前存在的法律体系的法律渊源创建时，它们就是衍生的。先前存在概念与国际组织法律体系直接相关。它们由获授政府权力的个人创建，使用国际法渊源来创建一个新的实体。国际组织和国际法之间不是一种平等/独立的关系，因为一个以另一个为前提。

这种模式能够描述包括跨国法律网络在内的全球治理结构。例如，跨国公司是"初始的"制度，因为它们不是由任何法律体系的法律所建立。[58] 如前所述，创建行为者和创建文书之间的区别具有根本性。跨国公司是由国内法律体系中的主体作为事实上的实体予以成立的，与任何法律体系都没有衍生关系。同样地，这种模式考虑了国际组织理论中的特殊情况，如欧盟或欧安组织。[59] 虽然这两者的一体化程度相反，但它们在试图建立一个脱离国际法的"初始的"法律体系这一方面具有相似之处。[60]

---

[55] 关于二元论与唯意志论之间的关系，参见 Giorgio Gaja, "Dualism: A Review" in Janne Nijman and André Nolkaemper (eds.), *New Perspectives on the Divide between National and International Law* (OUP 2007) 57。

[56] "可以合理地称之为国际社会，即所有社会的社会，全人类的社会。" See Philip Allott, "The Emerging Universal Legal System" in Janne E Nijman and André Nollkaemper (eds.), *New Perspectives on the Divide Between National and International Law* (OUP 2007) 69.

[57] See Neil MacCormick, *Questioning Sovereignty. Law, State, and Nation in the European Commonwealth* (OUP 1999) Chapter 1.

[58] Jean-Philippe Robé, "Multinational Enterprises: The Constitution of a Pluralistic Legal Order" in Gunther Teubner (ed.), *Global Law Without A State Aldershot: Dartmouth Gower* (Dartmouth 1997).

[59] 参见本书第5章。

[60] Lorenzo Gasbarri, "The International Responsibility of the OSCE" in Anne Peters, Mateja Platise, and Carolyn Moser (eds.), *Revisiting the Legal Status of the OSCE* (CUP 2019).

为了解跨国法律规范性的动态,需要"走向全球";这一点经常引起学者的注意。㉑ 但是,为了将世界性网络的地图可视化,关注点需要从主体性问题转移到各层面法律间的正式互动。正如朱斯特·保维赖恩（Joost Pauwelyn）所主张的,多元主义与非国家行为者的出现相辅相成,但"互联岛屿的统一"的建立不能依赖于将主体置于法律体系中心的、以同意为基础的国际法范式。㉒ 例如,皮埃尔-玛丽·迪普伊（Pierrea-Marie Dupuy）提出了一个关于法律体系间等级关系的事例,该事例着眼于作为创建者的主体。他认为,创建新实体是国家主权方面的特权,因此,新建立主体的存在源于国家的存在。㉓ 反过来说,国际组织的双重属性不是基于某一法律体系的主体,而是基于国际组织法律体系的双重属性。

7.4　国际组织的双重法律属性

一方面,如果以一个相对视角强调初始法律体系的创建,那么该体系的规则就是内部性的;另一方面,如果另一个相对视角强调一个法律体系衍生于国际法,那么该体系的规则就是国际性的。就相对合法性而言,这一问题并没有解决方案;这是一种激进的观点。相反,采用一种温和的观点的话,则认为存在多种未被采用的观点。从法律多元主义的相对主义和观点的重要性中得出了两个结论：首先,观察者必须区分相对合法性和绝对合法性;其次,根据上述讨论的方式,国际组织法律体系源于国际法。

总之,国际组织法律体系的绝对合法性既不是一个自成一体的统一体,也不是国际法委员会所讨论的特别制度。法律多元主义和合法间性需要"复杂的分析工具",以非混乱的方式来处理合法性的碎片化问题。㉔ 桑托斯将这种法律概念描述成变色龙："利用某些生物学规则不断改变其颜色的变色龙,实际上并不是一个动物,而是一个动物网络——就像法是法律秩序网络一样。如同变色龙一样的法律可以转变为符合后现代法律概

㉑　Guilherme Vasconcelos Vilaça, "Transnational Legal Normativity"（2017）Encyclopedia of the Philosophy of Law and Social Philosophy 1.

㉒　Joost Pauwelyn, "Bridging Fragmentation and Unity: International Law as a Universe of Interconnected Islands"（2003）25 MJIL 903.

㉓　See Dupuy, "Cours général"（n 31）102.

㉔　de Sousa Santos, "Law: A Map of Misreading"（n 10）298.

念。"⑥ 没有比这更好的方式来描述国际组织规则的这种变化状况，即，以各别法律体系所采取的"观点"作为基础而不断变化。

国际组织规则的绝对合法性是如下两者的结合，即，创设这些规则的法律体系的衍生性和实施这些规则的法律体系的观点。因此，在绝对合法性下，国际法律体系的行为者或国际组织法律体系的行为者应该承认这些规则衍生于国际法。同时，从国际法中衍生并不消除国际组织法律体系的存在。结论是，国际组织规则同时是两个不同法律体系的法律：它具有双重属性。正如国际法院主张的，世界卫生组织的基础文书同时也是一项国际条约和一部内部性秩序的宪章。⑥ 因此，世界卫生组织法律体系创制的承认规则，同它所制定法律的性质一样，具有双重属性。

凯尔森引用著名格言"一仆难侍二主"来反驳双重属性。⑥ 他基于领土的排他性来排除这种可能性；根据这种排他性，不能有两个或两个以上的法律体系管辖同一领土。⑥ 这一理论受到广泛的批评；人们认识到，根据法律多元主义，非综合性的、非排他性的、非最高的法律体系是可行的。⑥ 此外，凯尔森所面对的事宜与确认同一规则属于两个不同的法律体系，有着部分的不同。双重属性并不意味着一个法律体系创制的某项规则必然被另一个不同的法律体系承认为合法的。它意味着该项规则是由衍生法律体系的次级承认规则创制的，而衍生体系则是由先前存在的法律体系的次级承认规则创制的。因此，先前存在的法律体系不必为了将衍生法律体系的规则引入自己的体系而承认该项规则是自己的规则。根据法律多元主义，并没有解析性理由能够否认国际组织规则的双重属性。

一个法律体系的存在并不仅是罗曼罗描述的相关关系，他认为法律秩序还在效力和内容方面相互影响。⑦ 在他看来，当某一法律体系基于一项法律权利影响其他法律体系的存在内容或效力时，该法律体系就是"相关的"。对于以国际组织法律体系的存在为基础的相关性如何产生其规则的双重法律属性，前文已讨论。这种双重属性如何影响一个法律体系的内

---

⑥ de Sousa Santos, "Law: A Map of Misreading" (n 10) 299.

⑥ *Legality of the Use by a State of Nuclear Weapons in Armed Conflict* (Advisory Opinion) [1996] ICJ Rep 66 at 75.

⑥ See Kelsen, *Pure Theory of Law* (n 25) 329.

⑥ See Schultz, *Transnational Legality* (n 35) 87.

⑥ See Kerchove and Ost, *The Legal System* (n 42) 143.

⑦ See Romano, *ordinamento giuridico* (n 26) 127.

容和效力，仍需讨论。一个法律体系的效力涉及调整其与外部体系关系的内部规范，而一个法律体系的内容则涉及内部规范如何受到外部秩序的影响。⑦

关于效力问题，区分优先/从属和先前存在仍然具有基本性。⑫ 在前一情况下，优先性法律体系有权力决定如何将其规范施加于从属性法律体系，以及赋予后者何种程度的自治性。相反，从属性法律体系不能决定如何调整其对优先性法律体系的效力。罗曼罗用私营公司的事例来解释国内法的效力如何在一个特定的从属性法律体系中得到调整。在后一情况下，先前存在意味着相互影响。在这一类别下，当以存在为基础的相关关系产生了一种先前存在/衍生的互动时，两种法律体系效力之间并不具有等级关系。⑬ 罗曼罗的代表作虽然著于1918年，但他的理论描述国际组织与国际法之间关系的性能显著。事实上，国际组织与国际法之间的互补性在于衍生法律体系的双重属性；据此，相应法律同时属于两种法律体系。例如，《联合国宪章》第103条是一项协调性规则，它确定了联合国法律体系在国际法上的效力。

在内容方面，最明显的关系就是上级秩序塑造下级秩序的内容。⑭ 同样，这种等级关系并未解释全球治理的不同制度是如何相互作用的，因为不存在能够赋予至高无上地位的法定权利。双重法律属性更适合描述不同的国际组织法律体系之间及其与国际法之间如何相互作用。例如，在功能主义下，国际组织法律体系的内容取决于成员国赋予的职能。超越赋权的权力扩张可被解释为隐含在赋权中的或机构应该固有的。⑮ 一方面，如果国际组织被认为是初始性的机构，那么其权力就是它因其存在而固有的，而不是成员国因其职能而赋予的。另一方面，隐含权力理论的前提是从创建国际组织的国际文书中推导出来的。这种传统辩论中的非此即彼范式受相对合法性议题的影响。相反，国际组织的双重属性描述了其法律体系的"内容"如何同时具有内部属性和国际属性。

---

⑦ See Fontanelli, "Santi Romano and L'ordinamento giuridico" (n 52) 77.
⑫ See Fontanelli, "Santi Romano and L'ordinamento giuridico" (n 52) 83.
⑬ See Fontanelli, "Santi Romano and L'ordinamento giuridico" (n 52) 168.
⑭ See Fontanelli, "Santi Romano and L'ordinamento giuridico" (n 52) 143.
⑮ See Jan Klabbers, *An Introduction to International Organizations Law* (3rd edn, CUP 2015) 46-69.

7.5　国际法上的国际组织定义

基于国际组织法律体系双重法律属性的概念化，笔者建议关于国际组织的这样一个定义：

> 国际组织是指根据条约或者国际法调整的其他文书建立的机构，有能力创制源于国际法的法律体系以及制定同时具有内部和国际属性的法律。

这一定义意在涵盖所有情形，并非为国际责任或条约法的特别目的而设计。与《国际组织责任条款草案》[76]相似的是，该定义强调国际组织只能根据国际法的渊源而建立。不同的是，它没有明确提及国际组织拥有国际法律人格，也没有提到国际组织的成员除国家外还可以包括其他实体。此外，它也没有明确提及通常考虑的其他要素，如建立至少一个拥有自治意志的机关。[77]

在我看来，没有必要为了定义的目的而提及自治意志和法律人格。事实上，它们都是法律体系双重属性的固有特征。法律体系的创制涵盖了具有特定自治权的机关的存在，而这种自治权源于先前存在的法律体系。法律人格则是由成员国根据国际法规范（明示或默示地）赋予的。

关于成员（国）资格问题，笔者前已讨论将关注点从主体事宜转移到法律体系之间的正式关系。国际组织可以由国家或由其他组织创建，而且它们都可以作为国际组织的成员；这些事实并不是定义的基本要素。

在缺乏理论框架的情况下，学界在许多情形下都已经注意到双重属性，将国际组织描述为具有两副面孔的机构。[78] 例如，凯瑟琳·布罗尔曼（Catherine Brölmann）将透明机构面纱定义为"政府间组织在一般国际法中的特有状态，部分由于相互抵触的这样两个其他特征：它表明国际组织

---

[76]　ILC, "Draft Articles on the Responsibility of International Organizations, with Commentaries" (2011) UN Doc A/66/10 (hereafter ARIO).

[77]　Jan Klabbers, "Formal Intergovernmental Organizations" in Jacob Katz Cogan, Ian Hurd, and Ian Johnstone (eds.), *The Oxford Handbook of International Organizations* (OUP 2017).

[78]　Cedric Ryngaert and others, *Judicial Decisions on the Law of International Organizations* (OUP 2016) 7.

既不像国家那样对国际法完全封闭，也不像非机构化的国家间合作那样完全开放"[79]。基于她的这一理论见解，笔者根据国际组织法律体系的特征来描述国际组织的概念。国际组织规则的双重法律属性反映了"它们的法律形象在'开放'与'封闭'之间摇摆，二者之间存在一种辩证关系"[80]。

维拉利（Virally）将国际组织的双重属性描述如下：

> 这种基本的二元性总是给国际组织的行为带来某种模糊性：它是自治的，因为它根据自己的法律和机关的决策发展；但它不是独立的，因为它受组织内部行使的权力调控，虽并不与之混淆。因此，国际组织看起来总像披着面纱，掩盖了它自身以外的事物。然而，当人们揭开面纱并考虑它所掩盖的内部环境时，这种模糊性就会消失。[81]

下一章将分析这一描述"国际组织规则"种类中的不同渊源以及它们如何适应这一提议的定义。

7.6 小结

本章描述了这样一种创新性的国际组织概念化，即国际组织是一个源于国际法并能创制特定法律体系的实体。其规范的双重法律属性是这一概念化的主要特征。在随后章节，我将详细阐述实践中的双重法律属性，充实其对国际组织法基本问题的影响。这里，笔者想强调的是，双重法律属性不是应然法（*de lege ferenda*）的概念化。它以在整个国际组织历史中收集的证据作为基础。这一概念化虽然不重塑世界，但它对之前关于综合性法律理论的尝试进行了系统化。

---

[79] Brölmann, *The Institutional Veil* (n 34) 11.
[80] Brölmann, *The Institutional Veil* (n 34) 253.
[81] Michel Virally, *L'organisation mondiale* (Armand Colin 1972) 30.

第 8 章 实践中的双重法律属性

本章将讨论实践中和理论上展现的国际组织的双重法律属性。笔者将详细考量国际法委员会在其关于国际组织规则定义中提及的每一项法律文件:"国际组织的宪章性文书、决定和决议及根据这些文书制定的其他法律文件,以及国际组织的既定实践。"① 将考量国际组织同第三方缔结的协议以及有关司法判例,不过对于它们,国际法委员会仅在《国际组织责任条款草案》评注中提及。此外,还将探讨国际法委员会没有提及但国际组织规则却提及的一般原则和习惯国际法。

8.1 建构文书

毫无疑问,建构文书具有双重属性,它既是条约又是国际组织的宪章。国际法院业已数次承认这种双重属性。在联合国某些经费咨询意见案中,国际法院强调了《联合国宪章》的特殊性质。② 在威胁使用或使用核武器合法性咨询意见案中,国际法院明确确认:"国际组织的建构文书还是一种特殊类型的条约,旨在创设新的法律主体并赋予其某些自治权,而缔约方将实现共同目标的任务托付给新的法律主体。这种条约可能引起释义方面的具体问题,其中在于它们同时是条约和建构文书这一特征。"③

建构文书的双重法律属性业已被描述为国际组织双面性的源起,它

---

① ILC, "Draft Articles on the Responsibility of International Organizations, with Commentaries" (2011) UN Doc A/66/10 (hereafter *ARIO*).

② *Certain Expenses of the United Nations* (*Article 17, paragraph 2 of the Charter*) (Advisory Opinion) [1962] ICJ Rep 151 (hereafter *Certain Expenses*).

③ *Legality of the Threat or Use of Nuclear Weapons* (Advisory Opinion) [1996] ICJ Rep 226.

"一方面创设了开放性的条约制度,另一方面建立了独立的宪章性秩序"④。诸如目的论解释和内部机构做法相关性等工具的运用,都是建构文书和其他国际条约之间有别的事例。⑤

即使在国际组织并非由条约而是由国际法其他文书创设的情况下,对于建构文书的双重法律属性也达成了鲜见的共识。⑥ 例如,世界旅游组织是由条约之外的一项国际文书创设⑦的名称是"International Union of Official Travel Organizations"(官方旅游组织国际联盟),被作为一个非政府组织而设立,后来根据其成员方的决议而转变为一个国际组织。⑧ 在这一特殊事例中,是该组织本身促成了自己的转变。就《关税及贸易总协定》而言,也经历了类似历程。⑨ 总的来说,通过条约之外的国际法途径创设国际组织的事例比人们能够预想到的更为常见。其他事例包括泛美地理和历史协会⑩、石油输出国组织⑪、亚非法律协商委员会、美洲防务委员会、国际羊毛研究组织和重组后的全球环境基金。⑫

笔者前文提议的定义表明国际组织仅能是基于国际法而创设,但有些情形下还存有争议。第5章讨论过一个主要事例,所争论的是欧安组织的特殊属性。第二个事例是北欧理事会;在1962年前,它是一个由各成员方议会极相似的议会制定法而创设的机构。⑬ 就该事例而言,该组织后来根据一项国际条约予以重新创设。在其他情形下,如世界自然保护联盟和

---

④ Catherine Brölmann, *The Institutional Veil in Public International Law: International Organizations and the Law of Treaties* (Hart 2007) (Hereafter Brölmann, *The Institutional Veil*) 113.

⑤ Tetsuo Sato, *Evolving Constitutions of International Organizations* (Nijhoff 1996) (Hereafter Sato, *Evolving Constitutions*); Seventh Commission, "Are there Limits to the Dynamic Interpretation of the Constitution and Statutes of International Organizations by the Internal Organs of such Organizations (with Particular Reference to the UN System)?" (Institut de Droit International 2019).

⑥ 关于这一论点的全面阐述,参见:José E Alvarez, *International Organizations as Law-makers* (OUP 2005) 65 and Brölmann, *The Institutional Veil* (n 4) 59。

⑦ Dan Sarooshi, "Legal Capacity and Powers" in Jacob Katz Cogan, Ian Hurd, and Ian Johnstone (eds.), *The Oxford Handbook of International Organizations* (OUP 2017) 987.

⑧ David R Gilmour, "The World Tourism Organization: International Constitutional Law with a Difference" (197]) 18 NILJ 275.

⑨ John H Jackson, *World Trade and the Law of GATT* (Bobbs-Merrill 1969).

⑩ Amos Jenkins Peaslee, *International Governmental Organizations* (Brill 1979) (Hereafter Peaslee, *International Governmental Organizations*) 389–403.

⑪ Kapteyn and Others, *International Organization and Integration* (Nijhoff 1981) II. K. 3. 2.

⑫ Peaslee, *International Governmental Organizations* (n 10) I (1) 79, I (2) 805, II 539.

⑬ Max Sorensen, "Le Conseil nordique" (1955) RGDIP 63; Paul Dolan, "The Nordic Council" (1959) 12 Western Political Quarterly 511.

阿拉伯世界研究所等机构从未根据国际法而转变，它们仍是根据国内法而组建。⑭

在那些处于治理转型阶段的国际法领域，国际组织的多元化同样显而易见。特别是，全球卫生法如今遭各类行为者塑造，同根据国际法创设的国际组织几乎并不类似。⑮ 作为便利获取资金和快速调度资源的灵活工具，公私伙伴关系威胁着世界卫生组织的垄断地位。⑯ 即使这些机构具有同国际组织相似的特征，但它们并不是根据国际法律文书而创设。

基于国际法上国际组织概念的理论框架，只有那些根据国际法律文书的路径创设的机构才能被真正地视为国际组织。这一要求并没有它看起来的那么严格，因为时常可以发现未直接言明的协议或相似的法律文件也在创设国际组织。哪个组织可以被适当地称为国际组织需要根据个案情况而确定，为数不多的共同的某些确定性之一是衍生于国际法律文书。

8.2　一般原则

在某一国际组织的法律体系中，一般原则是否属于正式的法律渊源并无定论。⑰ 例如，国际法委员会就没有将一般原则纳入"国际组织规则"的范围。事实上，在这种情况下很难界定什么是一般原则。毕竟，涉及国际组织法的整个学界都在致力于识别哪项一般原则是所有国际组织共有的。例如，阿默拉星赫（Amerasinghe）主张，在国际组织规则所涵盖的许多领域，如建构文书、法律创制、责任、有效性、人格和豁免权等，一般原则正在形成。⑱ 特别是，一般原则的存在得到了那些信赖国际组织规则的纯粹内部属性的学者的支持。⑲

---

⑭ Jean Charpentier, "Pratique Française du Droit International Public" (1962) 8 AFD1 985.

⑮ Lisa Clarke, *Public-private Partnerships and Responsibility under International Law: A Global Health Perspective* (Routledge 2014).

⑯ Gian Luca Burci, "Public/Private Partnerships in the Public Health Sector" (2009) 6 IOLR 359.

⑰ 关于这点的一般性讨论，参见 Mads Andenas and Others, *General Principles and the Coherence of International Law* (Brill 2019)。

⑱ Chittharanjan Felix Amerasinghe, *Principles of the Institutional Law of International Organizations* (CUP 2005) (Hereafter Amerasinghe, *Principles*).

⑲ Finn Seyersted, *Common Law of International Organizations* (Nijhoff 2008) (Hereafter Seyersted, *Common Law*).

国际组织自身时常依赖法律的一般原则。国际法院就是如此界定联合国的内部规则，如默示的权力理论。[20]欧盟法院则是更进一步，赋予欧盟法律的一般原则以直接效力。[21]

在劳动纠纷方面，一般原则已被国际行政法庭采用，并为学术界支持；[22]在与程序和造法活动相关方面也是如此[23]。就国际公务员法而言，国际法院在联合国行政法庭判决效力咨询意见案[24]的咨询意见中承认存在一事不再理原则；而且在申请司法审查咨询意见案[25]的咨询意见中声称，可以找到源于国内法的一般原则。同样，在人权委员会特别报告员的个人豁免权内容中也可以发现程序法的一项一般原则。[26]

成员国承认国际法一般原则的存在，往往是以国际组织的规则作为基础。在《灭绝种族罪公约》保留咨询意见案[27]、西撒哈拉咨询意见案[28]和北海大陆架案[29]中，国际法院就是如此。

2017年，国际法委员会决定将"国际法的一般原则"专题纳入其长期工作计划；2019年，特别报告员马塞洛·巴斯克斯-贝穆德斯（Marcelo Vázquez-Bermúdez）提交了他的第一份报告。[30]他以阐释一种基于两

---

[20] Shabtai Rosenne, *The Law and Practice of the International Court*, 1920–2005 (4 *vols*) (Brill 2006) Volume III Procedure, 1548.

[21] Case 12/86 (1987) *Demirel* [1987] ECR 3719; Case 316/86 *Krucken* [1988] ECR 2213; Case C-144/04 *Mangold* [2005] ECR I 9981; Case 155/79 *AM and S* [1982] ECR 1575. Emanuel Castellarin, "General Principies and the Coherence of International Law" in Mads Andenas and Others (eds.), *General Principles of EU Law and General International Law* (Brill 2019).

[22] Blaise Knapp, "Jurisprudence du Tribunal Administratif de l'Organisation Internationale du Travai" (1971) 17 AFDI 433; Renuka Dhinakaran, "Law of the International Civil Service: A Venture into Legal Theory" (2011) 8 1OLR 137.

[23] *de Merode* [1981] World Bank Administrative Tribunal 1 WBAT Rep 734.

[24] *Effect of Awards of Compensation made by the United Nations Administrative Tribunal* (Advisory-Opinion) [1954] ICJ Rep 47, 53.

[25] *Application for Review of Judgment No. 158 of the United Nations Administrative Tribunal* (Advisory Opinion) [1973] ICJ Rep 166, 181, para. 36.

[26] *Difference Relating to Immunity from Legal Process of a Special Rapporteur of the Commission on Human Rights* (Advisory Opinion) [1999] ICI Rep 62 (Hereafter *Difference Relating to Immunity*) 88, para. 63.

[27] *Reservations to the Convention on the Prevention and Punishment of the Crime of Genocide* (Advisory Opinion) [1951] ICJ Rep 15, 23.

[28] *Western Sahara* (Advisory Opinion) [1975] ICJ Rep 12, 31, paras. 54–55.

[29] *North Sea Continental Shelf* (judgment) [1969] ICJ Rep 3, 47, para. 86.

[30] ILC, "First Report on General Principles of Law by Marcelo Vazquez-Bermudez" (2019) UN Doc A/CN. 4/732.

个步骤的方法作为开始："第一步，识别大多数国家法律体系的一项共同原则；第二步，确定该项原则是否适用于国际法律体系。"㉛ 他没有说明同样的路径是否适用于国际组织，而仅申明："如果认为与本专题的目的相关，也可以对国际组织的实践进行分析"以及"国际组织和其他行为者是否也可以有助于作为国际法渊源的一般法律原则的形成"㉜。在界定一般原则的"承认"所涵盖内容时，如国际组织的行为所展现的成员国共识时，他明确提及国际组织。然而，他把国际组织是否有助于一般原则的形成这一关键问题放到未来的报告中进行讨论。㉝

第二份报告简要提及国际组织，重申国际组织的实践能够有助于源于国内法律制度的一般原则的形成。报告以欧盟为例，但未讨论。㉞

尽管现在预测国际法委员会这一专题的命运还为时尚早，但可以与其关于习惯国际法方面的工作进行类比，特别是与非此即彼的路径进行类比。对国际组织主要是从功能主义的视角进行考量的，而这一视角对成员国行为来说尤其重要。相反，宪章主义的视角则少被考量，因其淡化了国际组织实践的重要性。第一份报告的结论似乎对国际组织促成一般原则的形成的能力抱有偏见。它申明一般原则必须得到各国承认并只能源自国内和国际法律体系，并未提及国际组织的法律体系。

第一份报告关于一般原则的内容再次表明，国际法缺乏一个明确的国际组织概念，致使国际组织的作用局限于成员国行为的论坛，或至多在有限情况下作为自治实体。

相反，双重法律属性会具有这样的价值，即充分把握这些行为者在国际法形成中所发挥的作用。事实上，如果建构文书具有双重法律属性，那么，为什么源于它的法律体系不应该具有相同的法律属性呢？国际组织法的一般原则具有明显的双重维度。对于每一国际组织而言，它们同时具有国际性和内部性。一般原则的跨法律体系属性是其主要特征之一："它们

㉛ ILC, "First Report on General Principles of Law by Marcelo Vazquez-Bermudez" (2019) UN Doc A/CN.4/732. 8, 6.

㉜ ILC, "First Report on General Principles of Law by Marcelo Vazquez-Bermudez" (2019) UN Doc A/CN.4/732. 9.

㉝ ILC, "First Report on General Principles of Law by Marcelo Vazquez-Bermudez" (2019) UN Doc A/CN.4/732. 55.

㉞ ILC, "Second Report on the General Principles of Law by Marcelo Vazquez-Bermudez" (2020) UN Doc A/CN.4/741, para. 72.

[一般原则]还有助于缓和法律多元化中某些固有的紧张，通过确保法律秩序、制度和次级制度之间的最低程度的开放和对话，通过防止它们面临的彼此间的'临床隔离'生活。"㉟

8.3 习惯国际法

在特别报告员迈克尔·伍德（Michael Wood）爵士的指挥下，国际法委员会最近完成了其关于习惯国际法识别的项目。㊱基于四个变量，它对国际组织有所涉及。其中，两个变量反映了功能主义概念化和宪章主义概念化之间的区别，而第三个和第四个变量则反映了国际组织（特殊主义）和相关文书（非正式主义）之间的差异。㊲

第一，结论6（2）、10（2）和12建立在国家中心的功能主义视角所定义的国际组织概念之上。㊳根据这一概念，就成员国的行动而言，国际组织只不过是透明化实体。例如，根据结论12，决议并不构成国际组织的国际实践，而是"国家意志的表达集合"。㊴

㉟ Jan Wouters, "General Principles and the Coherence of International Law" in Mads Andens and others (eds.), *Conculusion: The Role of General Principle in a Multi-layered Legal Setting* (Brill 2009) 196.

㊱ ILC, "Identification of Customary International law" (2108) UN Doc A/73/10 (Hereafter ILC, "Customary Law"). See Lorenzo Gasbarri, "Beyond the Either-Or Paradigm" in Sufyan Droubi and Jean d'Aspremont (eds.), *International Organizations, Non-State Actors, and the Formation of Customary* (customary law) (Manchester University Press 2020).

㊲ 同样，在与条约解释有关的嗣后协议和嗣后实践项目中，国际法委员会区分了国际组织建构文书缔约方的嗣后实践、国际组织机关的实践以及两者的组合。See ILC, "Third Report on Subsequent Agreements and Subsequent Practice in Relation to the Interpretation of Treaties Geog Nolte" (2015) UN Doc A/CN.4/683 (Hereafter Note, "Third Report").

㊳ 习惯国际法项目的结论6（2）的部分内容是："国家实践的形式包括但不限于……与国际组织通过的决议有关的行为。"结论10（2）的部分内容是："被接受为法律（法律确信）的证据的形式包括但不限于……与国际组织或政府间会议通过的决议有关的行为。"结论的部分内容12是："（1）国际组织或政府间会议通过的决议本身不能创设一项习惯国际法规则。（2）国际组织或政府间会议通过的决议可以为确定一项习惯国际法规则的存在和内容提供证据，或有助于其发展。（3）国际组织或政府间会议通过的决议中的一项规定，如果它符合被接受为法律（法律确信）的通例得到确立，则可以反映习惯国际法的一项规则。" See ILC, "Customary law" (n 36).

㊴ Benedetto Conforti and Angelo Labella, *An Introduction to International Law* (Nijhoff 2012) 42, 43. Quoted by ILC, "Second Report on Identification of Customary International Law by Michael Wood" (2014) UN Doc A/CN.4/672, 27.

第二，结论 4（2）是以组织中心的视角作为前提的。[40] 根据这种观点，国际组织不是开放的国际论坛，而是自治的行为者。然而，在国际法委员会看来，国际组织同成员国的作用截然不同。首先，国际法委员会对于法律确信的证据形式所涉内容并未提及，而是将国际组织在习惯国际法形成中的作用局限于明示的实践。其次，它以"某些情形"作为条件，而这意味着只有一些国际组织或国际组织的一些行为能够部分有助于习惯国际法的形成。

第三，习惯国际法形成的第三个变量建立在国际组织之间的差异之上。结论 4（2）明确只有在"某些情形"下，国际组织在各自工作领域的实践才会相关。[41] 超国家组织（如欧盟）就是具体实例，由于其专属职能，就习惯形成的目的而言，欧盟与成员国处于同等地位。[42]

最后，第四个变量赋予国际组织的不同产出以程度不一的重要性。例如，结论 12 和 13 单列特殊行为事关国际性法院的决议和决定。[43]

总之，对于国际组织的行为可能会对习惯国际法形成产生的四种影响，国际法委员会的结论进行了区分。从功能主义的视角来看，国际组织内部发生的行为是重要的，因为它被认为是被接受为法律的国家实践。从宪章主义的视角来看，一些"特殊的"国际组织通过作出实践而非提供法律确信来助力习惯国际法的识别。从特殊主义和非正式主义的视角来看，一些行为和一些组织在习惯国际法的形成中具有独特功能。

运用作为双重实体的国际组织这一概念，将能整合这种碎片化的路径。事实上，国际法委员会关于习惯国际法形成的项目被描述为防止国际法碎片化的一项举措。[44] 特别报告员伍德爵士赋予国际法律体系以一以基础性作用，他所依据的是这一假设："……将法律划分为相互独立的专业

---

[40] 习惯国际法项目的结论 4 的部分内容是："（2）在某些情况下，国际组织的实践还有助于习惯国际法规则的形成或者表达。" ILC, "Customary law"（n 36）.

[41] ILC, "Third Report on Identification of Customary International Law by Michael Wood"（2015）UN Doc A/CN. 4/682, para. 77.

[42] Jed Odermatt, "The Development of Customary International Law by International Organizations"（2017）66 ICLQ 491. Doc A/CN. 4/682, para. 77.

[43] 习惯国际法项目的结论 13 的部分内容是："法院和法庭的决定：（1）国际性法院和法庭（特别是国际法院）关于习惯国际法规则的存在和内容的裁判是确定此类规则的辅助手段。（2）可以酌情考虑国内法院关于习惯国际法的存在和内容的裁判，作为确定此类规则的辅助手段。" ILC, "Customary law"（n 36）.

[44] Lorenzo Gradoni, "La Commissione del Diritto Internazionale Riflette Sulla Rivelazione Della Rapporteur" Consuetudine（2014）97 RDI 667.

领域，既无助益，也不符合原则。"因此，"无论所审议的法律领域如何，都适用形成和识别习惯国际法的同一根本路径"㊺。然而，国际法委员会项目明确区分了不同的国际法主体以及它们行使职能时制定的不同法律文件。如果国际法委员会在寻求"相同根本路径"，那么习惯国际法形成的机制应该是相同的，即使资料迥异和来源于不同的主体。不应该将有助于习惯国际法形成的法律文件质量与形成的机制相混淆。

结论 6（3）声称"各种形式的实践之间没有预先确定的等级"，而评注却承认"可能是这样，即在对不同形式（或情形）的实践进行评价时，应该给予不同的权重"。即使在同类法律文件中，助推习惯国际法形成的能力也存在差异：没有多少项联合国大会决议具有与《世界人权宣言》或《关于各国依联合国宪章建立友好关系及合作之国际法原则之宣言》同等的价值。㊻但这并不意味着不同的决议应该采用不同的方法。在寻求共同路径的过程中，助推识别习惯国际法的不同资料不应该受制于不同的方法。其风险在于，在识别习惯国际法时，国际法主体的多样将会与资料的多样相混淆。

每一国际组织的每项规则既是其成员国行为的产物，也是国际组织的产物。如果习惯国际法形成的共同路径可以预见，就不得不承认国际组织的双重性质，反驳关于特定国际组织实践或国际组织内某些规则的特殊机制。就实践而言，国际组织在习惯国际法形成中的作用可以用一个简化框架予以描述，该框架反驳了非此即彼的范式。国际法委员会的替代方案仅关注一项决定，即采用"国际组织规则"这一概念。一方面，这会导致对国际组织内成员国的实践和法律确信进行区分稍显多余；另一方面，也显得区分并无必要。

㊺ ILC, "Formation and Evidence of Customary International Law, Note by Michael Wood, Special Rapporteur" (2012) UN Doc A/CN.4/653, 5, para.22.

㊻ Universal Declaration of Human Rights, UNGA Res 217 A (Ⅲ) (10 December 1948); Declaration on Principles of International Law Concerning Friendly Relations and Cooperation Among States in accordance with the Charter of the United Nations, UNCA Resolution 2625 (XXV) (24 October 1970), See Rossana Deplano, "Assessing the Role of Resolutions in the ILC Draft Conclusions on Identification of Customary International Law" (2017) 14 IOLR 227.

8.4 国际组织的机构实践

在条约法和国际责任这两个项目中，国际法委员会将国际组织的机构实践界定为一种法律渊源。[47] 国际法委员会称其为"既定实践"，将之与作为解释方法的"嗣后实践"以及作为习惯国际法要素之一的"相关实践"予以区分。学者和国际组织均对此欢迎。[48] 既定实践在巩固建构文书未明确授予权力方面的作用显而易见。[49] 例如，欧盟内部各机关已经发展形成一种"机构间协议"形式来协调它们的活动。[50] 虽然欧盟条约未规定此类协议，但如果它们具有法律约束力，就会被欧洲法院视为法律渊源。[51] 制度实践的双重法律属性不言而喻，因为它被认为是内部机构规则的来源和确立习惯国际规范的要素。[52]

国际法委员会条约法项目特别报告员保罗·路透（Paul Reuter）两次讨论制度实践的作用。在第二次报告中，他断言忠诚合作这项一般原则的内容取决于内部监管框架，而且特别取决于建立国际组织的条约生效后的实践。[53] 在一年后提交的第三次报告中，他将相关实践纳入了国际组织规则的范畴。[54] 他对既定实践和相关实践予以区分；前者应该被视为

---

[47] ARIO（n 1）art 2（b）; ILC, "Draft Articles on the Law of Treaties with Commentaries"（1966）UN Doc A/21/9（hereafter ILC, "Law of treaties"）art 2（j）.

[48] Emmanuel Roucounas, "Practice as a Relevant Factor for the Responsibility of International Organizations" in Maurizio Ragazzi（ed.）, *Responsibility of International Organizations: Essays, in Memory of Sir Ian Brownlie*（Nijhorf 2013）. 关于使用实践作为解释工具产生的问题, 参见：Alvarez, *International Organizations as Law-makers*（n 6）87。

[49] Jan Klabbers, *An Introduction to International Organizations Law*（3rd edn, CUP 2015）（hereafter Klabbers, *Introduction*）50–69.

[50] Jörg Monar, "Interinstitutional Agreements: The Phenomenon and its New Dynamics after Maastricht"（1994）31 CMLR 693.

[51] Giorgio Gaja and Adelina Adinolfi, *Introduzione al Diritto Dell'Unione Europea*（Laterza 2010）（hereafter Gaja and Adinolfi, Introduzione）182.

[52] Guglielmo Verdirame, *The UN and Human Rights: Who Guards the Guardians?*（CUP 2011）57.

[53] ILC, "Second Report on the Question of Treaties Concluded between States and International Organizations or Between Two or More International Organizations by Paul Reuter"（1973）UN Doc A/CN.4/271, 92, para.105.

[54] ILC, "Third Report on the Question of Treaties Concluded between States and International Organizations or between Two or More International Organizations by Paul Reuter"（1974）UN Doc A/CN.41279 and Corr.1, 151, para.27.

法律规则，后者赋予确立过程中的行为以重要性。为了确保自治的、宪章性的发展，保罗·路透主张相关实践不得不被视为法律的制度渊源的一部分。

《国际组织责任条款草案》体现了同样路径，提及北大西洋公约组织内部通过协商一致进行决策这一具体事例。(55) 这是一个不源于国际组织任何其他规则的制度实践事例。而且，这种实践的重要性在行为归结的背景下得到提及。(56) 它源于同国家责任项目的类比：

> 在一些法律体系中，各种实体的地位和职能不仅由法律决定而且还由实践决定，因而仅提及国内法将会误导。一国的国内法可能没有详尽地或根本没有对哪些实体具有“机关”的地位进行分类。在这种情况下，虽然一个实体的权力及其在国内法上与其他主体的关系将会对其作为“机关”的分类具有重要意义，但国内法本身并不会执行分类的任务。(57)

显而易见，某一特定组织内部所形成实践的重要性，是一种需要根据其特殊性区辨监管框架的表现。(58) 国际法院就此评论道：“虽然国家拥有国际法承认的具有整体性的国际权利和义务，但像国际组织这种实体的权利和义务必须取决于其建构文书明示的或默示的宗旨和职能，并在实践中得到发展。”(59)

此外，制度实践已经用于解释建构文书。(60) 国际法委员会关于同条约解释有关的嗣后协议和嗣后实践的项目包括关于国际组织的明确结论。(61) 该结论对如下三者进行区分，即国际组织建构文书各缔约方的嗣后实践、

(55) ARIO（n 1）11.

(56) ILC，“Second Report on Responsibility of International Organizations by Giorgio Gaja”（2004）UN Doc A/CN. 4/541；ILC，“Comments and Observations Received from International Organizations”（2004）UN Doc A/CN. 4/545（Hereafter Comments 2004）.

(57) Official Record of the General Assembly，Fifty-sixth Session，Supplement No. 10 and Corrigendum UN Doc A/56/10 and Corr. 1，chapter IV section E. 2，para 11 of the commentary，90.

(58) Charles De Visscher，“L'interpretation Judiciaire des traites D'organisation Internationale”（1958）61 RDI 177.

(59) *Reparation for Injuries Suffered in the Service of the United Nations*（Advisory Opinion）[1949] ICJ Rep 174.

(60) Sato，*Evolving Constitutions*（n 5）.

(61) Nolte，“Third Report”（n 37）.

国际组织各机关的实践以及这两种实践的结合。国际法院多次基于嗣后实践对《联合国宪章》进行解释：

> 安理会长期以来的程序提供了这方面的大量证据，即主席决定和安理会成员国（特别是常任理事国）采取的立场，一贯地和一致地将常任理事国自愿弃权的实践解释为不构成决议通过的障碍……在《联合国宪章》第27条于1965年修改后，安理会遵循的这一程序并未改变，而这已经得到了联合国成员国的普遍接受，并成为联合国一项通例的证明。[62]

对于其他国际组织，国际法院也适用同样的解释标准：

> 国际组织的建构文书还是一种特殊类型的条约，其目的在于建立新的法律主体并赋予其某些自治权；缔约方将实现其共同目标的任务托付给它。此外，例如由于其条约性特点以及同时具有的机构性特征，这类条约可能产生释义方面的具体问题；所建立国际组织的本质、建立者为它确定的目标、与有效履行其职能相关的必要条件以及它自身的实践，都是在解释这些建构条约时可能值得特别注意的因素。[63]

总体而言，国际法院在数起案例中依赖制度实践。在《联合国特权和豁免公约》第6（22）条适用性咨询意见案中，国际法院基于安理会提供的信息作出决定。[64] 在与豁免权有关争议咨询意见案中，国际法院提及了联合国人权事务高级专员确认的实践。[65] 在使用武力之合法性（塞黑诉英国）案中，国际法院主张已有实践还不够明确，不足以适用这种情况。[66]

---

[62] *Legal Consequences for States of the Continued Presence of South Africa in Namibia* (*South West Africa*) *notwithstanding Security Council Resolution* 276 (1970) (Advisory Opinion) [1971] ICJ Rep 16 (Hereafter *Legal Consequences*) 22, para. 22.

[63] *Legality of the Use by a State of Nuclear Weapons in Armed Conflict* (Advisory Opinion) [1996] ICJ Rep 66, 75, para. 19.

[64] *Applicability of Article VI, Section 22, of the Convention on the Privileges and Immunities of the United Nations* (Advisory Opinion) [1989] ICJ Rep 177, 194, para. 48.

[65] *Difference Relating to Immunity* (n 26) 85, para. 53.

[66] *Legality of Use of Force* (*Serbia and Montenegro v. United Kingdom*) (Preliminary Objections) [2004] ICJ Rep 1307, 1333, para. 65.

8.5 次级规范

国际组织次级规范的种类包括其建构文书明确提及的每种法律文件。它们有多种名称，如决议、决定、条例（法规）或建议；它们代表着国际组织的立法权。次级规范的双重法律属性影响它们最重要的每项活动。一开始，反驳对内部和外部规范进行区别是有所助益的。[67] 阿尔瓦雷斯（Alvarez）正确地主张，任何次级规范都会产生内部和外部效果，因而区分内部和外部规范并不可能。例如，预算职能可以被描述为仅仅制定内部规范，但它们的确有基本的外部效力。[68] 他断言，内部规范的定义是循环定义，因为那些规范已经先被定义为内部事务的法律文件才被称为内部法律文件。例如，在适用内部/外部法律文件的区别时，联合国大会关于适用《联合国宪章》第 19 条（暂停投票权制裁拖欠会费的成员国）的决定，将会仅是一项内部事务。与此同时，联合国安理会关于对违反联合国的一项其他义务（如禁止使用武力的义务）的成员国实施制裁，将会仅是一项外部事务。阿尔瓦雷斯强调指出，国际组织的立法活动同时具有内部性和外部性："在生活中，如果不是在条约中的话，内部和外部立法之间的界限存在模糊。"[69]

克莱伯斯（Jan Klabbers）在他的教科书中讨论了三种制度立法理论：条约类推、授权理论和立法理论。[70] 它们对规范创制能力概念化的尝试，反映了不同的国际组织概念化。第一种理论和第二种理论以国际组织的功能主义概念化作为基础。第一种理论可以追溯到创设国际组织的条约，从而从条约中获得次级规范的约束力；第二种理论则指成员国的意愿。两者因其主要缺陷而受到克莱伯斯的质疑："如果条约和国际组织法律文件之间没有差异，那么建立国际组织的意义何在？"[71] 相反，立法理论以国际组织的宪章主义概念化作为基础；在这一概念化下，成员国大会等同于国际性的议会。双重法律属性界定了这两个方面的平衡，其基础观念是次级规范既不是纯粹的内部法律文件，也不是纯粹的

---

[67] Alvarez, *International Organizations as Law-makers* (n 6) 122.
[68] Lan Brownlie, *Principles of Public International Law* (OUP 2003) 665.
[69] Alvarez, *International Organizations as Law-makers* (n 6) 144.
[70] Klabbers, *Introduction* (n 49) 179.
[71] Klabbers, *Introduction* (n 49) 185.

国际法律文件。随后各节将讨论若干事例，它们在非此即彼的范式下仍无法解释。

8.5.1 委任统治

次级规范双重法律属性的第一个事例具有历史意义。委任统治制度是第一次世界大战后建立的，旨在解决脱离德国和奥斯曼帝国的殖民地的管辖权问题。[72]《国际联盟盟约》没有明确规定委任统治的法律属性，而是认可了两种主要观点。[73] 第一种观点信赖国际组织立法能力的条约属性，第二种观点则将委任统治界定为国际联盟的准立法行为。在西南非洲（纳米比亚）国际地位咨询意见案中就南非对纳米比亚委任统治问题作出咨询意见时，条约性质还是立法性质对国际法院产生了根本性影响。

国际法院在它审理的第一起咨询意见案中，被要求澄清委任统治制度是否仍然有效。[74] 法院认为，国际联盟的解散并不意味着委任统治的失效，南非仍负有义务向联合国报告其管理情况。不过，法院并没有将委任统治的法律属性界定为条约或国际联盟的立法产物。法院只是强调委任统治的国际属性，以此驳回南非的如下反对意见，即，委任统治应该参照私法中的委托合同进行管理。法院声明："国际规则所规制的委任统治的目标远远超过了国内法所规制的契约关系的目的。委任统治制度既为了委任领土居民的利益，也为了全人类的利益；是具有国际性目标——神圣的文明信托——的一项国际体制。"这种（契约性和国际组织机构性的）双重性质呈现于字里行间。

在第一起涉及委任统治的争诉案件中，南非认为国际法院没有管辖权，提出反对意见。[75]

尤其是，南非主张案涉委任统治不是一项处于效力期间的条约，因此国际法院不能基于将管辖权赋予常设国际法院的委任统治本身来主张职能的移交。国际法院裁定，虽然委任统治采用的是国际联盟理事会决议的形式，但"不能理所当然地认为它仅承载了根据《国际联盟盟约》

---

[72] Ruth Gordon, "Mandates" (2013) MPEPIL.

[73] Jan Klabbers, *The Concept of Treaty in International Law* (Nijhoff 1996).

[74] *International Status of South-West Africa* (Advisory Opinion) [1950] ICJ Rep 128.

[75] *South West Africa Cases* (*Ethiopia v. South Africa*; *Liberia v. South Africa*) (*Preliminary Objections*) [1962] ICJ Rep 319, 331, 341.

的执行行为”(76)。它进而裁定，委任统治“是一种特殊类型的文书、具有复合性质，其构建了一种新的国际体制”(77)；而且为了确立管辖权，委任统治应该被视为国际联盟所“确认的”（国际法院的用语）国际条约。对于事关“所有成员国都有利益的制度的实施”的协议，国际联盟本身就是协议的缔约方。(78) 相反，斯彭德（Spender）法官和菲茨莫里斯（Fitzmaurice）法官在他们的联合不同意见中主张委任统治不能被视为一项条约，因为它仅根据理事会的一项决议而生效。因而，委任统治是国际联盟的准立法行为。他们拒绝接受这种论点，即，国际组织颁布的每项文书都具有条约的性质，而这一性质源于建构文书本身就是条约这一事实。(79) 委任统治制度虽然根据“一些普遍共识”而创设，但不是一项条约。(80)

在审理的第二阶段，国际法院撤回了其 1962 年的判决。(81) 它没有明确改变自己关于委任统治制度具有条约属性的立场，尽管给予制度背景以更多权重。(82) 法院辩称，条约属性仅是“为了确定国际法院所面临的纯粹管辖权问题而假定的”(83)。建构条约的双重属性同委任统治的制度背景之间的差异具有基础性作用。法院认为：

> 委任统治制度是国际联盟的一项活动，也就是说是作为一个机构的实体运行其功能。在这种情况下，权利不能仅因国际组织本身的成员国身份这一事实而产生：成员国可以正当地主张的权利必须源于并

(76) *South West Africa Cases* (*Ethiopia v. South Africa*; *Liberia v. South Africa*) (*Preliminary Objections*) [1962] ICJ Rep 330.

(77) *South West Africa Cases* (*Ethiopia v. South Africa*; *Liberia v. South Africa*) (*Preliminary Objections*) [1962] ICJ Rep 331.

(78) *South West Africa Cases* (*Ethiopia v. South Africa*; *Liberia v. South Africa*) (*Preliminary Objections*) [1962] ICJ Rep 332.

(79) 关于斯彭德和菲茨莫里斯法官的反对意见，参见 Ibid. 491。

(80) *South West Africa Cases* (*Ethiopia v. South Africa*; *Liberia v. South Africa*) (*Preliminary Objections*) [1962] ICJ Rep 332.

(81) *South West Africa Cases-Second Phase* (*Ethiopia v. South Africa*; *Liberia v. South Africa*) (Preliminary Objections) [1966] ICJ Rep 19.

(82) *South West Africa Cases-Second Phase* (*Ethiopia v. South Africa*; *Liberia v. South Africa*) (Preliminary Objections) [1966] ICJ Rep 18.

(83) *South West Africa Cases-Second Phase* (*Ethiopia v. South Africa*; *Liberia v. South Africa*) (Preliminary Objections) [1966] ICJ Rep 7.

取决于国际组织建构文书的特别规定，以及与此相关的其他文件的具体条款。[84]

因此，如果委任统治是一项国际协议，那么它的双边关系就会将联盟的其他个体成员排除在外。法院由此得出结论，申请方埃塞俄比亚和利比里亚没有法律利益可供维护，因为它们不是协议的缔约方："不属于委任统治文书的缔约方，它们只能从其中获得文书所明确赋予的权利，无论是直接地还是通过明显的必要默示。"[85]

总之，委任统治的法律属性被非此即彼的范式冠以特征，而它仅考量了国家中心的视角（第一阶段）或组织中心的视角（第二阶段）。委任统治文书的双重法律属性以其制度性的独特性为根基，是一种根据国家意志而创制的文书，不能成为一项适当的条约。[86]

8.5.2 联合国的国际领土管理

在委托国际组织管理领土的情况下，双重法律属性也得到了承认；此时，规制这种领土管理的法律被描述为兼具内部性和国际性。[87] 国际法院在科索沃临时自治机构单方面宣布独立咨询意见案中处理了这种情形。[88] 我的分析仅聚焦联合国安理会第 1244（1999）号决议的性质以及由此衍生的制度性框架。[89]

该案咨询意见第 85 段首先回顾了安理会设定国际义务的权力："在《联合国宪章》的法律框架范围内，特别是基于《联合国宪章》第 24 条和第 25 条以及第 7 章，安理会可以根据国际法通过设定义务的决议。"这一陈述并不意味着决议具有国际属性，因为效力和内容是一个法律体系的

---

[84] *South West Africa Cases-Second Phase* (*Ethiopia v. South Africa*；*Liberia v. South Africa*)（Preliminary Objections）[1966] ICJ Rep 25.

[85] *South West Africa Cases-Second Phase* (*Ethiopia v. South Africa*；*Liberia v. South Africa*)（Preliminary Objections）[1966] ICJ Rep 32.

[86] Hugh Thirlway, "The Law and Procedure of the International Court of Justice 1960-1989：Part Eight"（1996）67 BYBIL 1, 8.

[87] Carsten Stahn, *The Law and Practice of International Territorial Administration：Versailles to Iraq and beyond*（CUP 2008）（Hereafter Stahn, *International Territorial Administration*）.

[88] *Accordance with international Law of the Unilateral Declaration of Independence in Respect of Kosovo*（Advisory Opinion）[2010] ICJ Rep 403（Hereafter *Kosovo Advisory Opinion*）.

[89] Marc Weller, *Contested Statehood：Kosovos Struggle for Independence*（OUP 2009）.

两个不同方面。[90] 国际法院的相关判例确认了这一点，它总是就决议产生的义务而进行阐释。[91] 法律属性是一个不同于确定决议法律效力的问题，因为决议基本上涉及的是设定国际义务的能力。联合国安理会决议同条约之间的关系，以及特别是终止无期限的决议的途径，一直是文献中广为探讨的主题。[92]

随后，国际法院继而分析如下文书的属性：秘书长特别代表在第1244（1999）号决议的框架下，以联合国科索沃特派团的名义制定的文书，特别是《宪法框架》（第2001/9号条例）。[93] 文书的属性意义重大，因为提交给国际法院的问题仅涵盖关于独立的单方宣言同国际法的兼容性。因而，如果该决议和《宪法框架》不具有国际属性，它们就不在国际法院的管辖权限内。这一论点的依据是下列可能性，即，根据科索沃的法律制度，确定该宣言具有合法性的可能性。[94]

一方面，《宪法框架》不是国际法："显然，人们不能接受这一说法：违反科索沃特派团关于停车罚单的条例，就是违反国际法！"[95] 因此，这份宣言仅在涉及内部宪章性法律时才会是越权行为。[96]

另一方面，对塞尔维亚来说，不认为科索沃特派团制定的条例兼具内

---

[90] 参见本书第7章。

[91] *Legal Consequences*（n 62）; *Questions of Interpretation and Application of the* 1971 *Montreal Convention Arising from the Aerial Incident at Lockerbie*（*Libyan Arab Jamahiriya v. United States of America*）（Provisional Measures）[1992] ICJ Rep 114，126-27，paras 42-44; *Questions of Interpretation and Application of the* 1971 *Montreal Convention Arising from the Aerial Incident at Lockerbie*（*Libyan Arab Jamahiriya v. United States of America*）（*Preliminary Objections*）[1998] ICJ Rep 9（Hereafter Lockerbie 1998）paras 39-41.

[92] Andrea Gioia, "Decisions of the UN Security Council of Indefinite Duration: How to Define the Limits of their Validity" in Peter Hilpold（ed.）, *Kosovo and International Law*（Brill 2012）197; Paolo Palcherti, "Autorites Provisoires de Gouvernement（PISG）*du Kosovo*, Eulex et Onu: Les Principes d'Attribution a l'Epreuve"（2013）46 RBDI 45.

[93] *Constitutional Framework for Provisional Self-Government of Kosovo*, UNMIK/REG/2001/9, 15 May 2001.

[94] Sean D Murphy, "Reflections on the ICJ Advisory Opinion on Kosovo: Interpreting Security Council Resolution 1244（1999）" in Marko Milanovic and Michael Wood（eds.）, *The Law and Politics of the Kosovo Advisory Opinion*（OUP 2015）134.

[95] Marko Milanovic, "Arguing the Kosovo Case" in Marko Milanovic and Michael Wood（eds.）, *The Law and Politics of the Kosovo Advisory Opinion*（OUP 2014）45.

[96] *Kosovo Advisory Opinion*（n 88）"Further Written Contributions of the Authors of the Unilateral Declaration of Independence Regarding the Written Statements"（17 July 2009）paras. 5.66, 5.73, and 6.34.

部性和国际性并没有好的理由。(97) 有评论表明，国际法、《联合国宪章》、1244（1999）号决议和科索沃特派团条例之间的等级关系是一种“国际的和国内的法律规范的混合”(98)。

在其法律论证这一点上，国际法院认为：

> 《宪法框架》的约束力源自第1244（1999）号决议的约束性，进而源自国际法。因此，从这一意义上讲，《宪法框架》具有国际法属性。同时，国际法院认为，《宪法框架》作为根据第1244（1999）号决议建立的特定法律秩序的一部分而运作；该秩序仅在科索沃适用，而且其目的在于，在第1244（1999）号决议规定的临时阶段，处理通常属于国内法而非国际法范畴的事项。(99)

因此，“国际法院得出的结论是，安理会第1244（1999）号决议和《宪法框架》构成其在答复大会征求咨询意见的问题时应当考虑的国际法的一部分”(100)。

在其不同意见中，尤素夫（Yusuf）法官对国际法院的分析提出了质疑。(101) 他认为《宪法框架》具有内部性，并指出权力的来源同条例的性质并不相同。他虽然承认国际行政管理人员以双重身份行事，但没有考虑他们所制定文书的双重属性。他从法律的二元概念出发，排除可能的双重法律属性。

相反，国际法院将该制度识别为一种自成一体的国际法律秩序。(102) 这一观念衍生于第1244（1999）号决议的双重属性。(103) 这是一个双重法律属

(97) ICJ, “Public Sitting Held on Tuesday 1 December 2009, at 10 a. m., at the Peace Palace, President Owada, Presiding, on the Accordance with International Law of the Unilateral Declaration of Independence by the Provisional Institutions of Self-Government of Kosovo (Request for advisory opinion submitted by the General Assembly of the United Nations)” Verbatim Record 2009/24, Serbia Oral Argument, 48, para. 39.

(98) Leopold Von Carlowitz, “UNMIK Lawmaking between Effective Peace Support and Internal Self-Determination” (2003) 41 ADV 336.

(99) *Kosovo Advisory Opinion* (n 88) paras. 88, 89.

(100) *Kosovo Advisory Opinion* (n 88) para. 93.

(101) 关于尤素夫法官的个别意见，参见 Ibid., ICJ Report (2010) 618。

(102) Dov Jecobs and Yannick Radi, “Waiting for Godot: An Analysis of the Advisory Opinion on Kosovo” (2011) 24 LJIL 331.

(103) Dov Jecobs and Yannick Radi, “Waiting for Godot: An Analysis of the Advisory Opinion on Kosovo” (2011) 24 LJIL 343.

性的明确实例。[104] 就国际法院的目的而言，该决议是国际法。然而，该决议的国际属性并不排除其构建一个特定法律秩序的能力。该决议的国际属性可以从其来源（联合国安理会）的性质推导出来，而内部性属性则源于行为本身的属性。[105] 必须注意的是，有人断言在这种情况下双重法律属性并非与该决议有关，而是与源于该决议的文书有关。重构这一思路：作为国际法的联合国安理会第1244（1999）号决议是科索沃特派团第2001/9号条例的法律基础，该条例同时是国际性的和内部性的（对其自身法律体系而言）。尽管如此，第1244（1999）号决议的联合国内部属性仍然存在，而所涉领土的国际行政管理仍然是联合国内部的维和行动。

8.5.3 联合国安理会的反恐决议

联合国安理会的反恐战略是检验作为双重属性实体的国际组织的概念化的实验室。众所周知，安理会的准立法权及其人权影响一直是国际法追问的核心议题。[106] 下面从两个方面进行分析。

第一个方面，安理会决议的纯粹国际属性可以用于论证联合国不承担人权义务。作为纯粹的功能主义实体，联合国不能受人权法的约束。[107] 第一，联合国不是任何人权条约的缔约方。即使文献中曾数次将《联合国宪章》重塑为涵盖该国际组织自身的人权义务的尝试，[108] 但《联合国宪章》中促进和支持尊重人权的义务是设定给成员国而非联合国的。[109] 在纯粹的功能主义概念化下，联合国是一个国家协调平台，该平台不允许移转

---

[104] Erika De Wet, "The Direct Administration of Territories by the United Nations and its Member States in the Post Cold War Era: Legal Bases and Implications for National Law" (2004) 8 MPYUNL 291.

[105] Stahn, *International Territorial Administration* (n 87).

[106] Andrea Bianchi (ed.), *Enforcing International Law Norms against Terrorism* (Bloomsbury 2004); Ben Saul (ed.), *Research Handbook on International Law and Terrorism* (Edward Elgar 2014); Antonios Tzanakopoulos, *Disobeying the Security Council: Countermeasures against Wrongful Sanctions* (OUP 2013).

[107] Samantha Besson, "The Bearers of Human Rights' Duties and Responsibilities for Human Rights: A Quiet (R) Evolution?" (2015) 32 Social Philosophy and Policy 244.

[108] Ian Johnstone, "The UN Security Council, Counterterrorism and Human Rights" in Andrea Bianchi and Alexis Keller (eds.), *Counterterrorism: Democracy's Challenge* (Bloomsbury 2008); Salvatore Zappala, "Reviewing Security Council Measures in the Light of International Human Rights Principles" in Bardo Fassbender (ed.), *Securing Human Rights?: Achievements and Challenges of the UN Security Council* (OUP 2011).

[109] Annalisa Ciampi, *Sanzioni del Consiglio di Sicurezza e Dirittiumani* (Giuffrè 2007) 137.

人权义务。

第二，在约束国际组织尊重国际人权标准时，规则的国际属性限制了习惯国际法的重要性。国际人权规范和国际组织决议之间在人权义务方面的冲突倾向于第二点，即适用后法优于前法原则或特别法原则。

第三，在功能主义概念化下，联合国的法律人格仅限于实现其目标。[110] 因此，联合国不具有承担人权义务的法律能力，因为其职能仅限于促进和支持其目标。该观点属于作为功能主义实体的国际组织不会造成任何损害这一论断。[111]

第四，安理会决议的纯粹国际属性限制联合国对个人行使人权管辖权的能力。虽然本书的主题不允许我深入探讨国家管辖权和人权管辖权之间的差异，[112] 然而我想强调的是，功能主义实体可以轻易地宣称对个人缺乏充分的管辖权。事实上，每项活动的开展都会处于成员国的管辖权之下，而成员国则是国际法的初始主体。

第五，联合国安理会决议的纯粹国际属性意味着其具有将非法的国家行为转变为合法的国家行为的特殊权力。事实上，如果一项决议是国际法，那么《联合国宪章》第 103 条项下的权力将凌驾于联合国成员国所承担的其他人权义务之上。该条与作为致力于合作的一个实体的国际组织的概念密切相关。国际法院在洛克比案中采用了这一立场，断言源自第 748（1992）号决议和第 883（1993）号决议的义务优先于 1971 年《蒙特利尔公约》项下的义务。[113]

第二个方面，在情况要求采取相反的论证策略时，可以采用支持联合国安理会决议为纯粹内部属性的抗辩。第一个假设性论据涉及这一观点，即个人在联合国创建的特定法律体系中不享有法律人格。如果决议是一个特定法律体系的内部法律，那么决定其内部主体的会是法律体系本身。即使国际法的当代状况赋予个人以国际法律体系主体的法律人格，但对于联合国内部法律体系来说，这并不一样。只有国家是联合国的成员，因而，个人仅可以通过国家予以代表。就反恐决议而言，这显而易见；因为实际

---

[110] *Reparation for Injuries*（n 59）.

[111] Jan Klabbers, "Interminable Disagreement: Reflections on the Autonomy of International Organizations"（2019）88 NJIL 111.

[112] Ralph Wilde, "The 'Legal Space' or 'Espace Juridique' of the European Convention on Human Rights: Is it Relevant to Extraterritorial State Action?"（2005）10 EHRLR 115.

[113] *Lockerbie* 1998（n 91）paras. 42-44.

上 2009 年以前只有成员国能够要求将其公民除名。[114] 即使监察员的设立也并不自动赋予个人以任何法律能力,因为监察员仍然是一个由制裁委员会全权裁量的机制。这在反恐议程背景下是明确的;根据该议程,2009 年以前只有国家可以进入除名程序。即使在今天,个人仅享有有限的直接向联合国提出其权利主张的能力。

第二个论据可以从纯粹的宪章主义视角提出,它涉及效力的专属内部性标准。事实上,如果参照的内部制度不包括人权保护制度,我们就不能认为一项决议违背了人权法。在联合国体系内对国际人权法的接纳,将会受机构面纱渗透性方面内部标准的调整。

第三个论据是,在纯粹的宪章主义视角下,联合国安理会将会有能力运用其裁量边际,对个人和集体利益进行平衡。欧洲人权法院创设裁量余地,让宪章秩序的内部必要性具有现实意义。[115] 为了确保人权限制涵盖于裁量边际内,相关行为必须依法确定并符合比例原则。[116] 第一项标准由这一事实满足,即在联合国宪章秩序中,联合国安理会决议是该国际组织的规则。第二项标准意味着在裁量以集体安全为目标的个人制裁的相称性时,安理会留有边际。

第四个论据是,从宪章主义的视角来看,最后一个论据涉及紧急状态下克减条款的适用性。[117] 人权委员会在第 29 号一般性建议中处理了这一问题。对于紧急事件威胁国家生存及其存在应该被正式宣布情形下的克减问题,委员会讨论了《公民权利和政治权利国际公约》第 4 条。在恐怖主义问题上,欧洲人权委员会认为:

> 该条属于对"其国家生存"负有责任的每一缔约国确定其生存

---

[114] Annalisa Ciampi, "Security Council Targeted Sanctions and Human Rights" in Bardo Fassbender (ed.), *Securing Human Rights*?: *Achievements and Challenges of the UN Security Council* (OUP 2011); Lisa Ginsborg, "The United Nation's Security Council's Counter-Terrorism Al-Qaida Sanctions Regime: Resolution 1267 and the 1267 Committee" in Ben Saul (ed.), *Research Handbook on International Law and Terrorism* (Edward Elgar 2014).

[115] *Handyside v. United Kingdom* App no 5493/72 (ECtHR, 7 December 1976); *The Sunday Times v. United Kingdom* App no 6538/74 (ECtHR, 26 April 1979); *Christine Goodwin v. United Kingdom* App no 28957/95 (ECtHR Grand Chamber, 11 July 2002).

[116] Steven Greer, *The Margin of Appreciation*: *Interpretation and Discretion under the European Convention on Human Rights* (Council of Europe 2000).

[117] Angelika Siehr, "Derogation Measures under Article ICCPR, with Special Consideration of the War against International Terrorism" (2004) 47 GYIL 545.

是否受到"公共紧急状态"的威胁；如果是，则它有多大必要性去努力解决这种紧急状态。基于它直接和持续地面对现实的迫切需要这一理由，就紧急状态是否存在以及为应对紧急状态所需克减的性质和范围，国家当局原则上处于比国际法官更好的地位做出决定。因此，在这一问题上应该给国家当局留有充分的裁量边际。[118]

从宪章主义视角来看，同样的论据也可以适用于联合国安理会这一情形，此时安理会被视为一个"国家"当局。

总之，国际组织要么被视为功能性实体要么被视为宪章性实体的这种谬误，极大地影响根据人权法标准限制国际组织行动的可能性。本书第10章将专门从双重法律属性的视角，研究有效性和越权行为的观念。

8.5.4 欧盟的次级规范

在涉及欧盟成员国的投资索赔中，欧盟法律的双重法律属性得到了承认。仲裁庭采用的视角特别有趣，其理由是所涉双边投资条约不属于欧盟法律体系。案情涉及欧盟内部双边投资条约，它们由欧盟中建立了双边国家关系的欧盟成员国签署。

欧盟内部双边投资条约与欧盟法律的最高性以及欧洲法院解释的垄断发生冲突。欧盟委员会许多情况下反对欧盟内部双边投资条约，在 *Eastern Sugar BV* 诉 *The Netherlands* 案[119]中要求终止双边投资条约，而且在 *Eureko* 诉 *Czech Republic* 案[120]中将其定义为一种"欧盟内部市场中的异常"。从欧盟视角来看，主张欧盟内部双边投资条约与其法律制度不兼容的主要原因有三个：(1) 欧盟法律与双边投资条约关于实体性规定方面的潜在差异；(2) 同禁止国家援助的规定完全不兼容；(3) 欧洲法院对欧盟法律的专属管辖权。[121]

---

[118] *Lawless v. Ireland* App No. 332/57（ECtHR, 1 July 1961）.

[119] See EU Commission Letter of 13 January 2006, Quoted in *Eastern Sugar BV* (*Netherlands*) *v. Czech Republic* SCC Case No. 088/2004, Partial Award (27 March 2007) (Hereafter *Eastern Sugar*) para 119.

[120] European Commission Observations, 7 July 2010, Quoted in *Eureko BV v. The Slovak Republic* UNCITRAL, PCA Case No. 2008-13, Award on Jurisdiction, Arbitrability and Suspension (26 October 2010) (Hereafter *Eureko*) para, 177.

[121] Jan Kleinheisterkamp, "European Policy Space in International Investment Law" (2012) 27 ICSID Review 416.

在 *Eastern Sugar* 案中，法庭没有考虑欧盟委员会对法律体系统一性的担忧，断言投资制度与欧盟基本条约之间没有不兼容之处。[122] 此后，相关仲裁庭持续坚持这一结论。显然，对欧洲内整个投资制度来说，一个不同的结果将会是灾难性的；从律师和仲裁员的观点来看，这不足为奇。[123] 在 *Eureko* 案中，法庭承认欧盟法律具有双重属性，指出：它一方面在国际法层面运作，另一方面是国内法的一部分。[124] 在 AES 诉 *Hungary* 案中，法庭明确指出："关于欧洲共同体竞争法制度，它具有双重属性：一方面，它是国际法制度；另一方面，一旦被引入国内法律秩序，它就是国内法律秩序的一部分。"[125] 事实上，就诉讼目的而言，欧盟法律被视为等同于国内法律。[126]

最后，在 *Electrabel* 诉 *Hungary* 案中，双重属性再次成为确定适用法的关键。[127] 法庭首先回顾了其自身作为国际公法所设实体的属性，即，既不是内部性的，也非区域性的。[128] 这意味着，欧盟委员会基于欧盟法律位阶所提出的论证遭到了否认。随后，法庭阐述了欧盟法律的 4 个基本特征。第一个特征是其属性的多重性："欧盟法律是一个独特的法律秩序，根据不同的分析视角呈现不同的面貌。可以从国际社会、一个成员国和欧盟机构的视角，对它进行分析"，因此，"欧盟法律具有多重属性：一方面，它是一个国际法律制度；但另一方面，一旦被引入欧盟成员国的国内法律秩序，它还成为这些国家的国内法律秩序的一部分"[129]。第二个特征是，欧盟法律以国际条约为基础，因而具有国际性。[130] 第三个特征是，欧盟法律是一个属于国际法的法律体系，并没有在基础条约和其他规范之间做出区分。[131] 第四个特征是，"欧盟法律还适用于欧盟成员国的国内法律秩序

---

[122] *Eastern Sugar*（n 119）paras. 120-25.

[123] 这正如原告在 *Eureko* 案中指出的。See *Eureko*（n 120）para. 62.

[124] Ibid. para. 225.

[125] *AES Summit Generation Limited v. Hungary* ICSID Case No. ARB/07/22, Award（23 September 2010）para. 7.6.6.

[126] *AES Summit Generation Limited v. Hungary* ICSID Case No. ARB/07/22, Award（23 September 2010）para. 7.3.4.

[127] *Electrabel SA v. Hungary* ICSID Case No. ARB/07/19.

[128] *Electrabel SA v. Hungary* ICSID Case No. ARB/07/19 4.112.

[129] *Electrabel SA v. Hungary* ICSID Case No. ARB/07/19 4.117-4.118.

[130] *Electrabel SA v. Hungary* ICSID Case No. ARB/07/19 4.120.

[131] *Electrabel SA v. Hungary* ICSID Case No. ARB/07/19 4.122.

这一事实，并没有剥夺欧盟法律的国际法属性"[132]。总之，"国际法和欧盟法律之间在性质上没有根本性区别，这能够合理解释在要求适用国际法相关规则和原则的国际仲裁中，欧盟法律不同于其他国际规则，需要不同对待"[133]。国际属性允许法庭将欧盟法律视为适用法，从而适用协调解释，忽略两种制度之间的不兼容性。只有在不可能这样做的情况下，才会欧盟法律优先。[134] 从 Electrabel 案裁判中得到的教训是，当欧盟法律被认为是国际法时，才可能出现法律之间的冲突。

事实上，欧洲法院在有机会宣布欧盟法律和双边投资条约不兼容时，为了调和欧盟法律体系的自治性和其衍生自国际法，依赖欧盟法律的双重法律属性。[135] 在 Achrnea 案中，欧洲法院断言："鉴于前文第 33 段所提欧盟法律的属性和特征，必须将法律视为<u>既构成每一成员国现行法律的一部分，又源于成员国之间的国际协议</u>。"[136] 第 33 段的内容是：

> 而且，根据法院确立的判例法，欧盟法律相对于其成员国法律和国际法的自治性是由欧盟及其法律的基本特征所证明正当的，尤其与欧盟的宪法框架和欧盟法的本质有关。欧盟法的特征基于它源于一个独立的法律渊源（欧盟基础条约）的事实，基于它优先于其成员国的法律，以及基于它适用于成员国本身及其国民的一整套系列条款的直接影响。这些特点产生了一个由原则、规则以及相互依存的法律关系组成的结构化网络，它对欧盟及其成员国对等约束并且对其成员国相互约束［关于这些，参见 2014 年 12 月 18 日第 2/13 号意见（欧盟加入《欧洲人权公约》），EU：C：2014：2454，第 165—167 段及其所引用的判例法］。

这一论据的起源可以追溯到 Van Gend and Loos 案，法院在该案中关于"欧洲共同体创制了一个新的国际法律秩序"的论断为人熟知。[137] 在欧洲一体化过程中，只有该结论的第一部分对建立一个新的内部法律秩序产

---

[132] *Electrabel SA v. Hungary* ICSID Case No. ARB/07/19 4.124.
[133] *Electrabel SA v. Hungary* ICSID Case No. ARB/07/19 4.126.
[134] *Electrabel SA v. Hungary* ICSID Case No. ARB/07/19 4.191.
[135] Case C-284/16 *Slowakische Republik（Slovak Republic）v. Achmea BV*［2018］ECR 158.
[136] Case C-284/16 *Slowakische Republik（Slovak Republic）v. Achmea BV*［2018］ECR 41.
[137] Case 26/62 *van Gend & Loos v. Nederlandse Administratie der Belastingen*［1963］ECR 1.

生了深远影响。属于（或衍生于）国际法的影响并没有得到充分讨论。*Achmea* 案的裁判提醒我们，欧盟法的国际渊源未被抛弃。

8.5.5 国际民航组织条例

次级规范双重属性的另一个事例涉及国际民用航空组织管理公海上空空中交通的职能。[138]《国际民航组织公约》（又称《芝加哥公约》）的缔约方和非缔约方共享一套统一规则的现实紧迫性不言而喻，而且这已写入《芝加哥公约》第 12 条；该条规定："在公海上空，有效的规则应当为根据本公约制定的规则。"[139] 由于任何国家对公海都没有主权且出于安全考量，所有国家无一例外地遵守同样的条例就不可或缺。这种制定民事行为规则的特殊权力被定义为"有意义"立法。[140] 确定与公海上空飞行有关的国际标准是国际民航组织理事会的立法权。该职能源于那些承认《芝加哥公约》的创始成员国的意愿。在这些情况下，显然需要一个共同的法律制订者。尽管该第 12 条没有包括一项明确的权力规则用来约束非缔约方，它意图对不属于任何缔约方或非缔约方主权范围的空间进行规制。

52 个国家在 1944 年签署了《芝加哥公约》，不久有人士对其特殊立法权的法律基础提出了疑问。[141] 该疑问是：一个非普遍性国际组织如何能够对不得主张主权的水域的上空的空中交通进行规制，而且如今的《联合国海洋法公约》第 87 条规定了公海上空的飞越自由。主要解释依赖于国际法院在损害赔偿咨询意见案[142]中关于该国际组织的客观存在的阐释，它声称非缔约方基于安全考虑会倾向于遵守这些规则。然而，在认为受害的国际组织可以对非成员方提出索赔同主张一个国际组织可以规范非成员

---

[138] Michael Milde, *International Air Law and ICAO* (Eleven International 2008); Ludwig Weber, *International Civil Aviation Organization* (Wolters Kluwer 2007). 下列文献也探讨了这一事例的基础：Lorenzo Gasbarri, "Beyond the Either-Or Paradigm" in Sufyan Droubi and Jean d'Aspremont (eds.), *International Organizations, Non-State Actors, and The Formation of Customary International Law*, Melland Schili Perspectives on International Law (Manchester University Press 2020)。

[139] Edward Yemin, *Legislative Powers in the United Nations and Specialized Agencies* (AW Sijthoff 1969) 146.

[140] Ruwantissa Abeyratne, "Law Making and Decision Making Powers of the ICAO Council-A Critical Analysis" (1992) 41 Zeitschrift fur Luft-und Weltraumrecht 387.

[141] Jean Carroz, "International Legislation on Air Navigation over the High Seas" (1959) 26 Journal of Air Law and Commerce 158.

[142] *Reparation for Injuries* (n 59) 185.

行为两者之间，存在理论上的重要区别。

条约、习惯以及国际组织规则之间耐人寻味的关系，为处理有争议的关于客观制度的观念提供了理由。这里的讨论将围绕国际组织的复杂属性展开。国际法委员会关于习惯国际法形成的结论 12（1）反对存在所谓的"速成习惯"，它指出"国际组织或政府间会议通过的决议本身不能创制习惯国际法规则"[143]。虽然这是一种相对没有争议的立场，但在某些情况下，国际组织寻求对非成员实体的约束，如国际民航组织条例。

客观制度传统上被认为是 1969 年《维也纳条约法公约》第 34 条规定的例外情况，该条编纂了"条约既无损也无益于第三方"的最大公约数[144]。客观制度的主要特征是其创造这种"处境"的能力，即第三方除了承认其存在并履行其义务外，别无选择。在条约法编纂以前，就这一规则的存在进行了热烈的辩论，而这一规则通常被视为国家主权平等的一个危险例外[145]。仅举几例，卢梭（Rousseau）、莫纳科（Monaco）和麦克奈尔（McNair）肯定存在具有普遍性效力的条约，理由是它们在建立赋予以领土特殊地位的新制度方面具有基础性和普遍性的全面影响[146]。

在国际法委员会的背景下，汉弗莱·沃尔多克（Humphrey Waldock）爵士提议将该规则纳入条约法项目[147]。为了显得"客观"，一项

---

[143] ILC, *"Customary law"* (n 36) 147.

[144] 《维也纳条约法公约》（1969 年 5 月 23 日通过，1980 年 1 月 27 日生效；1155 UNTS 331）第 34 条规定："条约非经第三国同意，不得为该国创设义务或权利。"

[145] Malgosia Fitzmaurice, "Third Parties and the Law of Treaties"（2002）6 MPYUNL 37.

[146] Charles Rousseau, *Principles generaux du droit international public* 2（Pedone 1944）452-484; Amold Duncan McNait, *The Law of Treaties*（OUP 1961）311.

[147] 国际法委员会在其报告中提出："（1）一项条约，如果从其条款和缔结情况来看，缔约方的意图是为了普遍利益，建立与一个特定区域、国家、领土、地方、河流、水路有关的，或与一块特定海域、海床或空域有关的一般性义务和权利，则建立了一项客观制度；条件是，缔约方中包括对条约客体—事务拥有领土管辖权的任何国家或任何此类国家已经同意有关规定。（2）（a）非条约缔约方的国家，如果明示或默示同意建立或适用，应当被视为已经接受该项制度。（b）非条约缔约方的国家，如在条约向联合国秘书长登记后 X 年内未对该制度提出抗议或以其他方式表示反对，应当视为已经默示接受该项制度。（3）接受第 1 款所述制度的国家应当——（a）受其所载任何一般性义务的约束；（b）有权援引该项制度的规定并行使其可能赋予的任何一般性权利，但应当符合该项条约的条款和条件。（4）除非该项条约另有规定，第 1 款所述制度只有在明确或默示接受它并对其运作拥有重大利益的国家同意的情况下，条约缔约方才能修正或者撤销。" ILC, "Third report on the law of treaties by Humphrey Waldock"（1964）UN Doc A/CN. 4/167 and Add. 1-3, 26.

制度必须满足 3 项必要条件：是缔约方意图；涉及领土的、海洋的或空气的空间；以及，属于一个缔约方的领土职责范围。[148] 客观制度的存在一直遭受争议，无论是其依赖第三方的必要同意，[149] 抑或其是殖民遗产。[150] 国际法委员会拒绝了沃尔多克的提议，然而国际实践表明这一现象朝着意想不到的方向发展。

就确立边界或"其他领土制度"的条约的重要性，1978 年《关于国家在条约方面的继承的维也纳公约》给予了考量。[151] 另一个经常提到的事例是"区域"国际制度，它由 1994 年协议修改的《联合国海洋法公约》项下的国际海底管理局负责管理。[152] 弗朗西斯科·塞勒尔诺（Francesco Salerno）汇编了关于具有客观属性协议的一份详尽清单。[153] 已经考量这一观念的事例的背景，如 1995 年《养护和管理跨界鱼类种群和高度洄游鱼类种群的协定》[154] 的背景，为了保护某些动物物种[155]或环境[156]，为了确保

---

[148] Carlos Fernandez De Casadevante Romani, "Objective Regine" (2010) MPEPIL.

[149] Philippe Cahier, "Le Problème des Effets des Traites a l'tgard des Etats Tiers" (1974) 143 RCADI 593 (Hereafter Cahier, "Le Problème des Effets").

[150] Christine Chinkin, *Third Parties in International Law* (OUP 1993).

[151] 《关于国家在条约方面的继承的维也纳公约》（1978 年 8 月 23 日通过，1996 年 11 月 6 日生效；1946 UNTS 3）第 11 条规定：

国家继承本身不影响：(a) 条约规定的边界；(b) 条约规定的同边界制度有关的义务和权利。

第 12 条规定：

1. 国家继承本身不影响：(a) 条约为了外国任何领土的利益而订定的有关任何领土的使用或限制使用，并被视为附属于有关领土的各种义务；(b) 条约为了任何领土的利益而订定的有关外国任何领土的使用或限制使用，并被视为附属于有关领土的各种权利。

2. 国家继承本身不影响：(a) 条约为了几个国家或所有国家的利益而订定的有关任何领土的使用或限制使用，并被视为附属于该领土的各种义务；(b) 条约为了几个国家或所有国家的利益而订定的有关任何领土的使用或限制使用，并被视为附属于该领土的各种权利。

3. 本条各项规定不适用于被继承国在国家继承所涉领土上容许设立外国军事基地的条约义务。

[152] Hermann Mosler, "The International Society as a Legal Community" (1974) 140 RCADI 7.

[153] Francesco Salerno, "Treaties Establishing Objective Regimes" in Enzo Cannizzaro (ed.), *The Law of Treaties beyond the Vienna Convention* (OUP 2011).

[154] Jose Antonio de Yturriaga, *The International Regime of Fisheries: From UNCLOS 1982 to the Presential Sea* (Nijhoff 1997) 164.

[155] 例如，《国际捕鲸管制公约》（1946 年 12 月 2 日通过，1948 年 11 月 10 日生效；161 UNTS 72）。Craig L Carr and Gary L Scott, "Multilateral Treaties and the Environment: A Case Study in the Formation of Customary International Law" (1998) 27 DJILP 313.

[156] David M. Ong, "International Environmental Law's 'Customary' Dilemma: Betwixt General Principles and Treaty Rules" (2006) 1 TYIL 3.

第 8 章 实践中的双重法律属性

国际和平或裁军⑮,为了应对毒品贩运⑱,为了规制国际通信⑲,为了界定所谓海洋公墓的地位⑯;又如,人权条约的背景⑯。

为了阐述客观制度的法律基础,人们提出了数个论点。⑯ 西玛(Simma)在探讨南极条约体系时考量了三种主要立场。⑯ 第一种以条约法路径为基础,认为客观制度是非缔约国不受约束规则的一个例外。基于国家同意的最高地位以及不能将第三方的沉默视为其同意的事实,他对这一理论不未予理会。第二种的可能法律基础是"公法理论",它建立在某些国家制定约束第三国的制度的准立法权之上。西玛从七个方面反驳了这一理论,主要涉及主权平等和南极洲条约的不兼容情势。第三种也是最后一种,是他描述的"嗣后实践路径";根据这一路径,关于习惯国际法、承认、禁止反言以及默许的程序或进程能够将一项契约制度转变为一项客观制度。他摒弃了这一理论,而且最后对这种制度的客观属性提出了异议,认为它与南极洲条约并不兼容。在这种理论背景下,存在一个毋庸置疑和无法逾越的论点,这就是国际组织规则并不创制速成习惯。

条约法和习惯之间的相互作用让最后一项理论对于本章目的具有重要的意义。1969 年《维也纳条约法公约》第 38 条规定,该条约规定的规则可以作为习惯对第三国产生约束力。⑯ 这是一项保留条款,旨在避免关于习惯国际法形成的任何结论。⑯ 因此,这项规定明确区分了对条约缔约国具有约束力的规则以及作为习惯国际法对第三方具有约束力的规则,而且

---

⑮ Theodor Schweisturth, "International Treaties and Third States" (1985) 45 Zeitschrift für ausländisches öffentliches Recht und Völkerrecht 653.

⑱ Cahier, "Le problème des effets" (n 149) 654-655.

⑲ Jean-françois Prevost, *Les Effets des traites conclus entre Etats à l'égard des Etats tiers* (Dphil thesis, Paris 1973), 424ss.

⑯ Jan Klabbers, "Les cimetières marins sont-ils établis comme des régimes objectifs? A propos de l'accord sur l'épave de M/S Estonia" (1997) Espaces et Resources Maritimes 121.

⑯ Malcolm N Shaw, *International Law* (6th edn, CUP 2008) 981.

⑯ Surya P Subedi, "The Doctrine of Objective Regimes in International Law and the Competence of the United Nations to Impose Territorial or Peace Settlements on States" (1994) 37 GYIL 162, 174.

⑯ Bruno Simma, "The Antarctic Treaty as a Treaty Providing for an Objective Regime" (1986) 19 Cornell International Law Journal 189.

⑯ 《维也纳条约法公约》第 38 条规定:"第 34 条至第 37 条的规定不妨碍条约所载规则成为对第三国有拘束力的公认习惯国际法规则。"

⑯ Giorgio Gaja, "Article 38" in Olivier Corten and Pierre Klein (eds.), *The Vienna Conventions on the Law of Treaties: A Commentary* (OUP 2011) 949.

仅涉及条约规定以后产生的习惯规则。第 38 条没有编纂新习惯国际法形成的程序。它规定习惯的发展不因条约的存在而排除。⑯ 马克·维利格尔（Mark Villiger）认为，客观制度并不源于传统规则，因为条约对非缔约方不产生法律效力。首先，非缔约方因规则的说服力而遵守规则，而且随着习惯法的形成，"成文规则生成习惯国际法的过程是最接近国际法所产出的真正立法"⑯。其次，国际组织不创制速成习惯，但是习惯法可以从中独立发展。这是国际法委员会的立场，即国际组织决议可以为确定习惯法的存在和内容提供证据。⑯

通过探讨客观制度、条约法和习惯法之间的关系，可以更好地理解国际组织的复杂属性。事实上，为了让联合国能够对非成员国提出索赔，国际法院在损害赔偿咨询意见案中使用了一个类似于客观制度的概念。国际法院认为，"代表国际社会绝大多数成员的 50 个国家，在符合国际法的情况下，有权建立一个拥有客观国际人格的而不是仅为它们自己承认人格的，同时具有提出国际索赔能力的实体"⑯。显然，国际组织并没有创建特别报告员沃尔多克设想意义上的客观制度。然而，与此相似的是，第三方不能轻易否认一个新实体的存在。第三方受制于他们并非缔约方的条约所产生的法律效力。

双重法律属性解释了：国际组织规则如何不形成速成习惯，但在某些情况下约束第三方。就国际组织决议和来自机构条约载现的成员国意志的其他规则而言，功能主义概念化得到了适用。作为补充，宪章主义概念化解释了机构条约如何通过其规则发展约束第三方的习惯性权力。作为建立在其成员国意志上的实体，同时还作为建立在习惯国际法本身之上的实体，国际组织促进习惯国际法的形成。芬恩·塞尔斯特德（Finn Seyersted）认为，如果存在一项通用于国际组织的法律，那就一定能在习惯国际法中找到它。⑰ 然而，他关于内部和外部法律的区分，并没有反映

---

⑯ Mark Eugen Villiger, *Customary International Law and Treaties：A Study of their Interactions and Interrelations, with Special Consideration of the 1969 Vienna Convention on the Law of Treaties* (Brill 1985) 183.

⑯ Mark Eugen Villiger, *Customary International Law and Treaties：A Study of their Interactions and Interrelations, with Special Consideration of the 1969 Vienna Convention on the Law of Treaties* (Brill 1985) 197.

⑯ ILC, "Customary law" (n 36) Conclusion 12 (2).

⑯ *Reparation for Injuries* (n 59) 185.

⑰ Seyersted, *Common Law* (n 19) 21.

国际组织同其成员国以及第三国之间的复杂关系。通过关注国家中心视角下的内部性或者组织中心视角下的外部性，他的区分再现了矛盾心理的动态。相反，目前对这种二元思维异常情况的关注，揭示了国际组织作为双重实体的属性。

国际组织规则（如国际民航组织条例）并没有作为通例之证明而经接受为法律，因而并不约束第三方。它们不是速成习惯。然而，经由国际组织作为通例接受为法律以及国家的同样接受，第12条载现的权力可以成为习惯法本身。这正是《芝加哥公约》第12条能够发展成为一项习惯国际法规则的原因。

这一事例说明了国际组织的这两个概念是如何相互作用的。作为其成员国创建的实体以及通过制定一些源于习惯法规则的客观制度，国际民航组织促进了习惯法的形成。成员国于国际组织内的实践和法律确信同国际组织自身的实践之间并无区别。如今，国际民航组织的准普遍成员资格验证了留在规范制定中心之处的代价。

8.6　司法裁决

在《国际组织责任条款草案》所采用的规则定义中提及了司法裁决。[171] 对于将司法裁决纳入定义的重要性，主要为国际组织自己在其评论中强调。特别是，欧盟认为：

> 欧洲法院和原诉法院的判例法尤其重要。它为共同体与其成员国之间的责任分担提供重要指南。因而应当强调的是，对"国际组织的既定实践"这一概念必须广义地理解为包括国际组织法院的判例法。因此，我们建议或在文本中通过写明"国际组织的既定实践（包括其法院的判例法）"的方法，或通过在定义草案评注中解释这一点的方法，明确这一点。[172]

显然，由建构文书或次级规范设立的司法机关有助于机构规范的形成

---

[171]　ARIO（n 1）.

[172]　Comments 2004（n 56）15.

以及机构法律体系的发展。⑬

相反，在许多情况下，司法裁判遭到忽视，或者至少难以执行。例如，国际法院接纳一国加入联合国的条件咨询意见案⑭的咨询意见，被苏联完全无视。拒绝分摊首批维和任务费用的问题，只有在外交努力后才找到了解决方案，而基础性的联合国某些经费咨询意见案的咨询意见却相关性有限。⑮

毫无疑问，内部争端解决机制促进建立了一种争诉各方为其法律主体的内部秩序。然而，建构文书包括了多样的司法机关模式，从准宪章法院特征的（如欧洲法院）到双边争端解决制度的（如国际法院），不尽相同。基于司法机关是自治的国际属性还是功能的内部属性，阿默拉星赫将它们分为两类。⑯ 谢尔默斯（Schermers）和布洛克尔（Blokker）通过次级规范之间的类比来讨论司法裁判，进而对其内部和外部影响加以区别。⑰ 例如，国际法院是联合国的机关之一，有权对可以提交其审理的无论是联合国内部或者外部的案件作出裁判。对于国际组织规则，可以提交国际法院裁判关于其内部效力（如总部协定）⑱或外部效力（如国际人格）的案件⑲。司法裁决的双重法律属性致使司法机关成为《联合国宪章》第 33 条所规定国际争端解决的工具，以及内部争端解决的工具。谢尔默斯和布洛克尔认为，司法机关在四个方面影响国际组织的内部运作：宪章文书的效力，劳动关系，成员国国内制度的调和以及国际私法的适用。⑳ 外部/内部二分法如何变得模糊不清，显而易见。例如，常设国际法院和国际法院的裁决具有明显的双重属性，这证明国际组织规则同时具有国际和内部属性。

---

⑬ Elihu Lauterpacht, "The Development of the Law of International Organization by the Decisions of International Tribunals" (1976) 152 RCADI 383.

⑭ *Conditions of Admission of a State to Membership in the United Nations (Article 4 of the Charter)* (Advisory Opinion) [1948] ICJ Rep 57.

⑮ *Certain Expenses* (n 2).

⑯ Amerasinghe, *Principles* (n 18) 217.

⑰ Henry G. Schermers and Niels M. Blokker, *Institutional Law: Unity Within Diversity* (Nijhoff 2011) (Hereafter Schermers and Blokker, *Institutional Law*) para. 597.

⑱ *Applicability of the Obligation to Arbitrate Under Section 21 of the United Nations Headquarters Agreement of 26 June 1947* (Advisory Opinion) [1988] ICJ Rep 12.

⑲ *Reparation for Injuries* (n 59).

⑳ Schermers and Blokker, *Institutional Law* (n 177) para. 598.

8.7 与成员和非成员之间的条约

在《国际组织责任条款草案》评注中,国际组织同第三方缔结的国际协议被明确地作为内部和双重义务的来源而提及。⑱ 特别是,在不清楚国际组织作出的决定是源自其建构文书的次级规范还是它与有关国家达成的协议时,双重属性显而易见。⑫ 就欧洲合作组织作出的决定而言,欧洲法院就面临这一问题。欧洲法院1975年认为这些决定是国际协议。⑬ 之后,在欧洲合作组织转变为经合组织后,它裁定这些决定作为经合组织同第三方签订的国际协议而对成员国和欧盟具有约束力。⑭ 相反,国际法委员会认为这些决定是行政行为,仅对国际组织的机关而非其整体具有约束力。⑮

在世界银行同其成员国所签贷款协议的背景下,对于国际协议和内部规则之间的难以区分,也进行过讨论。⑯ 世界银行同私人实体、国家和其他国际组织签订贷款协议,构成了世界银行的主要活动。问题是,它们是受国际法⑰,还是国内法⑱,抑或世界银行内部法律体系⑲的调整?另一个事例涉及联合国同其成员国在维和行动背景下签订的协议。如果这些协议是国际协议,则派遣国被视为同联合国发生关系的第三方;如果这些协议是内部法律,则派遣国被视为联合国的机关。显然,为确立国际责任的目的,行为归结问题的重要性不言而喻。⑳

---

⑱ ARIO (n 1) 11.

⑫ Gaja and Adinolfi, *Introduzione* (n 51).

⑬ *Opinion* 1/75 [1994] ECR I 355.

⑭ *Opinion* 2/92 [1995] ECR I 525.

⑮ Case C–327/91 *France v. Commission* [1994] ECR I 3641; Christine Kaddous, "L'arret France c. Commission de 1994 (accord concurrence) et le controle de la "legalite" des accords externes en Vertu de l'art. 173 CE: la Difficile Reconciliation de l'orthodoxie Communautaire avec l'orthodoxie Internationale" (1996) Cahiers de Droit Europeen 613.

⑯ Simone Vezzani, *Gli Accordi Delle Organizzazioni del Gruppo della Banca Mondiale* (Giappichelli 2011) (hereafter Vezzani, *Gli accordi*).

⑰ Amerasinghe, *Principles* (n 18) 240.

⑱ Luigi Ferrari Bravo, "Le operazioni Finanziarie Degli enti Internazionali" (1965) ADT 80.

⑲ Vezzani, *Gli Accordi* (n 186).

⑳ Y Chen, "Attribution, Causation and Responsibility of International Organizations" in Dan Sarooshi (ed.), *Remedies and Responsibility for the Actions of International Organizations* (Brill 2014). 参见本书第11章。

我使用的最后一个事例是阐释处理国际组织双重法律属性的困难，它涉及所谓的"欧盟—土耳其移民声明"。2017年，欧盟法院之综合法院判定自己缺乏审理基于《欧盟移民法》第263条所提申请的管辖权，案涉申请寻求废除"2016年3月18日欧盟—土耳其声明"[191]。特别是，它主张"不管它是否构成……一项能够产生具有约束力的法律效果的措施，以第144/16号新闻稿方式发布的欧盟—土耳其声明，不能视为欧洲理事会决定的措施或者说，进而，也不能视为欧盟任何其他机构、机关、办公室或局署决定的措施"[192]。总之，综合法院认为，第144/16号新闻稿中的"欧洲理事会成员"表述和"欧盟"缩写都并不指欧盟本身，而是仅指其成员国。土耳其一方仅会见了欧盟各国的国家元首或政府首脑，而欧盟委员会主席和欧洲理事会主席则是在没有"正式邀请"的情况下参加了会议。[193]

根据这一逻辑推论，成员国的代表在某些情况下可以见风使舵或出尔反尔，有权决定是以自己的还是以国际组织的名义行事。本节将由两条主要评论总结：一是事关欧盟法院之综合法院的命令与欧盟特殊属性的理论不兼容性；二是涉及基于其双重属性的国际组织概念取代特殊主义的必要性。

综合法院的命令揭示了欧盟例外论于国际法上的反复无常。[194] 如前所述，适用于欧盟的特殊主义理论依赖于其专属职能的归属，以此主张新的法律体系的发展并不源自国际法；在这一体系中，成员国是国际组织的机关，该体系的法律不是国际性的。它最为常见的表现是在责任（主张基于专属职能的责任归属）和行为的无效性（主张欧盟法规不像联合国安理会决议那样是国际法）两个方面。

欧盟的特殊属性与欧盟法院之综合法院在欧盟—土耳其声明中采用的国际组织概念并不兼容。事实上，法院的法令展现了欧盟是如何运用机会主义修改其法律体系的开放性。成员国国家元首或政府首脑可以独立于欧盟法律体系的事实，背离了特殊主义理论的基本支柱。正如 Kadi 案判决所述："无论是其成员国还是其机构都不能回避审查其行为是否符合基本

---

[191] Case T-192/16 *NF v. European Council* [2017].
[192] Case T-192/16 *NF v. European Council* [2017] para. 71.
[193] Case T-192/16 *NF v. European Council* [2017] para. 67.
[194] Turkuler Isiksel, "European Exceptionalism and the EU's Accession to the ECHIR" (2016) 27 EJIL 565. 参见本书第5章。

的宪章《欧共体条约》，该条约建立了一个完备的法律救济及程序体系，旨在使法院能够审查机构行为的合法性。"[195] 若如综合法院所主张，欧洲理事会（或成员国国家元首或政府首脑）有权决定某一行为是归于国际组织还是其成员国，那么法律救济体系就很不完善。

综合法院法令的效果是，在某些情况下，成员国通过强调国际组织法律体系的自治性而隐藏于欧盟背后；而在其他情况下，成员国则揭开自己的面纱，作为有权对国际组织实施控制的国际行为者出现。

然而，综合法院适用的国际组织的功能概念并不能不加区分地适用。事实上，欧盟不能被视为一个由其成员国驱使的、没有自治意志的机构。通过声明任何国际组织的某些事项只是内部的而其余的则属于外部的或国际的，这一问题通常能够得到解决。在国际性问题上，国际组织更愿意是公开透明的并由成员国领导的；而在内部性问题上，则更愿意是隐晦模糊的并由其自治意志领导的。这并不能解决问题，因为问题会被危险的这一界限问题取代：国际组织的自治止于何处？成员国的意志始于何处？此前，我在非正式主义理论的背景下讨论过这一问题。[196]

双重法律属性意味着，成员国在一国际组织内所为不能与该组织所为区分开来，而这取决于成员国与该国际组织的共存。应该认识到，一方面，正如综合法院的命令所主张的，国际组织不是成员国在其框架内所订协议的第三方；另一方面，正如特殊主义所要求的，国际组织所订协议并不直接约束成员国。法学理论显然无法解释这种关系，但它可以通过摒弃非此即彼的思维模式以及基于国际组织双重属性的理论研究来解决这一问题。[197]

在欧盟—土耳其声明的背景下，欧盟的双重属性可以这样解释：该声明的谈判是在摒弃关于国际组织法律秩序非此即彼的视角的背景下进行的。欧盟—土耳其声明是由欧盟成员国谈判的，同时也是由欧洲理事会谈判的。但这并不意味着成员国受欧盟所订协议的约束，反之亦然。该声明甚至不是一项混合协议，成员国和欧盟都根据该声明缔结条约。双重法律属性意味着，当于国际组织框架内缔结一项协议时，成员国从未缺席，它

---

[195] Joined Cases C-402-05 P and C-415/05 P *Yassin Abdullah Kadi and Al Barakaat International Foundation v. Council of the European Union and Commission of the European Communities* [2008] ECR I 6351, para. 281.

[196] 参见本书第4章。

[197] 参见本书第9章。

们采取间接立场。下一章将在条约法背景下讨论双重属性。

8.8 小结

本章更为深入细致地研究了这样一些事例，国际组织规则的双重法律属性可以为传统辩论（例如，委任统治的法律属性）带来新的启示，或者为实践和学界所认可（例如，国际领土管理的法律属性）。这些事例并非详尽无遗，之所以选择它们，是考虑到多样性以及支撑我结论的能力这两个方面。笔者的基本主张是，所有国际组织订立的所有规则都具有双重法律属性，无须区分组织或规则的类型。

第 9 章 条约法

"国际法不是规则的简单堆积。它是一个规范体系。"罗莎琳·希金斯（Rosalyn Higgins）以此作为她在海牙国际法学院所讲基础课程的开篇。① 可以同样用它来描述国际组织：每一国际组织规则都不仅是规则的简单堆积，它们所订规则是持续发展、相互重叠、彼此衔接的规范体系。截至目前，本书采用一种静态视角来描述国际法的现状。基于国际组织所订法律及其法律体系的规范性质量，笔者给出了国际组织的一个定义。在法律多元化的框架内，双重法律属性有利于将国际组织概念化；在这一框架中，法律体系之间的关系具有基础性的优先地位。本章和随后两章将讨论双重法律属性的实际效果。

首先，我将聚焦条约法，讨论如何协调透明的机构面纱与"单维的"条约法。其次聚焦越权行为的无效性，讨论如何协调国际组织法国际性的与内部性的法律基础。最后聚焦国际责任，讨论如何协调国际组织与其成员国之间的关系。这三个主题遵循最初由伊莱休·劳特派特（Elihu Lauterpacht）起草的关于"不法行为效力"的经典区分。② 显然，三者之间相互关联：条约的无效性可能源于规则的无效；规则的无效可能引起责任；责任可能源于违反条约义务。

本书旨在描述国际组织的双重属性如何具有实际意义，它在厘清国际组织活动的某些方面如何有益。最后将提出这样一个简化的法律框架，克服当前的导致依赖于这个或者那个国际组织概念的复杂性以及辩论性的机会主义。

---

① Rosalyn Higgins, *Problems and Process: International Law and How We Use It* (OUP 1994) 1.
② Elihu Lauterpacht, "The Legal Effect of Illegal Acts of International Organizations" in *Cambridge Essays in International Law Essays in Honour of Lord McNair* (Stevens & Sons 1965).

9.1 条约法上的国际组织

9.1.1 《1969 年维也纳公约》

缺乏一个所有人都同意的国际组织定义，反映在联合国国际法委员会的条约法工作之中。这项工作的成果是《1969 年维也纳公约》和《1986 年维也纳公约》。最初，对于是国家缔结的还是国际组织缔结的条约，国际法委员会并未区分。③ 特别报告员詹姆斯·布赖尔利（James Brierly）、赫希·劳特派特（Hersch Lauterpacht）、杰拉尔德·菲茨莫里斯（Gerald Fitzmaurice）和汉弗莱·沃尔多克（Humphrey Waldock）在他们的初步报告中都涵盖了国际组织。④ 然而，国际法委员会遇到了两项主要困境，这就是国际组织的定义以及其缔结条约能力的来源。

特别是，对于能否写入适用于所有国际组织的一般性条款，国际法委员会没有自信。凯瑟琳·布罗尔曼（Catherine Biölmann）指出，国际法委员会面临的困境以及是否应该在条款草案中写入国际组织的不确定性，反映了国际组织透明的机构面纱不易被条约法涵盖。⑤ 为了涵盖国际组织，国际法委员会不得不作出它不愿意处理事项的两项决定：第一项涉及是否有可能设想适用于所有国际组织的一个一般性框架；第二项是国际组织是否可以被视同为国家，或者是否仅是被赋予有限缔结条约能力的代理人。

1950 年，布赖尔利将国际组织界定为"根据条约建立的拥有共同机关的国家联盟"⑥。他认为，国际组织这一术语虽然"模糊不清"，但它包括了联合国及其所有专门机构以及区域性国际组织。尽管有不少定义，但他仍然采用了这种概念：国际组织是不同于其成员国的单独的和独立的实

---

③ ILC, "Draft Articles on the Law of Treaties with Commentaries" (1966) UN Doc A/21/9 (hereafter ILC, "Law of Treaties") 187, para 2.

④ 詹姆斯·布赖尔利于 1949 年被任命（1950—1952 年有三份报告）；赫希·劳特派特于 1952 年被任命（1953 年和 1954 年分别两份报告）；杰拉尔德·菲茨莫里斯于 1955 年被任命（1956—1960 年有五份报告）；汉弗莱·沃尔多克于 1961 年被任命（1962—1966 年有六份报告）。关于国际法委员会如何处理国际组织的问题，参见 Shabtai Rosenne, *The Law of Treaties*: *A Guide to the Legislative History of the Vienna Convention* (Brill 1970)。

⑤ Catherine Brölmann, *The Institutional Veil in Public International Law*: *International Organisations and the Law of Treaties* (Hart 2007) (Hereafter Brölmann, *The Institutional Veil*) 173.

⑥ ILC, "First Report on the law of treaties by James L. Brierly" (1950) UN Doc A/CN.4/23, 223.

体。这符合宪章性概念化。事实上，他主张国家和国际组织都具有缔结条约的一般能力，尽管这种能力可能受制于宪章性条款。在他提出这一建议时，国际法委员会倾向于回避缔结条约的一般能力问题。⑦

1953年，劳特派特没有将国际组织定义写入其条款草案，但强调条约是国家（其中包括"国家间组织"）之间的协议。⑧ 在第1款评注中，他认为："国家可以行使其缔结条约能力，无论是单独的，抑或是根据条约所建立的国际组织而集体行动时"，而且：

> "国家间组织"一词此处意为"国际组织"的同义词，后者被视为根据国家之间条约所创建的实体，其成员主要由拥有自己常设机关的国家组成，而且其国际人格要么根据其宪章性文书的条款而得到承认，要么基于其与一国缔结的条约而得到明确的承认。⑨

这一定义与布赖尔利的建议截然不同，认为国际组织是国家根据条约创建的集体机关。在此，功能主义的观点显然占主导地位。

1956年，菲茨莫里斯提出了一个不同的国际组织定义，这就是："根据条约建立的国家集合体，有其组织宪章和共同机关，拥有不同于其成员国的人格，并且是具有缔结条约能力的国际法主体"；尽管他承认将国际组织写入条款草案的决定具有临时性质。⑩ 这一定义包括三项基本要素：国际组织的条约基础、机构要素以及独立实体。这反映了那些年形成的定义抽象化。⑪ 然而，这一定义并没有界定缔结条约能力是否像宪章性理论所要求的那样具有普遍性，或者在其职能归属的基础上有所限制并且是以功能主义和成员国的意志为基础。

1959年，菲茨莫里斯决定从条款草案中删除他的国际组织定义。⑫ 他采用了与国际法委员会工作相一致的路径；根据这一路径，"已经决定首

---

⑦ ILC, "Summary Record of the 98th Meeting" (1951) UN Doc A/CN.4/SR.98, 136.

⑧ ILC, "First Report on the Law of Treaties by Hersch Lauterpacht" (1953) UN Doc A/CN.4/63, art 1.

⑨ ILC, "First Report on the Law of Treaties by Hersch Lauterpacht" (1953) UN Doc A/CN.4/63, art 96, 99.

⑩ ILC, "First Report on the Law of Treaties by Gerald G. Fitzmaurice" (1956) UN Doc A/CN.4/101, 108.

⑪ Paul Reuter, *International Institutions* (Allen & Unwin 1958) 195.

⑫ ILC, "Summary Record of the 480th Meeting" (1959) UN Doc A/CN.4/SR.480, para.9.

先讨论严格适用于国家间关系的准则，随后讨论需要对准则进行修改或补充的地方，以涵盖国际组织成为缔约方的条约"⑬。

1962年，沃尔多克的第一份报告反对国际法委员会不讨论国际组织缔结条约能力的决定，并认为有必要将关于国际组织的若干条款写作单独的一章。⑭ 他暂且在第3（4）条中写入了一项关于缔结条约能力的功能主义提法："如果并且在某种程度上，这种缔结条约能力在规定相关国际组织或国际组织的宪章以及职能的一项或多项文书中是明文规定的或者必然隐含的，那么，国际组织和国际机构也拥有成为条约缔约方的国际能力，它们在国际法上具有独立的法律人格。"

国际法委员会保留了沃尔多克提议的关于缔结条约能力的条款，但重申其这一态度："在委员会就国家缔结条约的草案取得进一步进展之前"，讨论国际组织是不合适的。⑮ 在他的第二次报告中，特别报告员沃尔多克讨论了条约的有效性并写入了一些条款，考虑国际组织内所缔结条约的或其组织机构所缔结条约的特殊属性。⑯ 第14条"与先订条约的冲突"在第3款第1项规定："当先订条约是一个包括限制其成员国在修改宪章性条约或任何特定事项方面的缔结条约权力的条款的国际组织宪章性文书时，第1款和第2款不得与任何可能导致无效性的问题相抵触。"⑰ 第17条"没有期限或终止条款的条约"在其第3款第2项规定：

> 如果一项条约是某一国际组织的宪章性文书，除非该组织的惯例另有规定，一缔约方应当有权通过发出一项通知，退出该条约和该组织，而该组织的主管机关应当根据其适用的表决程序，决定该通知是否适当。⑱

---

⑬ ILC, "Summary Record of the 480th Meeting" (1959) UN Doc A/CN. 4/SR. 480, para. 9.

⑭ ILC, "First Report on the Law of Treaties by Humphrey Waldock" UN Doc A/CN. 4/144 and Add. 1, 30.

⑮ ILC, "Report of the International Law Commission on the Work of its 14th Session" (24 April-29 June 1962) UN Doc A/CN. 4/148, para. 21–161.

⑯ ILC, "Second Report on the Law of Treaties by Humphrey Wialdock" (1963) UN Doc A/CN. 4/156 and Add. 1–3.

⑰ ILC, "Second Report on the Law of Treaties by Humphrey Wialdock" (1963) UN Doc A/CN. 4/156 and Add. 54.

⑱ ILC, "Second Report on the Law of Treaties by Humphrey Wialdock" (1963) UN Doc A/CN. 4/156 and Add. 64.

第 18 条"根据嗣后协议终止条约"规定,可以随时终止条约:

(a) 如果一项条约是在有关国家或国际组织召开的国际会议上订立,则应当经不少于 2/3 多数的订约国家同意,其中应当包括已经成为该条约缔约方的国家,但是自条约订立之日起已经过 X 年的,则应当仅需经条约缔约国的同意。

(b) 如果一项条约是在某一国际组织内起草,则根据该组织的主管机关的决定,决定应当根据该机关适用的表决规则予以通过。[19]

最后,第 22 条"情势变更原则"为"(3) 作为国际组织宪章性文书的条约"确立了一项例外。[20]

国际法委员会认为,对于宪章性文书以及国际组织内缔结的条约,都应该通过一项一般性条款的方式,将其排除在条款草案的适用范围外。[21] 沃尔多克采纳了这一建议,并在他的第四次报告中起草了一项一般性条款。该条款首次提及"国际组织规则"这一概念:"本条款草案(除 31—37 条和第 45 条外)对作为国际组织宪章性文书的条约或者国际组织起草的条约的适用,应当遵守既有的相应国际组织规则。"[22]

这是保留在最终草案和《1969 年维也纳公约》中的对国际组织的仅有规定。最终草案第 4 条包括这样一项条款,考虑作为国际组织宪章性文书的条约或是国际组织内谈判所产生的条约的特殊性质:"本条款草案对作为国际组织宪章性文书的条约或者国际组织通过的条约的适用,应当遵守任何相应的国际组织规则。"[23] 因此,第 2(1)(9) 条规定了这一简要定义:"'国际组织'者,谓政府间之组织。"[24] 评注解释写入这一定义是

---

[19] ILC, "Second Report on the Law of Treaties by Humphrey Wialdock" (1963) UN Doc A/CN.4/156 and Add. 70.

[20] ILC, "Second Report on the Law of Treaties by Humphrey Wialdock" (1963) UN Doc A/CN.4/156 and Add. 80.

[21] ILC, "Summary Record of the 692nd Meeting" (1963) UN Doc A/CN.4/SR. 692; ILC, "Report of the International Law Commission on the Work of its 15th Session" (1963) UN DocA/CN.4/163, 213.

[22] ILC, "Fourth Report on the Law of Treaties by Humphrey Waldock" (1965) UN Doc A/CN.4/177 and Add. l&2, 18.

[23] ILC, "Law of Treaties" (n 3).

[24] ILC, "Law of Treaties" (n 3).

为了将非政府组织规则的相关问题排除在第 4 条范围外。

然而，维也纳条约法会议大幅度修改了该条的适用范围。《1969 年维也纳公约》第 5 条规定："本公约适用于为一国际组织组织约章之任何条约及在一国际组织内议定之任何条约，但对该组织任何有关规则并无妨碍。"这一修改对于分析该条所提出的特别法与一般法之间的关系具有基础性意义。虽然国际法委员会对条款草案中的国际法编纂和国际组织的宪章性框架进行了区分，但《1969 年维也纳公约》规定在国际组织规则不够详尽的任何情况下，可"退而求其次"，适用国际法。

9.1.2 《1986 年维也纳公约》

早在 1969 年，联合国大会建议对国际组织缔结条约这一主题进行研究；㉕ 三年后，保罗·路透（Paul Reuter）被任命为特别报告员㉖。不足为奇的是，国际法委员会工作以同样的两个并未解答的问题为特征：国际组织是否相似于国家？是否有可能设计适用于每一国际组织的一般性监管框架？国际法委员会的路径是以这一策略回避这两个问题：声称其工作目标不是界定国际组织在国际法上的地位，而是规制条约制度。㉗ 因此，国际组织定义要尽可能笼统，因而保留了《1969 年维也纳公约》的表述："'国际组织'者，谓政府间之组织。"㉘ 然而，条约制度不可避免地受其缔结主体地位的影响，国际法委员会精心设计了"国际组织规则"（rule of international organization）这一"路路通"概念，于每次制定一般性制度的可能性受国际组织概念的影响时予以适用。

在他的第一次报告中，保罗·路透强调了界定国际组织规则的重要性，因为它影响制定一般性制度的可能性。他认为，保留"遵守任何相

㉕ 《国际法委员会报告及关于维也纳条约法公约第 1 条之决议》[UNGA Res 2501 (XXIV), 12 November 1969]。在第 5 段，大会"建议国际法委员会依其惯例斟酌情形，商同各主要国际组织将各国与国际组织之间或者两个以上国际组织之间所订条约之问题视为重要问题从事研究"。

㉖ ILC, "Summary Record of the 1129th Meeting" (1971) UN Doc A/CN. 4/Ser. A/1971, para. 53.

㉗ ILC, "Draft Articles on the Law of Treaties between States and International Organizations or between International Organizations with Commentaries" (1982) UN Doc A/37/10 (hereafter ILC, "Law of Treaties International Organizations") 20, para. 21.

㉘ ILC, "Draft Articles on the Law of Treaties between States and International Organizations or between International Organizations with Commentaries" (1982) UN Doc A/37/10 (hereafter ILC, "Law of Treaties International Organizations") 20, para. 18.

应的国际组织规则"是编纂国际组织法最低限度的要求。㉙ 在第二次报告中,他强调国际组织和政府评论的重要性,因这些评论界定每一国际组织的特别法规则。㉚ 在他的第三次报告中,保罗·路透强调每一国际组织都制定其宪章性框架以及无法一般性地描述其特定规则内容的事实。㉛ 遵循这一路径,最终草案包括多项关于国际组织规则的规定。

第 5 条涉及一般性保留,它还被写入了《1969 年维也纳公约》第 5 条这一平行条款,并在规则规定特殊制度的情况下排除一般性框架的适用:"本公约适用于为一国际组织组织约章之任何条约及在一国际组织内议定之任何条约,但对该组织任何有关规则并无妨碍。"㉜《1986 年维也纳公约》第 6 条包括关于国际组织缔结条约能力的基础性规定:"国际组织的缔结条约能力依照各该组织的规则。"㉝

国际法委员会没有将国际组织规则定性为国际法或者内部法律;对于双重属性所产生的问题,将在下一节讨论。然而,这些规则在实践中被视为等同于一国的国内法。㉞ 关于条约的遵守义务,第 27(2)条对国际组织设定了与《1969 年维也纳公约》第 27 条对国家设定的相同义务:"为一条约当事方的国际组织不得援引该组织的规则作为不履行条约的理由。"㉟ 同样,第 35—37 条确认对于由其并非缔约方的条约所产生的权利义务,义务的接受、权利的同意以及撤销的同意受各该国际组织相关规则

㉙ ILC, "First Report on the Question of Treaties Concluded between States and International Organizations or between Two or More International Organizations by Paul Reuter" (1972) UN Doc A/CN.4/258, 181.

㉚ ILC, "Second Report on the Question of Treaties Concluded between States and International Organizations or between Two or More International Organizations by Paul Reuter" (1973) UN Doc A/CN.4/271, 92, para.105.

㉛ ILC, "Third Report on the Question of Treaties Concluded between States and International Organizations or between Two or More International Organizations by Paul Reuter" (1974) UN Doc A/CN.4/279 and Corr.1, 151.

㉜ ILC, "Taw of Treaties International Organizations" (n 27) 23.

㉝ 关于第 6 条的来源,参见: Jean Pierre Dobbert, "Evolution of the Treaty-making Capacity of International Organizations" in *The Law and The Sea: Essays in Honour of Jean Carroz* (FAO 1987) (hereafter Dobbert, "Evolution") 21; Gunther Hartmann, "The Capacity of International Organizations to Conclude Treaties" in Karl Zemanek (ed.), *Agreements of International Organizations and the Vienna Convention on the Law of Treaties* (Springer 1971) (Hartman, "Capacity") 127。

㉞ Giorgio Gaja, "A 'New' Vienna Convention on Treaties between States and International Organizations or between International Organizations: A Critical Commentary" (1988) 58 BYBIL 253 (hereafter Gaja, "A 'New' Vienna Convention").

㉟ ILC, "Law of Treaties International Organizations" (n 27) 38.

的调整。㊱

第 39 条使用国际组织规则调整国际组织关于修正条约的同意。㊲ 关于条约的无效，第 46（2）条款规定："一国际组织不得以其同意受条约约束的表示违反该组织关于缔约权限规则为理由而主张其同意无效，但违反情事明显且涉及其具有根本重要性的规则时不在此限。"第 65 条规定，通知或反对受各该国际组织相关规则的调整。㊳

由于条款草案大量使用了"国际组织规则"这一新范畴，国际法委员会决定在第 2（1）(j) 条中写入一个定义："'国际组织规则'特别指国际组织的宪章性文书，按照这些文书通过的决定和决议，以及确立的惯例。"㊴ 评注对写入该一般性条款的危险性提出警告，并提及是否应该将其表述为国际组织"内部法律"的辩论。然而，国际法委员会的结论是："国际组织规则虽然具有内部性的一面，但在其他方面还具有国际性的一面。"㊵ 它进而强调决定和决议只有在"相关"时才构成国际组织规则；这可能意味着存在内部性的和外部性的区别。然而，并不是国际法委员会发明了这一定义，它最初出现于 1975 年《关于国家在其对普遍性国际组织关系上的代表权公约》。

9.1.3 国际法学会

1973 年，国际法学会第十四届委员会就"一般性国际条约法规则对国际组织缔结的国际协议的适用"这一主题组织编写了一组文章。㊶

在他的第一次报告中，国际法学会报告员勒内-让·迪普伊（René-Jean Dupuy）基于三要素界定国际组织概念："根据条约建立的、受国际公法调整的组织；由永久组成的共同机构行使某些具有国际利益的职能；以及，拥有不同于组成它的个人的意志。"㊷ 它们在这三个层面都不同于

㊱ ILC, "Law of Treaties International Organizations" (n 27) 42–43, 47.
㊲ ILC, "Law of Treaties International Organizations" (n 27) 48.
㊳ ILC, "Law of Treaties International Organizations" (n 27) 51, 63.
㊴ ILC, "Law of Treaties International Organizations" (n 27) 18.
㊵ ILC, "Law of Treaties International Organizations" (n 27) 21.
㊶ Fourteenth Commission, "L'application des Règles du Droit International Général des Traités aux Accords Conclus par les Organisations Internationales" (Annuaire de l'Institut de Droit International 1973).
㊷ Fourteenth Commission, "L'application des Règles du Droit International Général des Traités aux Accords Conclus par les Organisations Internationales" (Annuaire de l'Institut de Droit International 1973) 220.

国家。首先，国际组织以特殊性原则为基础，而且不具备实施任何行动的一般性能力。其次，国际组织的缔结条约能力，就其行政管理程序和主管机关而言，基于其确立的特殊规则而界定。最后，在法律体系层面，他首次提出了透明的机构面纱概念："与国家的'单一的'和'综合的'法律秩序相对应，视情况而定，存在每一国际组织特有的法律秩序的不透明或透明。"㊸ 然而，1973年公布的决议并没有反映这一理论上的争议，而是遵循国际法委员会采用的路径，仅将国际组织界定为政府间组织。㊹

关于缔结条约能力，国际法学会遵循国际法委员会的辩论，赋予每一国际组织规则以突出作用。迪普伊强调宪章性条约缺乏一般性条款，其中时常包括缔结具体协议的有限能力方面。㊺ 此外，迪普伊的报告讨论了国际组织缔结条约对其成员国产生的影响这一复杂问题。㊻ 他区分纯粹的功能主义组织（"合作组织"）和纯粹的宪章主义组织（"附属组织"）。前者，如联合国，国际组织缔结的条约还约束其成员国；后者，如欧洲共同体，其成员国并不自动成为国际组织缔结条约的缔约方。㊼

最终报告在进行问卷调查后出笼，其结论相当不同。㊽ 首先，迪普伊明确认为成员国永远不能被视为国际组织缔结协议的缔约方；其次，混合协议是成员国承担直接的权利和义务的唯一选择。不过，他认为成员国不能被视为仅由国际组织所缔结条约的第三方。总之，最后的一系列条款与

㊸ Fourteenth Commission, "L'application des Règles du Droit International Général des Traités aux Accords Conclus par les Organisations Internationales" (Annuaire de l'Institut de Droit International 1973) 221.

㊹ Fourteenth Commission, "L'application des Règles du Droit International Général des Traités aux Accords Conclus par les Organisations Internationales" (Annuaire de l'Institut de Droit International 1973) 380.

㊺ Fourteenth Commission, "L'application des Règles du Droit International Général des Traités aux Accords Conclus par les Organisations Internationales" (Annuaire de l'Institut de Droit International 1973) 224.

㊻ Fourteenth Commission, "L'application des Règles du Droit International Général des Traités aux Accords Conclus par les Organisations Internationales" (Annuaire de l'Institut de Droit International 1973) 304.

㊼ Fourteenth Commission, "L'application des Règles du Droit International Général des Traités aux Accords Conclus par les Organisations Internationales" (Annuaire de l'Institut de Droit International 1973) 305–10.

㊽ Fourteenth Commission, "L'application des Règles du Droit International Général des Traités aux Accords Conclus par les Organisations Internationales" (Annuaire de l'Institut de Droit International 1973) 374.

国际法委员会采用的路径并无不同:"国际组织根据上述第二和第三部分缔结的协议仅对它本身具有约束力。对于成员国可能产生于此类协议的任何义务,无论是相关的国际组织规则项下的,抑或国际法上任何一般性规则项下的,这一适用一视同仁。"在这一规定中,"'相关的国际组织规则'是指宪章性文书、规制国际组织的任何其他规则以及国际组织确立的实践做法"。

9.2 基于国际法和国际组织机构法的缔结条约能力

国际组织的缔结条约能力于实践上不证自明,也为学术界公认。[49] 然而,宪章性文书通常并不包括赋予缔结条约能力的明确规范。例如,《联合国宪章》既没有赋予联合国以国际法律人格,也没有赋予其缔结条约的一般性能力。然而,第43条授权安理会与成员国缔结关于军队的协定;第57条和第63条授权联合国经社理事会与其他国际组织缔结条约。

尽管缺乏缔结条约一般能力的法律基础,但联合国在国际法若干领域的条约缔结活动中时常以默示权力理论作为依据。然而,它的起源及其与赋予的联合国职能之间的关系仍不明确。一方面,缔结条约的能力可能源于成员国赋予的职能;另一方面,它还可能源于国际组织拥有的自治权。不同的国际组织概念化导致信赖内部性法律基础的和信赖国际性法律基础的两类学者之间理论性讨论的两极分化。

早在1966年,亨格达·楚(Hungdah Chiu)就主张国际组织是在习惯国际法规范的基础上缔结条约。[50] 相反,《1986年维也纳公约》序言陈述:"国际组织具有为执行其职务和实现其宗旨所必需的缔约能力";这隐含地区分了缔结条约的能力与内部权限。然而,这种实践上的区分是相当人为性的。因为它最终将问题分割成两部分:一部分是依赖固有的缔结条约能力(一般性能力),而另一部分则依赖隐含的缔结条约能力(基于获赋职能的特殊能力)。[51]

---

[49] Jan Klabbers, *An Introduction to International Organizations Law* (3rd edn, CUP 2015) (Hereafter Klabbers, *Introduction*) 70.

[50] Hungdah Chiu, *The Capacity of International Organizations to Conclude Treaties, and the Special Legal Aspects of the Treaties So Concluded* (Springer 2012).

[51] Klabbers, *Introduction* (n 49) 252.

避免表明自己的立场，《1986 年维也纳公约》第 6 条规定："国际组织缔结条约能力依照各该组织的规则。"[52] 第 6 条评注强调了该条包含的妥协，以避免就国际组织的国际法地位表明立场："这一问题仍没有定论，拟议的措辞既与作为国际组织能力基础的一般国际法观念相兼容，也与相反的观念相兼容。"[53] 国际法委员会为避免明确提及国际组织的内部法律而作出的决定，是妥协的证据；尽管在众多条款中，正如业已讨论的，国际组织规则被视为等同于一国的国内法。

一方面，国际组织规则可以被视为内部组织法，其缔结条约能力是国际组织人格所固有的。在宪章主义理论下，国际组织的与国家的缔结条约能力并无区别。另一方面，国际组织规则可以被视为国际法，隐含的缔结条约能力是以国际法律文书赋予它的获赋职能作为基础的。

这两种立场反映了两种国际组织概念，对两种能力进行了区分：类似于国家的、国际组织基于存续所固有的一般性能力，以及获赋职能限制的能力。[54] 这两种概念基于国际组织所制定法律的内部的或国际的性质："是一般国际法规定了受宪章性文书中约束性条款可能限制的这种能力的原则，还是能力仅仅源自特定国际组织的规则？"[55] 讨论区分国际组织的客观存在和其成员国的意志。就前者而言，缔结条约能力是国际组织所固有的；[56] 就后者而言，它起草了宪章性文书[57]。第 6 条是同时与这两种观点保持一致的尝试，并以国际组织规则的定义作为基础。[58]

通过解释能力和职能之间的关系，国际组织的双重法律属性抓住了两

---

[52] 关于第 6 条的来源，参见 Dobbert, "Evolution" (n 33) 21; Hartmann, "Capacity" (n 33) 127。

[53] ILC, "Law of Treaties International Organizations" (n 27) 24.

[54] PK Menon, *The Law of Treaties between States and International Organizations* (Edwin Mellen 1992) 21.

[55] Felice Morgenstern, "The Vienna Convention on the Law of Treaties between States and International Organisations or between International Organisations" in Ybram Dinstein (ed.), *International Law at a Time of Perplexity* (Nijhoff 1989) 441.

[56] Finn Seyersted, "International Personality of Intergovernmental Organizations: Do their Capacities Really Depend upon their Constitutions?" (1964) 4 IJIL1, 55.

[57] 特别是苏联学者的观点，参见 Geraldo Eulálio do Nascimento Silva, "The 1969 and the 1986 Conventions on the Law of Treaties: A Comparison" in Yoram Dinstein (ed.), *International Law ata Time of Perplexity* (Nijhoff 1989) 461。

[58] Philippe Manin, "La Convention de Vienne sur les Accords Entre Etats et Organisations Internationales ou Entre Organisations Internationales" (1986) 32 AFDI 454.

种观点的相关性。它建立在这两者的关系之上：以大多数国际组织规则为代表的每一国际组织的具体特点，以及国际组织规则属于国际法。相反，如果我们单独考虑这两种理论，那么基于国际法的能力就与国际组织的自治性不兼容，因为国际组织根据国际法在某种程度上代表成员国利益而行事。[59] 然而，基于国际组织客观存续的固有能力并不反映国际组织规则源于国际法。[60]

国际法委员会赋予国际组织规则的相关性并不能解决这一问题。如果不明确规则的法律属性，那么任何概念化都将落入功能主义或宪章主义的范畴。双重法律属性面临的问题，是国际组织所发展法律体系的法律属性的基础问题。前一章界定的绝对合法性，有助于解释如何必须同时在国际的和国际组织的法律体系中发现缔结条约能力。这一主题主要涉及两个方面：成员国在仅由国际组织缔结条约中的义务，以及违反国际组织规范所缔结条约的有效性（将在第10章讨论）。

9.3 成员国在国际组织所缔结条约中既非缔约方亦非第三方

双重法律属性是国际组织透明机构面纱的起源，它揭示了成员国在国际组织所缔结条约中的地位这一复杂问题。[61] 这是国际法委员会和1986年维也纳会议争论最激烈的问题之一。[62] 问题是：成员国是否是国际组织所缔结协议的第三方，或者是否承受权利和义务。第36条之二的混乱历史说明了这一问题的困难。[63] 特别报告员保罗·路透识别了国际组织所缔结协议为成员国创设权利和义务的两种不同情况，一是宪章性文书就此作

---

[59] Evelyne Lagrange, *La représentation Institutionnelle dans L'ordre International*: *Une Contribution à la Théorie de la Personnalité Morale des Organisations Internationales* (Kluwer 2002) (hereafter Lagrange, *La representation*)

[60] Finn Seyersted, *Common Law of International Organizations* (Nijhoff 2008) (Hereafter Seyersted, *Common Law*).

[61] Brölmann, *The Institutional Veil* (n 5) 212.

[62] Catherine Brölmann, "The 1986 Vienna Convention on the Law of Treaties: The History of Draft Article 36 bis" in Jan Klabbers and René Lefeber (eds.), *Essays on the Law of Treaties*: *a Collection of Essays in Honour of Bert Vierdag* (Brill 1998).

[63] Neri Sybesma-Knol, "The New Law off Treaties: The Codification of the Law of Treaties Concluded Between States and International Organizations or between Two or More International Organizations" (1985) 15 GJICL 425.

出了规定，二是内部职能配置将产生下列影响：

1. 国际组织缔结的一项条约直接导致其成员国产生对该条约其他缔约方的权利和义务，条件是该国际组织宪章性文书明确赋予条约以这种效力。2. 考虑国际组织缔结的一项条约的主题以及国际组织和其成员国之间涉及该主题的职能配置，如果表明这的确是该条约缔约方的意图，那么该条约导致成员国：（1）在没有任何相反意图的情形下享有权利，这是推定成员国接受的权利；（2）承担义务，这是在成员国接受的情形下，即使接受是隐含的。[64]

这一提议基于功能主义概念化；据此，与国际组织缔结协议的第三方事实上是与其成员国缔结条约。总之，在功能主义概念化下，国际组织作为其成员国的代理人行事。

在国际法委员会提出批评以后，特别报告员对国际组织的自治权给予了更多权重。他修改这一条款，明确提及国际组织规则，包括了缔约方意图表达的主观因素：

作为国际组织成员的第三方应当遵守因国际组织为缔约方的一项条约之规定所产生的义务，并有权行使其权利，条件是：（a）在缔结该条约时适用的相关国际组织规则规定，其成员国受缔结该条约的拘束；或者，（b）参加条约谈判的国家和国际组织以及该国际组织的成员国承认，条约的适用必然产生这种效果。[65]

关于第二份条款草案的辩论集中在这一条款是否仅适用于欧盟，以及是否有可能设计适用于所有国际组织的一般性条款。[66]

同样，写入最终条款草案的文本与之有所不同。最后规定，只有在缔

---

[64] ILC, "Fourth Report on the Question of Treaties Concluded between States and International Organizations or between Two or More International Organizations, by Mr. Paul Reuter" (1975) UN Doc A/CN.4/285.

[65] ILC, "Summary Record of the 1510th Meeting" (1978) UN Doc A/CN.4/SR.1510, 193, para. 28.

[66] Ibid; ILC, "Summary Record of the 1512th Meeting" (1978) UN Doc A/CN.4/SR.1512, 194–203.

约各方同意且成员国在国际组织宪章性文书中表示同意的情况下，才能产生直接的权利和义务。[67] 并不存在成员国直接参加条约的情形：

> 国际组织成员国的权利和义务产生于该组织为缔约方的条约的规定，条件是条约缔约方意图将这些规定作为确立义务和赋予权利的手段，并在条约中界定其条件和效力或就此达成一致，而且如果：(a) 该国际组织成员国根据该组织宪章性文书或其他方式，就受上述条约条款的拘束达成一致；且，(b) 该国际组织成员国受条约相关条款拘束的同意已经完全提请谈判的国家和国际组织注意。

这一提议受到了严厉的批评，因为它将成员国在国际组织中的内部关系同缔约第三方的国际关系予以合并。[68] 1986年维也纳会议的最终结果是删除了这一规定，[69] 仅在第74（3）条中保留了这项规定："本公约各项规定不应预先断定关于根据一国际组织为当事方的条约确立该国际组织各成员国的义务和权利而可能发生的任何问题。"该条并没有排除或赋予成员国以直接的权利和义务，仅是将问题交由国际组织制定的特别法决定。这是将问题推给国际组织规则的法律属性决定的另一项待补条款。然而，这种情况更为复杂；因为国际组织规则不应该对第三方产生法律效力，而这甚至会置将条约效力扩至其成员国的那些国际组织内部规范的存在于不顾。例如，《欧盟运行条约》第216（2）条就是这种情况；它规定："欧盟缔结的协议对欧盟机构及其成员国均具有拘束力。"[70] 显然，这种机构规则对第三方没有任何影响。因此，《1986年维也纳公约》第74（3）条规定的例外并不具有实际上的适用性，除非是条约本身规定成员国必须被视为缔约方的情形。

第36条之二导致的问题多于它所能解决的。特别是，它会破坏国际组织的自治性，损害其运行。事实上，如果成员国承受源于仅由国际组织

---

[67] Discussed and Adopted at ILC, "Summary Record of the 1740th Meeting" (1982) UN Doc A/CN.4/SR.1740, 261–63, paras. 21–40.

[68] UNGA Sixth Committee, Summary Record of Meetings (5 November 1982) UN Doc A/C.6/37/SR.40 paras. 50–67.

[69] Gaja, "A 'New' Vienna Convention" (n 34).

[70] Consolidated Version of the Treaty on the Functioning of the European Union (Adopted on 13 December 2007, Entered into force 1 December 2009) Official Journal C 326, 26/10/2012 P.0001–0390.

所缔结条约的权利和义务，那么每一成员国都有提出和接受赔偿的单独权利。国际组织是其成员国的代理人或代表，它的直接参加产生了一个关于相互冲突义务的不可分割网络。

然而，成员国也不是国际组织所缔结协议的第三方。即使他们的确具有独特的国际法律人格，但使用条约拘束国际组织的决定时常是经一致同意作出的，或者可以追溯到成员国各自意志的集合。排除仅由国际组织所缔结条约的任何作用都可能会罔顾成员国在国际组织中发挥的作用。为了赋予其成员国以权利，国际组织时常与第三方缔结协议。例如，欧盟缔结的捕鱼协议就是这种情况，它直接使成员国受益。[71] 正如笔者在第1编第5章所提，义务缺失排除成员国任何形式的责任。这种影响基于国际组织规则纯粹的内部属性；在这种属性下，成员国隐藏在国际组织的机构面纱后面，而国际组织以类似于联邦国家的名义行事。

与第36条之二相随，相反的问题涉及国际组织是否受其成员国的国际义务的拘束。[72] 一个历史事例是1919年《凡尔赛和约》和关于由国际联盟行政管理萨尔的特别规范。[73] 一个当代事例涉及国际组织内所缔结的条约，而这些条约并非由国际组织本身签订。例如，赋予联合国秘书长保管职能的法律效力，[74] 或包括在联合国人权文书中的要求国际组织为各监督机构提供行政管理支持的规范[75]。

在关于"继承"《关税与贸易总协定》项下成员国义务方面，欧洲法院面临同样的问题。[76] 这些事例反映了国际组织不明确的立场以及难以适用一条严格规则来明确区分成员国的和国际组织的义务。国际组织承担成

---

[71] See *Request for an Advisory Opinion Submitted by the Sub-Regional Fisheries Cotnmission* (SRFC) (Advisory Opinion) [2015] ITLOS Report No 21 (Hereafter *SRFC Advisory Opinion*).

[72] Christian Tomuschat, "International Organizations as Third Parties under the Law of International Treaties" in Enzo Cannizzaro (ed.), *The Law of Treaties Beyond the Vienna Convention* (OUP 2011); Moshe Hirsch, *The Responsibility of International Organizations toward Third Parties: Some Basic Principles* (Nijhoff 1995) (Hereafter Hirsch, *Responsibility*) 38.

[73] 《凡尔赛和约》（1920年1月10日）第三部分第4条。

[74] Shabtai Rosenne, "The Depository of International Treaties" (1967) 61 AJIL 923.

[75] 例如，《公民权利和政治权利国际公约》（1966年12月16日开放签署，1976年3月23日生效；999 UNTS 171）第36条规定："联合国秘书长应当为委员会提供必要的工作人员和便利，使其能有效执行本公约规定的职务。"

[76] Case 21-24/72 *International Fruit Company v. Produktschap voor Siergewassen* [1972] ECR 1219. Case 21-24/72 *International Fruit Company v. Produktschap voor Siergewassen*, Court of Justice of the EC [1972] ECR 1219.

员国某些义务的理论基于职能转换，它在每一种国际关系中将作为国际组织的一种“替代行为”而运作。(77) 显然，基于这一假设，国际组织受到多种相互冲突的义务的约束。(78) 因此，如果国际组织所缔结条约不为其成员国创设直接义务，那么成员国所缔结条约也不能对其国际组织创设直接义务。

总之，成员国在国际组织所缔结条约中既非缔约方，亦非第三方。国际组织规则既不是纯粹的内部性法律，亦非国际法，而是具有双重法律属性。双重属性让我们以互补性为基础，重新思考成员国在国际组织内的作用。这意味着成员国间接参与了仅由国际组织缔结的条约。例如，成员国义务的产生是为了向国际组织提供履行条约所载义务的手段。出于与国际责任方面相类似的目的，国际法委员会在《国际组织责任条款草案》中写入了第 40（2）条：“责任国际组织的成员应采取该组织的规则可能要求的一切适当措施，使该组织能够履行本章所规定的义务。”

事实上，以习惯国际法为基础，国际法发展了这些基本义务：在不能以非此即彼的方式考虑成员国的所有情况下，承认国际组织具有双重属性。(79) 根据应然法，笔者认为：有必要承认一项基于互补性的规范的逐步发展，确定成员国不承担国际组织所缔结条约项下的直接权利或义务；但是，尽管如此，成员国仍负有这一基本义务，即尽最大努力使国际组织遵守条约规定，给予权限、资金和物质援助。这项基本义务基于国际组织的双重属性，而非与第三方签订的特别条约。博尔丁（Bordin）谈到了“一项不断发展的关于国际组织的团体规则”(80)。在担任国际法学会“国际组织不履行对第三方义务时成员国的法律后果”主题的报告员时（将在第 11 章深入讨论），罗莎琳·希金斯明确指出：

> 关于国际组织所缔结条约的国际法简要调查表明，虽然国家既非

---

(77) Hirsch, *Responsibility* (n 72) 49; Pierre Klein, *La Responsabilité des Organisations Internationales Dans les Ordres Juridiques Internes et en Droit des Gens* (Bruylant 1998) 331.

(78) Lagrange, *La représentation* (n 59) 428.

(79) Fernando Lusa Bordin 认为：“没有什么能够阻止一般国际法发展其提供对‘分层主体’有意义的规则。” Fernando Lusa Bordin, *The Analogy between States and International Organizations* (CUP 2018) (Hereafter Bordin, *The Analogy*) 168.

(80) Fernando Lusa Bordin, *The Analogy between States and International Organizations* (CUP 2018) (Hereafter Bordin, *The Analogy*) 184.

这些条约的缔约方，亦非其"第三方"，但就某种意义而言，国家不得从事与有效实施这些条约相违背的行为。如果国际组织的义务是通过签订契约或者注意责任而产生，那么对成员国的法律效果是要求其向该组织提供资金使其履行这类义务。[81]

9.3.1 双重法律性质的实践影响：IUU 捕鱼和欧盟成员国义务

在第 5 章，我讨论了例外主义的局限性，描述了关于悬挂欧盟成员国国旗的船舶从事 IUU 捕鱼活动的一个事例。笔者认为，国际海洋法法庭将欧盟成员国排除在违反防止 IUU 捕鱼活动的尽职调查义务的责任范围之外。[82] 事实上，国际海洋法法庭认为，沿海国是通过欧盟而非其成员国签订的捕鱼协议的方法来发放捕鱼许可证的。因此，当国际组织缔结成员国为非缔约方的捕鱼协议时，"船旗国的义务成为国际组织的义务"[83]。总之，欧盟成员国在不承担国际义务的情况下从捕鱼许可证中获益。

适用严格的功能主义路径，由欧盟同次区域渔业委员会成员国缔结的捕鱼协议也将拘束欧盟成员国，而该委员会成员国将与欧盟共同承担义务，尽自己最大努力防止 IUU 捕鱼活动。纯粹的功能主义路径保障了第三方的利益，而第三方总会找到一个实体来解决他们的求偿。次区域渔业委员会提交文件中提及的情况，不会出现。然而，获赋职能会与国际组织的责任分配有关，而且会削弱其相对于成员国的自治性和独立性。因此，根据这一理论，《联合国海洋法公约》和捕鱼协议项下的义务都是初始性义务，因而与其他船旗国相比，作为欧盟成员国的船旗国并没有遭受不同的对待。这种成员国总是对国际组织的不法行为负责的功能主义观点，极少得到学界的支持，因为它违反了独立责任原则。[84]

---

[81] Fifth Commission, "The Legal Consequences for Member States of the Non-fulfilment by International Organizations of Their Obligations Toward Third Parties" (Annuaire de l'Institut de Droit International 1995) 284.

[82] *SRFC Advisory Opinion* (n 71).

[83] *SRFC Advisory Opinion* (n 71) para. 172.

[84] Ian Brownlie, "The Responsibility of States for the Acts of International Organizations" in Maurizio Ragazzi (ed.), *International Responsibility Today: Essays in Memory of Oscar Schachter* (Nijhoff 2005).

相反，纯粹的宪章主义理论意味着国际组织与联邦国家并无不同。这也是为什么这一路径可称为"国家类推"。[85] 根据这一理论，国际组织同其成员国间的内部关系并不影响第三方。例如，《欧盟运行条约》第216(2)条为成员国设定了履行欧盟所缔结国际协议的义务，这是欧盟法的一个问题。事实上，欧盟法不同于国际法。在这种情况下，国际组织的自治权根据其宪章性结构而得以加强，因而成员国不对悬挂其国旗的船舶负责。实际上，这种宪章主义观点极少得到学界的支持，因为它与成员国赋予的有限权限以及专属和共享权限之间的区分存在矛盾。[86] 然而，国际海洋法法庭支持这一宪章主义观点。

笔者认为，这两种路径都是失败的，因为它们都基于一种局限性的视角，即，要么将国际组织视为国际公法的问题，要么仅视为内部法律（如欧盟法）的问题。因此，作为双重实体的国际组织的概念主要用于解释国际组织如何承担国际义务。实践中，欧盟法律体系的双重属性影响欧盟缔结条约以承担义务（包括尽责义务）的方式。关于IUU捕鱼活动，双重法律属性意味着欧盟成员国既不是由欧盟所缔结捕鱼协议的缔约方，也不能被视为该协议的第三方；不是缔约方，意味着欧盟成员国不承担尽最大努力防止IUU捕鱼活动的直接义务。事实上，国际组织法正在发展对成员国设置仅由国际组织所缔结条约产生的法律效果的规则，如前面提及的《国际组织责任条款草案》第40条。

9.4 小结

本章是探讨国际组织双重法律属性因果关系的第一章。目的是重新审视关于条约法的争议以及这些争议如何对最近的争论产生了实践影响。对于那些因其特殊性而主张适用特别制度的国际组织来说，一个关于国际组织的全面性概念的缺失尤为明显。欧盟缔结的捕鱼协议是一个典型事例。双重法律属性表明，成员国在国际组织所缔结条约中的地位以互补性为基础；根据互补性，成员国不承担直接的权利和义务，但必须推动国际组织处于能够履行其对第三方承担的义务的地位。

---

[85] Bordin, *The Analogy* (n 79).
[86] Seyersted, *Common Law* (n 60).

第 10 章　有效性和越权行为

规范的法律有效性具有三个要素特征：有效性的参数（适用的法律制度是什么）；有权宣告无效性的主体（谁是法律规则的最终裁判者）；无效性的后果（是自始无效，还是从现在开始无效）。① 本章将集中讨论第一个要素。我仅讨论国际组织规则的所谓"形式上的"有效性。② 笔者虽然承认有效性的其他要素（如效力）的重要性，但不讨论它们。③ 笔者将讨论的形式上的有效性，涉及规则的法律体系归属，以及对相应体系规定的合法性标准的尊重。

不同的国际组织概念化对如何解释越权行为的概念及其与规则有效性之间的关系具有影响。事实上，形式上的有效性概念影响越权行为的概念。④ 功能主义视角优先考虑这一越权概念：国际组织的行为或活动超越了赋予它的权限，从而导致它们的无效。宪章性文书的条约国际法性质优越于其宪章性质。《1969 年维也纳公约》所体现的文本主义解释方法优先于神学解释方法。⑤ 功能主义意味着赋予的职能是有效性的唯一标准，因而习惯国际法不能决定规则的合法性。事实上，根据功能主义，国际组织规则是纯粹的国际法，而且与国际强行法以外的习惯国际法之间不存在可

---

① Ebere Osieke, "The Legal Validity of Ultra Vires Decisions of International Organizations" (1983) 77 AJIL 239.

② François Ost and Michel Van de Kerchove, *Jalons Pour une Théorie Critique du Droit* (Saint-Louis, Facultés Universitaires 1987) 270.

③ Robert Y. Jennings, "Nullity and Effectiveness in International Law" in Derek William Bowett (ed.), *Essays in Honour of Lord McNair* (Dobbs Ferry: Oceana 1965) 64.

④ Rudolf Bernhardt, "Ultra Vires Activities of International Organizations" in *Theory of International Law at the Threshold of the 21st Century* (Kluwer 1996) 599.

⑤ Fuad Zarbiyev, "A Genealogy of Textualism in Treaty Interpretation" in Andrea Bianchi, Daniel Peat, and Matthew Windsor (eds.), *Interpretation in International Law* (OUP 2015).

能导致无效性的效力位阶关系问题。

相反，宪章主义视角采用所谓的动态解释，而动态解释更难决定国际组织规则的无效性。⑥《1969 年维也纳公约》所体现的文本主义标准通常被束之高阁，而给予国际组织更多自治权的神学解释方法得到优先考虑。是否越权变得难以证明，并受制于有效性的推定和决定国际组织权限的职能。⑦ 至于作为无效性标准的习惯国际法，由于缺乏明确的宪章性实体的概念化，促进了建立"量身定做"国际组织制度的实践做法。例如，欧盟制定了自己的人权宪章⑧，欧安组织制定了"人权维度"⑨，世界银行制定了"运营政策"⑩。根据特殊主义，每一国际组织可以自由决定其法律制度对国际法的开放程度，因而一般情况下，国际组织倾向于将自己排除在习惯国际法的约束之外。

在这一框架下，作为双重属性实体的国际组织，其概念在寻求不同概念化之间的平衡方面，进而在最后就国际组织是否应该以及应该如何遵从习惯国际法这一棘手问题得出结论方面，具有基础性作用。

10.1 常设国际法院和国际法院适用的非此即彼范式

本节分析常设国际法院和国际法院的裁判；目的在于揭示它们的路径，无论路径是基于以国际组织为中心的宪章主义视角，抑或基于以国家为中心的功能主义视角。⑪ 国际法院在宣布对其合法性有争议的规范具有有效性时，采用前者；在宣布对越权制定的规则具有无效性的极少数案件

---

⑥ Seventh Commission, "Are there Limits to the Dynamic Interpretation of the Constitution and Statutes of International Organizations by the Internal Organs of such Organizations (with Particular Reference to the UN System)?" (Institut de Droit International 2019).

⑦ Enzo Cannizzaro and Paolo Palchetti, "Ultra Vires Acts of International Organizations" in Jan Klabbers and Åsa Wallendahl (eds.), *Research Handbook on the Law of International Organizations* (Edward Elgar 2011) (hereafter Cannizzaro and Palchetti, "Ultra Vires Acts").

⑧ Nicole Lazzerini, *La Carta dei Diritti Fondamentali Dell'Unione Europea. I Litniti di Applicazione* (Franco Angeli 2018).

⑨ Mateja Steinbrück Platise, Carolyn Moser, and Anne Peters, *The Legal Framework of the OSCE* (CUP 2019).

⑩ Daniel D Bradlow and Andria Naudé Fourie, "The Operational Policies of the World Bank and the International Finance Corporation" (2013) 10 IOLR 3.

⑪ Lorenzo Gasbarri, "Beyond the Either-Or Paradigm" in Sufyan Droubi and Jean d'Aspremont (eds.), *International Organizations, Non-State Actors, and the Formation of Customary International Law* (Manchester University Press 2020).

中，采用后者。

10.1.1 采用功能主义视角的裁判

当国际法院依赖《1969年维也纳公约》建立的标准来解释宪章性文书时，往往采用功能主义视角。该路径通常导致这一发现：相关实践做法与基于文本主义解释的宪章性文书不一致。

在接纳一国加入联合国的条件咨询意见案的第一项咨询意见中，国际法院将《联合国宪章》描述为一项多边条约，并认为第4（1）条的条文应该依文义解释，即不能以《联合国宪章》明确规定标准以外的其他标准作为条件。[12] 它认为："联合国机关的政治性质不能免除其遵守《联合国宪章》所确立的对条约条款的遵守义务，条件是条约条款构成对该机关裁断的权力或标准的限制。"为了确定联合国机关是否可以为做出决定而有权自由选择，必须根据宪章条款。[13] 同样，国际法院在1950年指出，在确定各国源于联合国大会起草并通过的公约的权利和义务时，联合国内部存在的"行政实践做法"并不是一项决定性因素。[14]

第二个案例优先考虑功能主义视角，涉及政府间海事协商组织之海事委员会的组成。[15] 该案中，国际法院认定确立委员会构成的决定违反了该组织的宪章性文书。首先，法院适用条约解释规则："第28（a）条的文句必须按照其自然和通常的意思（即它们在上下文中正常的含义）进行解读。"其次，法院分析了筹备工作。只是在法庭论证结束时，法院才将其结论与该国际组织的宗旨和目标进行比较，证明其裁决的合理性。

第三个案例事关世界卫生组织请求的关于核武器的咨询意见。[16] 该案中，法院明确提及作为合法性标准的国际组织规则以及特别是宪章

---

[12] *Conditions of Admission of a State to Membership in the United Nations* (*Article 4 of the Charter*) (Advisory Opinion) [1948] ICJ Rep 57, 61.

[13] *Conditions of Admission of a State to Membership in the United Nations* (*Article 4 of the Charter*) (Advisory Opinion) [1948] ICJ Rep 64.

[14] *Reservations to the Convention on the Prevention and Punishment of the Crime of Genocide* (Advisory Opinion) [1951] ICJ Rep 15, 25.

[15] *Constitution of the Maritime Safety Committee of the Inter-Governmental Maritime Consultative Organization* (Advisory Opinion) [1960] ICJ Rep 150.

[16] *Legality of the Use by a State of Nuclear Weapons in Armed Conflict* (Advisory Opinion) [1996] ICJ Rep 66 (Hereafter *Nuclear Weapons Legality*).

性文书。⑰ 如前所述，国际法院在该案裁决中承认《世界卫生组织章程》的双重属性，它同时是一项国际性的和内部性的文书。尽管如此，法院还是适用《1969年维也纳公约》解释《世界卫生组织章程》。法院对核武器的合法性（对此，该组织无权处理）和核武器的效力（对此，该组织有权处理）进行了区分。因此："世界卫生组织无权就其职能范围以外的事项寻求关于其章程解释的咨询意见。"这一结论将职能未被很好界定的所有情形都排除在该组织的职能范围外，并默认这些情况，即职能的明确性意味着根本不需要咨询意见。⑱ 总之，它适用一种严格的功能主义版本，限制该组织决定自身职能的能力。行为的有效性不仅源自内部性的程序规则，而且主要是源自成员国赋予的职能。因此，国际法院应用了功能主义概念化。

国际法院几乎无须指出国际组织是国际法的主体，国际组织不像国家那样拥有普遍性权限。国际组织受"特殊性原则"的调整；换言之，它们由创建它们的国家赋予权力，而权力的范围是国家信托给它们用以促进共同利益的职能。⑲

10.1.2 采用宪章主义视角的裁判

笔者已经在第三章提及采用宪章主义视角的第一个案例，它可以追溯到常设国际法院以及国际劳工组织职能的扩大。⑳ 特别是，国际劳工组织实践做法的有效性是依赖于该组织的目标和宗旨而确立的。㉑ 这些案件的

---

⑰ Elihu Lauterpacht, "Judicial Review of the Acts of International Organisations" in Laurence Boisson de Chazournes and Philippe Sands (eds.), *International Law, the International Court of Justice and Nuclear Weapons* (CUP 1999).

⑱ Jan Klabbers, *An Introduction to International Organizations Law* (3rd edn, CUP 2015) (Hereafter Klabbers, *Introduction*) 239.

⑲ *Nuclear Weapons Legality* (n 16) para. 25.

⑳ *Employment of Women during the Night Case* [1932] PCIJ Series A/B No. 50; *Competence of the ILO in regard to International Regulation of the Conditions of the Labour of Persons Employed in Agriculture* (Advisory Opinion) [1922] PCIJ Series B No. 2; *Competence of the International Labour Organization to Regulate, Incidentally, the Personal Work of the Employer* (Advisory Opinion) [1926] PCIJ Series B No. 13.

㉑ Ebere Osieke, "Ultra Vires Acts in International Organizations-The Experience of the International Labour Organization" (1977) 48 BYBIL 259, 266-267.

情况涉及讨论与国际劳工组织目标有关活动的该组织职能，但这些活动并没有明确地包括在其宪章性文书之中。

后来，在确立实践做法有效性的所有案件中，国际法院解释宪章性文书是指国际组织的宗旨和目标，而不是看宪章性文书中文句的普通含义。在第一个案例中，法院应用的是以组织为中心的宪章主义思维方式；这是它在接纳一国加入联合国的条件咨询意见案中的第二项咨询意见。在该项意见中，法院把相关性放到联合国机关所作的一致性解释上："第4条委托的对接纳事项作出决断的机关对文本有着一致性的解释，即大会仅能根据安理会的建议决定是否接纳。"[22]

在联合国某些经费咨询意见案中，国际法院认为联合国预算还必须包括那些未被明确写入《联合国宪章》的活动。它承认建立联合国的条约的特殊性，将之与"该组织历史上的实践做法"联系起来，并且确立每一机关必须至少首先确定自己的管辖权。[23] 与常设国际法院类似，国际法院仅依赖《联合国宪章》作为机构的有效性标准："此类支出必须通过其与联合国宗旨之间的关系进行检验，就这一意义而言，如果一项支出的目的不是为了联合国宗旨之一，那么它不能被视为'该组织的费用'。"[24] 因此，法院确认，当联合国采取有理由证明其适用于实现联合国某项既定宗旨的行动时，就可以推定该类行动不是联合国的越权行为。隐含权力理论以国际组织的宗旨作为基础，而且在必要的范围内扩展职能，使其趋于一般性能力。特别是，只要不在《联合国宪章》明确排除的范围内，该权力就有效而不受限制。在宪章主义概念化下，隐含权力表现为固有权力。[25]

在1971年西南非洲（纳米比亚）国际地位咨询意见案中，国际法院再次考虑主张联合国一项行为无效性的可能性。[26] 针对请求发表咨询意见

---

[22] *Competence of Assembly regarding Admission to the United Nations* (Advisory Opinion) [1950] ICJ Rep 4, 9.

[23] *Certain Expenses of the United Nations* (Article 17, Paragraph 2 of the Charter) (Advisory Opinion) [1962] ICJ Rep l51, 165, 168.

[24] *Certain Expenses of the United Nations* (Article 17, Paragraph 2 of the Charter) (Advisory Opinion) [1962] ICJ Rep para. 167.

[25] Finn Seyersted, "Objective International Personality of Intergovernmental Organizations-Do their Capacities Really Depend upon the Conventions Establishing them" (1964) 34 Nordisk Tidsskrift Internationall Ret 3.

[26] *Legal Consequences for States of the Contitiued Presence of South Africa in Namibia* (*South West Africa*) *notwithstanding Security Council Resolution* 276 (1970) (Advisory Opinion) [1971] ICJ Rep 16.

的联合国大会决议的有效性，南非提出了反对。法院这样回答反对："联合国一个适当组建机关的决议，一旦由该机关根据其议事规则通过并由其主席宣布通过，就必须推定其已经有效通过。"这是将源自成员国获赋职能的隐含权力转换为仅受正确的机构程序限制的固有权力的一个事例。

同样，在巴勒斯坦被占领土隔离墙法律后果咨询意见案中，以色列关于联合国大会请求发表咨询意见的权限的反对意见也面临同样的问题。[27] 事实上，基于适用《联合国宪章》第12条的相关实践做法所确立程序规则，国际法院认为联合国大会拥有权限。

10.2 越权行为的双重法律性质

总而言之，当国际法院宣布规则无效时，明显的倾向是适用功能主义的国际组织概念化；而当法院宣布规则有效时，则是宪章主义的概念化。显然，这并非严格意义上的关联。一种实践做法，从宪章主义视角来看可能是无效的，而从功能主义视角来看则可能是有效的。关键是明确适用一种概念化，还是另一种概念化。为了反驳非此即彼的思维方式，进而承认双重属性，笔者想再次讨论世界卫生组织埃及总部协议咨询意见案。[28] 笔者的意图是，主张国际组织规则的有效性应该同时受制于组织机构的和国际的标准。

如前所述，该案涉及世界卫生组织区域办事处从埃及到约旦的迁移。主要问题是适用1951年缔结的总部协定，还是适用1949年缔结的非正式协议；前者规定了为期两年的通知期，后者却不包括关于终止的任何条款。[29] 法律问题事关成员国基于它们的共同意志修改国际组织义务的能力。如果成员国建立了该组织并投票支持区域办事处总部的迁移，那么该组织为什么应该受成员国缔结的一项协议的约束？一开始，国际法院识别并比较了两个国际组织概念的相关性：

> 法院注意到，在世界卫生组织大会以及提交给法院的一些书面和

---

[27] *Legal Consequences of the Construction of a Wall in the Occupied Palestinian Territory* (Advisory Opinion) [2004] ICJ Rep 136.

[28] 参见本书第2章。*Interpretation of the Agreement of 25 March 1951 between the WHO and Egypt* (Advisory Opinion) [1980] ICJ Rep 73 (hereafter *WHO-Egypt Agreement*).

[29] Christine Gray, "The International Court's Advisory Opinion on the WHO-Egypt Agreement of 1951" (1983) 32 ICLQ 534.

口头陈述中,似乎有一种倾向,即认为国际组织拥有某种形式的绝对权力,而且,如果需要,可以决定改变其总部和区域办事处的地点。但是作为一方的国家,就它们接受国际组织在其领土内的总部或区域办事处方面,拥有主权上的决定权;而且,国际组织的决定权并不比一个国家的决定权更为绝对。[30]

总之,国际组织的权力并不是绝对的,因而对这两个概念需要进行平衡,考虑功能性质和宪章性质。如前所述,成员国有权修改世界卫生组织的义务这一论点源自纯粹的国际性质,而这一性质基于同一法律体系的表征。相反,世界卫生组织规定的义务不能通过成员国多数票修改的论点则是基于国际组织作为宪章性实体的概念,即国际组织能够建立单独的法律秩序及内部规则。为了打破这一僵局,国际法院认为:

> 国际组织是国际法的主体,因而受国际法一般规则、其宪章或其作为缔约方的国际协议所设定给它的任何义务的约束。因此,对于提交给法院的问题并不存在答案,而仅涉及国际组织决定其区域办事处所在地的权利。[31]

因此,国际法院在裁决该案时,适用一般国际法并提出了第三种方式,排除两个协定的替代性适用,从而得出在迁移总部前应该给予通知期的结论。

非此即彼的缺陷显而易见。[32] 该案强调了成员国的双重地位:它们既是成员国,又是第三方。因此,一项国际组织规则的有效性不能仅排他性地基于机构的或国际的标准,而是必须同时从这两种标准中寻找答案。这就是国际组织为何不得不在其法律体系双重属性的基础上尊重习惯国际法。这与考虑成员国所发展法律体系的一元性或二元性不同,因为国内法律体系对国际法的开放程度仅是内部标准的事务。[33] 国际组织对国际法的

---

[30] *WHO-Egypt Agreement*(n 28)para. 37.

[31] *WHO-Egypt Agreement*(n 28)para. 37.

[32] Jan Klabbers, "The EJIL Foreword: The Transformation of International Organizations Law"(2015)26 EJIL 9(hereafter, "The EJIL Foreword") 59.

[33] *Solange I*, BverfGE 37, 291, 29 May 1974; *Solange II*, BverfGE 73, 339, 22 October 1986; *Solange III*, BverfGE 89, 155 12 October 1993; and *Solange IV*, BverfGE 102, 147, 7 June 2000.

尊重是基于其规则的及其法律体系的双重属性，而双重属性并不要求通过一项内部规范将国际法转化为国际组织的机构体系。随后两节将区分机构的和国际的有效性标准，讨论它们之间的相关性。

10.3 作为制约有效性的国际组织规则

一国不能通过主张其行为具有国内法上的合法性来证明其违反条约或国际不法行为具有合理性。同样的规范适用于国际组织；但需要注意这一点，如果国际组织规则是国际法，那么它们在确定行为是否为不法行为时无疑将发挥作用。

《1986年维也纳公约》第27条将国内法和国际组织规则进行类比，规定如下："（1）为一条约当事方的国家不得援引其国内法的规定作为不履行条约的理由。（2）为一条约当事方的国际组织不得援引其组织的规则作为不履行条约的理由。"

该条将国际组织规则视为排他性的内部性的机构法律，类似于国内法。事实上，支持相反的观点将会导致国际组织拥有改变其国际义务的单方权力。然而，当国际组织与其成员国缔结条约时，国际组织规则的国际性再次具有相关性，而且第27条可能并不特别有用。国际法委员会指出："条约从属于国际组织的单方行为，只能在实践中对这些国家发生；它们作为某一国际组织成员国的地位致使其实质性地受到'该国际组织规则'的约束。"[34] 在这种情况下，联合国安理会可以通过国际组织规则的方式要求其会员国违反国际义务。事实上，如果国际组织规则与约束该国际组织的条约一样都属于国际法，那么国际法的渊源中效力位阶的缺失就允许在同一法律体系内规范冲突标准基础上的减损。第27条项下的问题是界定联合国法律体系在何种程度上是国际法的一部分。[35]

同样，《国际组织责任条款草案》第32条规定："（1）责任国际组织不得以其规则作为不能按照本部分的规定遵守其义务的理由。（2）第1款不妨碍国际组织规则适用于该组织与其成员国和成员组织之

---

[34] ILC, "Draft Articles on the Law of Treaties between States and International Organizations or between International Organizations with Commentaries" (1982) UN Doc A/37/10 (ILC, "Law of Treaties International Organizations") 39, 40, para. 8, art 27.

[35] Catherine Brölmann, *The Institutional Veil in Public International Law: International Organisations and the Law of Treaties* (Hart 2007) 226.

间的关系。"㊱ 第 2 款反映了考虑国际组织规则的国际属性的需要，而这对于考虑相关行为是否属于国际不法行为可能很重要。如果国际组织规则是国际法，那么将其与国内法的类比就不再是可接受的。

其结果是非此即彼范式的适用，而该范式引发从内部或外部的视角对待国际组织的谬误。国际组织规则要么是组织的机构法律，从而的确不影响一项行为的有效或无效的定性；要么是国际法，从而的确影响行为的定性。

10.3.1 违反组织规则而导致的条约无效

一般能力和赋予权限之间的差异再次与因违反国际组织规则而导致的条约无效相关。特别是，这一问题涉及这些条件，即根据条件，国际组织缔结条约权限的缺失影响条约的有效性。

与《1969 年维也纳公约》第 46 条进行类比，《1986 年维也纳公约》第 46 条规定，明显违反机构规则可用作主张条约无效性的理由：

（1）一国不得以其同意受条约拘束的表示违反该国国内法关于缔约权限的规定为理由而主张其同意无效，但违反情事明显且涉及其具有根本重要性的国内法规则时不在此限。

（2）一国际组织不得以其同意受条约约束的表示违反该组织关于缔约权限规则为理由而主张其同意无效，但违反情事明显且涉及其具有根本重要性的规则时不在此限。

（3）违反情事如对按照国家和在适当情况下国际组织的惯例善意地对待此事的任何国家或任何国际组织客观明显时，即为明显。

无论是对国家还是国际组织而言，这一处理方式都难以适用。例如，在喀麦隆诉尼日利亚陆地和海洋边界案中，国际法院排除了《1969 年维也纳公约》第 46 条的适用；它依据的理由很简单，因为一个国家可以完全无视另一个国家的内部规则。㊲ 此外，很难说什么情况下违反情事是

㊱ ILC, "Draft Articles on the Responsibility of International Organizations, with Commentaries" (2011) UN Doc A/66/10.

㊲ *Land and Maritime Boundary between Cameroon and Nigeria* (Merits) [2002] ICJ Rep 303, paras. 265-268.

"明显的,因为它意味着对于任何按照通常实践做法和一秉善意行事的国家来说都需要是客观明显的"[38]。

然而,国际法委员会在关于条约法的两套条款草案中写入了相同的规定,而这意味着国内法和国际组织机构法之间的类比。该委员会面临的主要问题是,国际组织通常实践做法的缺乏,而对于国家来说,则能够发现类似的通常做法。[39] 该委员会还提及这一规则在国际组织与成员国缔结条约背景下的重要性;此时,更容易绕过对于被明显违反的机构规范的认知问题。在这种情况下,谢尔默斯(Schermers)和布洛克尔(Blokker)谈到了一种认知假设。[40]

对于理解这条规定的作用,双重法律属性至关重要。一方面,第46条反映了同国家进行类比适用的内部性质。另一方面,该条也与国际组织同其成员国缔结的条约相关,而这一事实预先界定这两种主体之间存在以国际法为基础的关系。正如国际法院认为的:"就一个国际组织缔结的条约而言,其成员国是第三方;这一原则不容置疑,而且源自该组织的法律人格。然而,一个国际组织的成员国并不像其他国家一样完全是第三国。"[41]

《1986年维也纳公约》第46条采用同国内法完全相同的方式来考量国际组织所订法律,就同意缔结协议事宜采用了相同的处理方式。然而,这一规范的适用条件非常严格,几乎没有实践做法可以描述。隐含权力理论和法律解释对于确保条约的有效性具有基础性意义。事实上,国际组织可以声称成员国已经同意缔结该协议,即便是在实际上违反了国际组织规则的情况下。[42] 可以将隐含权力理论延伸这一程度,即有限的获赋职能构成缔结条约的一般能力。

这里讨论的少数案例之一涉及欧盟和摩洛哥的自由贸易协定。[43] 该案

---

[38] *Land and Maritime Boundary between Cameroon and Nigeria* (Merits) [2002] ICJ Rep 303, paras. 265.

[39] See the commentary to art 46 ILC, "Law of Treaties International Organizations" (n 34).

[40] Henry G. Schermers and Niels M. Blokker, *Institutional Law: Unity within Diversity* (Nijhoff 2011) para 1784.

[41] See the commentary to art 46 ILC, "Law of Treaties International Organizations" (n 34).

[42] Klabbers, *Introduction* (n 18) 254.

[43] 欧盟和摩洛哥以换文形式缔结关于农产品、加工农产品、鱼类和渔业产品的互惠自由化措施的协议,取代《欧洲—地中海协定》第1、2、3号议定书及其附件和修正案;它们旨在建立欧洲共同体及其成员国与摩洛哥王之间的联系。[2012] OJ 2012 L 241, 2.

例表明,主张一项条约因其缔结违反国际组织拟订规则而无效是多么的困难。民族解放运动波利萨里奥阵线(*Fronte Polisario*)向欧盟法院之综合法院起诉,请求废除欧盟理事会关于缔结该协定的决定以及所有实施法律文件。[44] 它主张缔结该协定同时违反了欧盟法律和国际法,因为该协定适用于西撒哈拉这一被摩洛哥占领的但是部分由波利萨里奥阵线统治的领土。[45] 显然,该案不涉及缺乏缔结条约的权限,而是涉及侵犯欧盟法律和国际法确立的基本权利。

2015年,该综合法院认为:"原告的抗辩和论据中没有任何内容可以支撑这样的结论,即根据欧盟法律或者国际法,绝对禁止与第三国缔结可以适用于争议领土的协议。"[46] 然而,法院废除了欧盟理事会的决定,因为该决定批准涉案协定适用于西撒哈拉,并认为"保护这类领土上居民的基本权利特别重要,因而欧盟理事会在批准这类协定前必须审查这一问题"[47]。总之,该协定在摩洛哥境内有效适用,但不能适用于西撒哈拉,因为欧盟理事会违反了欧盟内部关于在决定通过之前审查涉案所有要素的要求的规范。[48]

欧盟理事会对该判决提起上诉。2016年,欧盟法院撤销了综合法院的判决,并宣布对波利萨里奥阵线提起的诉讼不予受理。[49] 欧盟法院确认,不能将欧盟—摩洛哥协议解释为适用于西撒哈拉领土。总之,欧盟法院依据的是这一兼容性推定,即欧盟理事会和欧盟委员会并不意图缔结可能违反国际法和欧盟法律的协议。[50] 然而,为了做出这一决定,欧盟法院绕过了波利萨里奥阵线提出的初步反对意见;该反对意见主张上诉不可受理,因为欧盟没有权限与摩洛哥缔结一项法律上能够可以适用于西撒哈拉的国际协议,进而欧盟在上诉中并没有利益。[51] 欧盟法院仅指出,根据法

---

[44] Case T-512/12 *Front Populaire Pour La Libération De La Saguia-el-hamra et du rio de oro* (*Front Polisario*) v. Council of the European Union [2015] ECR 953 (Hereafter *Polisario v. Council*).

[45] *Western Sahara* (Advisory Opinion) [1975] ICJ Rep 12.

[46] *Polisario v. Council* (n 44) para. 215.

[47] *Polisario v. Council* (n 44) para. 227.

[48] *Polisario v. Council* (n 44) para. 247.

[49] Case C-104/16 P *Council of the European Union v. Front Populaire Pour la Libération de la Saguia-el-hamra et du rio de oro* (*Front Polisario*) [2016] ECR 973.

[50] Case C-104/16 P *Council of the European Union v. Front Populaire Pour la Libération de la Saguia-el-hamra et du rio de oro* (*Front Polisario*) [2016] ECR 123.

[51] Case C-104/16 P *Council of the European Union v. Front Populaire Pour la Libération de la Saguia-el-hamra et du rio de oro* (*Front Polisario*) [2016] ECR para. 66.

院规约，欧盟理事会并非必须在上诉中表明任何利益。

10.4 作为制约有效性的习惯国际法

在 *Fronte Polisario* 案中，欧盟法院之综合法院于 2015 年确认："（欧盟）在通过一项法案时，必须遵守作为整体的国际法，包括对欧盟机构具有约束力的习惯国际法。"㊷ 然而，适用习惯国际法作为对国际组织所订一项规则的有效性的限制，比它看起来更加复杂。事实上，哪些习惯法规范对国际组织具有约束力并不明确。此外，采用功能主义概念化会使这种对有效性的限制变得无效。当被视为国际法时，欧盟法律不能违反习惯国际法；尽管《欧盟条约》明确规定欧盟应当为"严格遵守和发展国际法，包括尊重《联合国宪章》的原则"做出贡献。㊸

对于其他国际组织来说，这一问题更为明显。正如本维尼斯迪（Benvenisti）所指出的，在世界卫生组织埃及总部协议咨询意见案中，国际法院并不打算主张适用于国家的相同习惯规范也适用于国际组织。㊹ 法院明确指出，国际组织受"其应尽义务"的约束，而这些义务与国际组织的特殊性有关。同样，这是一个概念化问题。如果在功能主义范式下，国际组织规则被认为是纯粹的国际法，就不可能主张国际组织受习惯国际法的约束。事实上，除强行法规范外，国际法渊源中缺乏效力位阶制度，这就从规范上排除了嗣后规范（例如联合国安理会决议）违反习惯规则的情况。这是功能主义概念化的规范效应，是将国际组织视为不会造成损害的主体的规范效应。㊺

相反，如果在宪章主义范式下，国际组织规则就被视为纯粹的内部法律，就可能主张国际组织受习惯国际法的约束，但前提是宪章性文书提及习惯国际法，如前文提及的《欧盟条约》第 3（5）条。这一问题与一元论与二元论国家之间的经典辩论并无不同。㊻ 的确，在这种概念化下，国

㊷ *Polisario v. Council*（n 44）para. 180.

㊸ Consolidated Version of the Treaty on European Union（adopted on 13 December 2007, Entered into Force 1 December 2009）Official Journal C 326, 26/10/2012 P 0001-0390, art 3（5）.

㊹ Eyal Benvenisti, "Upholding Democracy Amid the Challenges of New Technology: What Role for the Law of Global Governance?"（2018）29 EJIL 9.

㊺ Klabbers, "The EJIL Foreword"（n 32）29.

㊻ Giorgio Gaja, "Dualism: A Review" in Janne Nijman and André Nolkaemper（eds.）, *New Perspectives on the Divide Between National and International Law*（OUP 2007）.

家类比尤其相关。在宪章性文书没有具体规定的情况下,国际组织可以有权制定其内部的有效性标准。

最为争辩的问题之一是,联合国维和特派团是否受习惯国际人道主义法的约束。[57] 通常情况下,解决这一问题的办法是主张联合国单方面声称其尊重这些规则,即使仅是出于自愿。[58] 另一个事例涉及联合国安理会对人权法的尊重,如在执行其反恐议程方面。2001年以来的安理会相关决议将尊重人权作为一般性条款施加给成员国,但却没有迹象表明联合国本身应该将尊重人权作为一个法律问题而不是作为政治性条件。[59]

克里斯蒂娜·多吉达斯(Kristina Daugirdas)最近采用非此即彼的路径,进而区分这两种概念化。[60] 她提到了一种"纵向关系"(其下,国际组织是国家的工具)和一种"横向关系"(其下,国际组织是国家的同辈)。同样,就国际组织与其成员国之间的关系,博尔丁(Bordin)区分了她所说的"国际层面关系"与"机构层面关系"。[61] 前者通过横向关系进行规制,而后者则通过纵向关系予以规制。

笔者认为,这两种概念化只不过是笔者所描述的功能主义和宪章主义,而且任何非此即彼的路径都是失败的;因为国际组织既不完全是工具,也不完全是国家的同辈,这两种视角相互交织。从"工具视角"来看,国际组织之所以受习惯国际法约束的原因可以通过简单地运用"同辈概念化"进行反证。而从"同辈视角"来看,国际组织之所以受习惯国际法约束的原因可以通过简单地运用"工具概念化"予以反证。国际组织的双重法律属性寻求提供一种共同的理论来解释习惯国际法约束国际组织的原因和程度。

---

[57] Philippe Sands and Pierre Klein, *Bowett's Law of International Institutions* (Sweet and Maxwell 2009) 463, 474-475.

[58] Kofi A. Arman, "Observance by United Nations Forces of International Humanitarian Law" (1999) 81 IRRC 812.

[59] Monika Heupel and Michael Zürn (eds.), *Protecting the Individual from International Authority: Human Rights in International Organizations* (CUP 2017).

[60] Kristina Daugirdas, "How and Why International Law Binds International Organizations" (2016) 57 HILJ 325.

[61] Fernando Lusa Bordin, "General International Law in the Relations between International Organizations and their Members" (2019) 32 LJIL 653.

10.4.1 侵犯人权的联合国安理会决议的有效性

为了讨论这个问题,声称最有趣的具有所谓越权性质的具体情形之一涉及联合国安理会就人权标准而采取的反恐怖主义制裁措施。[62]

讨论的出发点是这一主张:"赋予国际组织的权力不包括违反国际法的权力。"[63] 然而,哪些国际规范对国际组织具有约束力并不明确。首先,对于国际组织受其成员国所缔结条约的约束的理论,需要摒弃。[64] 国际法并没有规定这样一种机制,即,它与国际组织自治的法律人格不兼容,而且可以建立一个不可分割的、相互冲突的义务网。回顾笔者在关于条约法的第9章中讨论的内容,将成员国的义务转移到其国际组织的事实,与将国际组织的义务转移到其成员国的相反的想法,两者并行不悖。这一理论来自规则的纯粹国际属性。[65]

每一法律体系都规定对其规范的有效性的限制。基于国际组织作为双重法律实体的概念,规则的有效性既具有机构性,也具有国际性。越权行为的双重法律属性已被偶尔讨论。[66] 它结合了宪章主义视角和功能主义视角。根据前者,国际组织规则被视为内部法律,其合法性必须按照内部的有效性标准进行评估。[67] 根据后者,规则的合法性必须按照国际法的有效性标准予以评估。[68] 双重属性解释了为什么国际组织同时受其内部特别法和一般国际法的约束。

关于联合国及人权义务,功能主义视角聚焦《联合国宪章》载现的

---

[62] Annalisa Ciampi, *Sanzioni del Consiglio di Sicurezza e Diritti Umani* (Giuffrè 2007) (Hereafter Ciampi, Sanzioni); Martina Buscemi, *Illeciti delle Nazioni Unite e Tutela Dell'Individuo* (Editoriale Scientifica 2020).

[63] Cannizzaro and Palchetti, "Ultra Vires Acts" (n 7) 369.

[64] Frederik Naert, "Binding International Organisations to Member State Treaties or Responsibility of Member States for their Own Actions in the Framework of International Organisations" in Jan Wouters and Others (eds.), *Accountability for Human Rights Violations by International Organisations* (Intersentia 2010).

[65] 参见本书第9章。

[66] Cannizzaro and Palchetti, "Ultra Vires Acts" (n 7) 390.

[67] Benedetto Conforti, "The Legal Effect of Non-Compliance with Rules of Procedure in the UN General Assembly and Security Council" (1969) 63 AJIL 479.

[68] Karl Doehring, "Unlawful Resolutions of the Security Council and Their Legal Consequences" (1997) 1 MPYUNL 91.

获赋职能，作为对联合国安理会决议的限制。[69] 按照这一路径，相关规则都是无效的，因为它们的通过违反了创设该组织的国际条约。至于人权义务，很难主张它们构成了对该组织职能的限制。学界提出了几种理论，但是，在学者试图将联合国促进和鼓励成员国尊重人权的宗旨与对联合国本身有约束力的法律义务的存在进行协调时，这些理论通常都失败了。[70] 此外，这两种概念化承担着一种基础性作用。从功能主义者的观点来看，国际组织的创设不是为了侵犯或者尊重人权；国际组织是成员国手中的代理人。

根据宪章主义的视角，规则被视为联合国的内部法律，而且委任制度仅根据其法律体系构建，而该法律体系确立了对安理会权力的限制。[71] 问题在于被视为与国内法律体系相似的这一法律体系的开放程度。基于这一假设，合法性的第二项标准以条约和一般国际法作为基础。[72] 截至目前，只有个别国际组织是国际人权条约的缔约方，而且联合国并非其中之一。[73] 因此，必须在一般国际法中发现人权法的唯一渊源。[74]

有两个问题仍待解决，而规则的双重属性有助于阐明一些问题。第一个问题来自《联合国宪章》的特别法性质，它允许减损一般国际法。[75] 因此，安理会的每项决议都可以减损习惯法，并将其属性设定为国际法。尽管如此，决议上下文表明的内部属性可以阻止这种减损的可能性。事实上，决议不仅是国际法，它们的有效性还来自《联合国宪章》建立的该组织内部制度。因此，在《联合国宪章》没有规定排除其适用的情况下，

---

[69] Erika De Wet, *The Chapter VII Powers of the United Nations Security Council* (Hart Publishing 2004).

[70] Ian Johnstone, "The UN Security Council, Counterterrorism and Human Rights" in Andrea Bianchi and Alexis Keller (eds.), *Counterterrorism: Democracy's Challenge* (Bloomsbury 2008); Salvatore Zappalà, "Reviewing Security Council Measures in the Light of International Human Rights Principles" in Bardo Fassbender (ed.), *Securing Human Rights?: Achievements and Challenges of the UN Security Council* (OUP 2011); Andrea Bianchi, "Security Council's Anti-terror Resolutions and their Implementation by Member States: An Overview" (2006) 4 JICJ 1044.

[71] Antonios Tzanakopoulos, *Disobeying the Security Council: Countermeasures against Wrongful Sanctions* (OUP 2013) (Hereafter *Izanakopoulos, Disobeying*) 57.

[72] Ciampi, *Sanzioni* (n 62) 141.

[73] Guillaume Le Floch, *Responsibility for Human Rights Violations by International Organizations* (Brill 2015).

[74] Ciampi, *Sanzioni* (n 62) 141.

[75] Ciampi, *Sanzioni* (n 62) 142.

决议必须尊重习惯国际法。⑯ 由于《联合国宪章》没有明文规定安理会不受习惯人权义务的约束，因此，具有双重法律属性的决议在违反这类义务时无效。

或许有人会反对说，第 103 条是《联合国宪章》的一项规则，而且明确赋予联合国项下义务以高于其成员国条约义务的优先权。此外有一种倾向认为，第 103 条还涵盖了习惯国际法项下的义务。⑰ 然而，第 103 条仅适用于成员国的联合国项下义务与其条约项下义务中的冲突性义务，而不适用于联合国的自身义务。第 103 条是一项协调不同法律体系的规则，它宣告了联合国项下义务的最高效力地位。⑱ 它处理的是法律体系的效力而非其内容，因而并不排除联合国的行动受自身法律体系以及国际法所产生的人权义务的限制。违反人权法通过的决议无效并不触及第 103 条规定的最高效力条款。

第二个问题来自作为基于国家的具体特征所制定法律文书的人权法性质。⑲ 例如，由于其不拥有领土管辖权，国际组织承担人权义务的能力受到了质疑。⑳ 由于拥有领土不是国际组织的基本特征，管辖权的概念不适用于国际组织。然而，这些论点不能一概而论。实践表明，联合国等某些国际组织被委任进行领土管理，欧盟等其他国际组织也承担国际人权义务。

此外，域外管辖权的概念已被广泛接受，而这似乎并不是对国际组织的一种限制。㉑ 从宪章主义者的视角来看，国际组织的属人管辖权经由成员国的管辖权而行使。国际组织规则既有内部的，也有国际的效力标准，从而允许在特别法和一般法之间进行协调。㉒ 它们的平行适用是国际组织规则双重法律属性的可能结果。

---

⑯ Dapo Akande, "The International Court of Justice and the Security Council: Is There Room for Judicial Control of Decisions of the Political Organs of the United Nations?" (1997) 46 ICLQ 309.

⑰ Johann Ruben Leiæ and Andreas L Paulus, "Article 103" in Bruno Simma and Others (eds.), *The Charter of the United Nations: A Commentary*, Volume II (OUP 2012).

⑱ Jan Klabbers, *Treaty Conflict and the European Union* (CUP 2009) 150.

⑲ Samantha Besson, "The Bearers of Human Rights' Duties and Responsibilities for Human Rights: A Quiet (R) evolution?" (2015) 32 Social Philosophy and Policy 244.

⑳ Samantha Besson, "The Extraterritoriality of the European Convention on Human Rights: Why Human Rights Depend on Jurisdiction and What Jurisdiction Amounts to" (2012) 25 LJIL 857.

㉑ Ralph Wilde, "Legal Black Hole—Extraterritorial State Action and International Treaty Law on Civil and PoHtical Rights" (2005) 26 MJIL 739.

㉒ Tzanakopoulos, *Disobeying* (n 71) 57.

10.5 小结

双重法律属性最有意义的效果之一，是拒绝了非此即彼这一表示国际组织法特点的路径。这一点在关于其所制定法律有效性的辩论中尤其明显。双重法律属性解释了国际组织规则如何具有两个合法性的参数，它们源自国际的和国际组织机构的法律体系。双重属性理论的主要实际效果是解释国际组织如何受习惯国际法的调整，但不回避发生在国际层面的与发生在国际组织机构层面的活动之间的虚构区别。我已经论证这一区别具有任意性，它是建立在解释者的论证目的之上。通过运用国际组织的宪章主义概念或功能主义概念，同一活动可以被视为发生在国际层面或国际组织机构层面。只有双重法律属性才能提供一个全面性的理解。

第 11 章　国际责任

将双重法律属性应用于国际责任领域的第一个结果是反驳了这一传统的"非此即彼"路径，即要么从内部性机构的视角，要么从外部性的国际视角来考量成员国。例如，尼古拉斯·沃尔加里斯（Nikolaos Voulgaris）最近一本关于责任分配的书，区分了基于"特定成员国—国际组织关系"的互动和"作为国际法独立主体之间的互动"。① 这种区分的理由是获赋职能。前者适用于成员国执行国际组织职能并按照其规则行事（不越权行事）的情形。后者涵盖其他所有情形，即"成员国作为国家行事，不会在'国际组织的面纱下'消失。"② 同样，国际法委员会根据机构上的联系和事实上的联系这两个主要标准，来处理将行为是否归结于国际组织的问题。③ 正如笔者下面即将论证的，可以根据这两个标准来考量成员国，而这具体取决于它们是被视为内部性主体还是外部性主体。

笔者在本书中始终主张区分这两种路径的需要是基于对不同的国际组织概念的应用。这意味着，同样的事实情况可以被任意地视为涉及内部性关系或国际性关系，而这取决于如何看待国际组织规则和应用相应的概念化。当赋予国际组织获赋职能的条约被认为是纯粹的国际法时，国际组织

---

① Nikolaos Voulgaris, *Allocating International Responsibility between Member States and International Organisations* (Bloomsbury 2019) (Hereafter Voulgaris, *Allocating International Responsibility*).

② Nikolaos Voulgaris, *Allocating International Responsibility between Member States and International Organisations* (Bloomsbury 2019) (Hereafter Voulgaris, *Allocating International Responsibility*) 4, 5.

③ ILC, "Draft Articles on the Responsibility of International Organizations, with Commentaries" (2011) UN Doc A/66/10 (Hereafter ARIO); Francesco Messineo, "Attribution of Conduct" in André Nollkaemper and Ilias Plakokefalos (eds.), *Principles of Shared Responsibility in International Law: An Appraisal of the State of the Art* (CUP 2014) (Hereafter Messineo, "Attribution of Conduct").

的功能主义概念得到应用，成员国被认为仅仅是"国家"。当确立国际组织职能的宪章被认为是纯粹的内部法律时，宪章主义的国际组织概念得到应用，成员国被认为仅仅是"成员"。然而问题是，国际组织的职能从来都不是可以清晰识别的，因为它们可以是明示的、隐含的或固有的，并且将职能作为理由太薄弱，不足以关联法律框架的建立。

另外传统路径对法律制度进行区分，并根据不法行为属于国际法问题还是国际组织法问题识别不同规则。④ 然而，这种路径也是失败的，因为它依赖于这一假定，即国际组织的行为可以明确区分为内部性的或外部性的。笔者再次认为这只是观点问题，同一项规则既可以被视为内部法律，也可以被视为国际法。事实上，皮埃尔·克莱恩（Pierre Klein）在缺乏对由国际组织建立的法律制度的构成进行分析的情况下，仅凭直觉在内部层面与外部层面间建立了明确分离。同样，简·克莱伯斯（Jan Klabbers）在其手册的最后一版中对成员国和国际组织之间的关系以及内部关系和外部关系进行了区分。⑤ 这些区分可能具有描述性目的，但如果不同视角的采用影响法律框架的应用，这些区分只会使问题复杂化。

相反，其他一些学者，特别是那些关注共同责任的学者，并不倚赖外部层面与内部层面之间的区别。⑥ 然而，这种路径并非基于国际组织概念的基础理论，其条件是需要就国际组织是什么达成一致。在本章的下一节，笔者将描述国际法委员会的工作如何因缺乏一个意见一致的概念化而受到影响。事实上，《国际组织责任条款草案》基于这样一种观点，即根据具体情况，机构面纱具有不同程度的透明度。在某些情况下，国际组织规则被视为国际法，在机构面纱后的成员国是可见的；在另一些情况下，则被视为内部法律，在机构面纱后的成员国是不可见的。⑦

笔者将论述对非此即彼范式的摒弃是国际组织概念化为双重属性实体

---

④ Pierre Klein, *La responsabilité des Organisations Internationales Dans les Ordres Juridiques Internes et en Droit des Gens* (Bruylant 1998).

⑤ Jan Klabbers, *An Introduction to International Organizations Law* (3rd edn, CUP 2015).

⑥ 例见：Moshe Hirsch, *The Responsibility of International Organizations toward Third Parties: Some Basic Principles* (Nijhoff 1995); José Manuel Cortés Martin, "The Responsibility of Members Due to Wrongful Acts of International Organizations" (2013) 12 CJIL 679。

⑦ Catherine Brölmann, "Member States and International Legal Responsibility" (2015) 12 IOLR 358, 361.

的最重要影响。这意味着认识到了关于看待国际组织的数个视角的价值。因此，它为构想一个综合性法律框架的可能性开辟了道路。简化也许是这一路径最重要的影响。笔者将首先阐释历史上试图制定的一套关于国际责任的条款是如何理解国际组织的，然后在处理成员国与其国际组织之间特定内部性和国际性关系的行为归结规范的语境下，讨论双重法律属性。

11.1 国际责任法上的国际组织

11.1.1 国际法学会

20世纪90年代中期，国际法学会解决了成员国对国际组织不履行其对第三方义务的责任这一复杂问题。锡业理事会的倒闭以及随后在国内法院的诉讼促使国际法学会成立了一个委员会⑧，罗莎琳·希金斯（Rosalyn Higgins）被任命为该项目的报告员，题为"国际组织不履行其对第三方的义务时成员国的法律后果"⑨。

在其初步研究中，她首先为了该项目目的将国际组织界定为本质上具有法律人格。⑩ 需要注意的是，她依据的是塞德尔-霍恩费尔登（Seidl-Hohenveldem）的著作及其对统治权行为（*acta iure imperii*）和管理权行为（*acta iure gestionis*）的区分。根据塞德尔-霍恩费尔登提出的定义，国际组织仅仅是那些开展这类活动的实体，即如果由单个国家从事将会被认为是其行使统治权的活动。⑪ 国际组织所履行职能的政府属性决定了成员国是否对该组织的行为负责。事实上，如果行为被定性为管理权，该实体就

---

⑧ Romana Sadurska and Christine M. Chinkin, "The Collapse of the International Tin Council: A Case of State Responsibility?" (1990) 30 VJIL 845; *J. H. Rayner* (*Mincing Lane*) *Ltd. v. Department of Trade and Industry and Others* [1987] EWHC [1988] 77 ILR 56; *Maclaine Watson & Company Ltd. v. Department of Trade and Industry* [1987] EWHC [1989] 80 ILR 39; *J. H. Rayner* (*Mincing Lane*) *Ltd v. Department of Trade and Industry and Others and Related Appeals*, *and Maclaine Watson & Co. Ltd. v. Department of Trade and Industry*, *and Maclaine Watson & Co. Ltd. v. International Tin Council* [1989] UKHL [1990] 81 ILR 670; *In Re International Tin Council* [1988] EWCA [1989] 80 ILR 181; *Australia & New Zealand Banking Group Ltd and Others v. Australia and others* [1989] UKHL [1990] 29 ILM 670.

⑨ Fifth Commission, "The Legal Consequences for Member States of the Non-fulfilment by International Organizations of Their Obligations toward Third Parties" (Annuaire de l'Institut de Droit International 1995) (hereafter Fifth Commission, "Legal Consequences").

⑩ Ibid. 253.

⑪ Ignaz Seidl-Hohenveldern, *Corporations in and under International Law* (CUP1987) 72.

不是国际组织,不具备法律人格,且成员国对第三方负有直接责任。的确,国际组织的基本要素是具有国际法律人格及其政府间性质。最终决议在第1条中规定,该项目"处理国际组织拥有与其成员国不同的国际法律人格的情况下出现的问题"[12]。

在国际法学会随后的工作中,罗莎琳·希金斯证实了她的初步研究结论,即根据国际法,成员国不因国际组织不履行其义务而对第三方承担法律责任。[13] 然而,正如我在关于条约法的第9章中提到的,她识别了一项基于习惯法的义务,该义务要求成员国使其组织能够履行对第三方的条约义务。此外,最终报告强调了关联每一国际组织的特殊规则,以确定是否适用关于成员国责任的特定义务。[14] 最后,这套条款包含一个关于规则的定义,其与国际法委员会通过的定义相似:"'组织规则'是指该组织的宪章性文书及其任何修正案、据此通过的条例、根据这些文书通过的具有约束力的决定和决议,以及该组织的既有惯例。"[15] 关于成员国责任,第5条规定:

1. 国际组织成员国对组织义务的责任问题参照该组织的规则确定。

2. 在特定情况下,国际组织国成员可根据国际法的有关一般原则,如默许或滥用权利,对其义务承担责任。

3. 此外,成员国可在以下情况对第三方承担责任:(1) 成员国作出承诺,或(2) 国际组织在法律上或事实上作为成员国的代理人行事。

11.1.2 国际法委员会

国际法委员会对国际组织法编纂的最后一次尝试是关于国际组织对国际不法行为的国际责任问题。与条约法的编纂工作类似,委员会刚完成关于国家责任的工作时,就接到了开始新的研究任务。[16] 然而,国家责任方

---

[12] Fifth Commission, "Legal Consequences" (n 9).
[13] Fifth Commission, "Legal Consequences" (n 9) 461.
[14] Fifth Commission, "Legal Consequences" (n 9) 462.
[15] Fifth Commission, "Legal Consequences" (n 9) 462.
[16] ILC, "Report of the International Law Commission on the Work of its 52nd Session" (1 May-18 August 2000) UN Doc A/55/10.

面的工作与条约法方面的工作不同,因为前者从未处理国际组织问题,也未处理作为国际组织成员的国家的责任问题。[17] 唯一提到这一问题的是《国家对国际不法行为的责任条款》第 57 条,它明确将国际组织的责任和任何国家对国际组织行为的责任问题排除在该项目之外。[18] 该条的评注根据《1986 年维也纳公约》将国际组织界定为政府间组织,但未作进一步解释。评注还强调,第 57 条并未将第一编第二章规定的所有可归结于国家的行为排除在项目范围之外。该排除只包括"有时被称为成员国对国际组织的行为或债务的衍生责任或次级责任"[19]。

2002 年,乔治奥·盖加(Giorgio Gaja)被任命为特别报告员,委员会成立了一个工作组并在同年提交了第一份报告。[20] 工作组在开篇列入了几段关于"国际组织的概念"的段落,申明根据委员会以前的工作,"国际组织是指政府间组织"的定义包含了性质相当多样化的实体。它强调,为不同类别的国际组织制定具体规则可能是有益的,因为寻求适用于所有政府间组织的一般性规则可能不合理,特别是关于国家可能对其所属组织的行动承担责任的问题。[21] 它还将非政府组织以及国家根据国内法建立的组织排除在其工作之外。

在他的第一份报告中,盖加不再采用委员会以前工作中使用的简要定义。[22] 他指出,界定国际组织的困难来自以成员国资格为基础的传统定义所涵盖的机构的多样性,这种定义只排除了非政府组织。另一个必须考虑的因素是宪章性文书,它对于政府间组织来说一般是条约,而对于其他非政府组织来说则是不以国际法为根据的文书。然而,他承认,有些国际组织在成员中有非国家行为者,而且不是根据国际法文书而成立。与罗莎

---

[17] ILC, "First Report on State Responsibility by Roberto Ago" (1969) UN Doc A/CN. 4/217 and Add. 1, 140, para 94.

[18] 该条款草案第 57 条规定:"本条款不影响国际组织依国际法承担的,或任何国家对国际组织的行为的责任的任何问题。" ILC, "Draft Articles on Responsibility of States for Internationally Wrongful Acts, with commentaries" (2001) UN Doc A/56/10 (hereafter ARSIWA).

[19] ILC, "Draft Articles on Responsibility of States for Internationally Wrongful Acts, with Commentaries" (2001) UN Doc A/56/10 (hereafter ARSIWA) 142.

[20] ILC, "Report of the Working Group on the Responsibility of International Organizations" (2002) UN Doc A/57/10.

[21] ILC, "Report of the Working Group on the Responsibility of International Organizations" (2002) UN Doc A/57/10 470.

[22] ILC, "First Report on Responsibility of International Organizations by Giorgio Gaja" UN Doc A/CN. 4/532 (Hereafter Gaja, "First Report").

琳·希金斯和国际法学会相似，盖加转向法律人格问题来解决国际组织的定义问题，并认为项目应该涵盖所有拥有国际法律人格且能承担国际义务的机构。

尽管法律人格是一个基本特征，但他认为仅此不足以界定项目的范围。事实上，他所想象的风险与笔者在本书第一编所讨论的风险相同，涉及对如下问题的不同观点，即国际组织的法律人格是否会因其存在而于事实上产生，或者说是否由成员国赋予而得到非成员国的承认。[23] 盖加倾向于这一路径，即"将本项研究的范围限定在与行使某些职能的国际组织有关的问题上是适当的，它们与国家行使的那些职能相似甚至可能相同。这些职能，无论是立法的、还是行政的、抑或司法的，都可以称为统治职能"[24]。他提议为国际责任目的起草一个新定义，并根据国际组织的"统治"职能识别一种更为同质的机构类别，不论这些组织是根据国际法律文书组建，还是其成员仅为国家："就本条款草案而言，'国际组织'一词是指其成员包括国家的组织，并以自己的行为能力行使某些统治职能。"[25] 他没有提及统治权行为，但人们可以从这些文句中读出塞德尔-霍恩费尔登所采取的路径。[26]

这一定义耐人寻味，因为它试图协调功能主义和国家类比。它包含这一观点，即国际组织的职能拥有一种"公共性"因素，使它们成为类似于国家的自治实体。然而，界定诸如统治职能这种一般性事务是一项艰巨的任务，而且最终可能会涵盖意想不到的实体。全体会议的讨论就是沿着这一思路进行的，并显现出基于其职能的国际组织定义的弊端。盖加的意图可能是寻求这样一个定义，即，对于为国家建立的框架，它将会适用。分享这一目的，伊恩·布朗利（Ian Brownlie）将统治职能重新解读为"类似于政府的活动"，但也承认就实践目的而言它毫无意义："一个华而不实的短语，但正是我们所需要的。"[27]

最后，国际法委员会否决了特别报告员的这一路径，并成立了一个工

---

[23] 参见本书第1章。

[24] Gaja, "First Report" (n 22) para. 20.

[25] Gaja, "First Report" (n 22) para. 34.

[26] 参见本书第11章1.1。

[27] ILC, "Summary Record of the 2752nd Meeting" (Yearbook of the International Law Commission, 2003, vol. I, 2003) UN Doc A/CN.4/SR.2752 (Hereafter ILC, "2752nd Meeting") para. 10.

作组以提出一个新定义。新定义未经修改就列入了最终草案:"就本条款草案而言,'国际组织'一词是指根据条约或受国际法调整的其他文书建立,并且拥有其自己的国际法律人格的组织。国际组织的成员除国家外,还可以包括其他实体。"㉘ 评注强调,由于国际法的发展,"政府间的"提法变得不明确和过时,因此需要一个新定义:"政府间的"既没有提供太多信息,也不清楚它是指宪章性文书还是实际成员资格。它的不恰当是因为许多国际组织是由政府以外的国家机关建立,而且并不总是由政府代表。它的过时是因为许多国际组织的成员包括国家以外的实体。新定义并非没有受到批评,因为它排除了根据类似于国内法上的文书建立的组织,而且没有明确国际法律人格是否是每一国际组织所固有,或是否有可能构想出不拥有国际法律人格的国际组织。㉙

关于"国际组织规则"的定义,特别报告员盖加在其第三次报告中处理这一事宜,讨论了违反国际义务问题。㉚ 只有违反国际义务才引起国际责任,因此,并不明确该项目在多大程度上涵盖国际组织规则。他区分了本书用作出发点的四种理论,但没有关注规则属性与界定国际组织概念的相关性。委员会内部的讨论主要围绕某些组织制定不属于国际法的规则的行为能力。㉛ 盖加认为该项目应该考虑,如欧盟的法律不是国际法。委员会的一些成员反对这一观点。另一些成员甚至对综合性的规则概念提出异议,认为规则仅应该涉及组织的"内部运行"。㉜ 讨论没有形成一致意见,并以马蒂·科斯肯涅米(Martti Koskenniemi)的话语结束:"对国际组织规则的属性作出判断并不是委员会的任务。重要的是规则与一般国际法项下国际组织的责任之间的关系,而无论规则的性质如何。"㉝ 委员会没有表明立场,而且重申缺乏一致立场:

㉘ ILC, "Report of the International Law Commission on the Work of its 55th Session" (5 May–8 August 2003) UN Doc A/58/10, 18.

㉙ Maurice Mendelson, "The Definition of 'International Organization' in the International Law Commission's Current Project on the Responsibility of International Organizations" in Maurizio Ragazzi (ed.), *International Responsibility Today Essays in Memory of Oscar Schachter* (Nijhoff 2005).

㉚ ILC, "Third Report on Responsibility of International Organizations by Giorgio Gaja" (2005) UN Doc A/CN.4/553, paras. 16ss.

㉛ ILC, "Summary Record of the 2840th Meeting" (2005) UN Doc A/CN.4/SR.2840.

㉜ ILC, "Summary Record of the 2840th Meeting" (2005) UN Doc A/CN.4/SR. para. 72.

㉝ ILC, "Summary Record of the 2841th Meeting" UN Doc A/CN.4/SR. 2841, para. 34.

国际组织的内部法律不能与国际法有显著区别。至少国际组织的宪章性文书是一项条约或受国际法调整的其他文书；国际组织内部法律的其他某些部分可以被视为属于国际法。一个重要的区别是，相关义务是针对成员国还是非成员国，尽管这种区别不一定是决定性的；因为如果内部法律总是优先于国际法项下国际组织对成员国承担的义务，那是值得商榷的。另一方面，对非成员国而言，《联合国宪章》第103条可以为国际组织违反其与非成员国所缔结国际条约项下义务的行为提供理由。因此，国际法与国际组织内部法律之间的关系似乎过于复杂，无法用一项一般原则予以表述。[34]

因此，国际法委员会在整个项目中没有采取全面性路径，而是修改了国际组织规则的属性和国际组织的概念。[35] 与《国家对国际不法行为的责任条款》第3条相比，规则属性的关联性得以产生，指出国内法不能影响国际行为的不法性。[36] 委员会采用功能主义的视角，申明类似条款不适用于国际组织，因为规则可能属于国际法。[37] 正如笔者将在下一部分讨论的，为了归结国际组织机关的行为，其规则的属性也具有相关性。[38] 第10条规定，违反创设国际义务的国际组织规则，可以产生国际责任。[39] 即使反制措施是否应该被视为内部性制裁尚有争议，但规则的国际属性可判断国际组织与其成员国之间反制措施可接受性的合理性。[40] 关于赔偿问题，第32（1）条通过与《国家对国际不法行为的责任条款》第32条进行类比，考量规则的内部法律属性，规定国际组织不能以其规则作为不履行赔偿义务的理由。[41] 相反，第32（2）条认为国际组织规则是适用于国际组

---

[34] ILC, "2752nd Meeting" (n 27) 48.

[35] Christiane Ahlborn, "The Rules of International Organizations and the Law of International Responsibility" (2011) 8 IOLR 397.

[36] 该条款草案第3条规定："将一国的行为定性为国际不法行为受国际法的调整。这种定性不因国内法把同一行为定性为合法行为而受影响。"

[37] ARIO (n 3) Comment to arts 4, 15.

[38] 该条款草案第6（2）条规定："在确定国际组织的机关和代理人的职能时，应当适用国际组织规则。"

[39] 该条款草案第10（2）条规定："第1款包括一国际组织违反根据其规则对其成员可能产生的任何国际义务的情形。"

[40] 参见本书第3章2.1。

[41] 该条款草案第32（1）条规定："责任国际组织不得以其规则作为不能按照本部分的规定遵守其义务的理由。"

织与其成员国之间关系的国际法。㊷ 第 40 条规定的是确保履行赔偿义务的内部性义务。还是关于赔偿问题，与其他主体有关的责任（第 14—18 条，第 58—62 条）就如下两者进行了区分：有关实体的国际责任和它们之间的内部性关系。最后，关于特别法的第 64 条包含国际组织规则的国际属性，它能够取代国际法委员会项目的适用。

11.1.3 国际法协会

国际法协会曾两次关注国际组织的不法行为。第一次是从 1996 年到 2004 年一个聚焦"国际组织的问责"的委员会。㊸ 第二次是从 2005 年到 2012 年一个聚焦"国际组织的责任"的研究小组。㊹ 第一个委员会有三项宗旨：确立一套关于良善行政的建议性规则和最佳实践；识别初始规则；识别关于责任的次级规则。㊺ 在 1998 年其第一次报告中，委员会讨论了适用法律的作用，认识到国际组织于其中行事的法律体系的多元性。㊻ 它们区分了"适用法律""内部法律""一类组织的共同法律"和"外部法律"。㊼ 在 2002 年其第三次报告中，成员国和国际组织之间的法律关系被认为受国际组织规则的调整，即使在规则的国际属性和内部属性之间没有明确界定的情形下。然而，委员会倾向于使用"内部法律"一词，而不是"国际组织规则"。㊽ 关于行为归结，委员会依赖这项一般原则：据之，成员国不直接对国际组织的不法行为负责，但同时不消失在国际组织的机构面纱后面；这为双重归结开辟了道路。㊾ 作为

㊷ 该条款草案第 32（1）条规定："第 1 款不妨碍国际组织规则适用于该组织与其成员国和成员组织之间的关系。"

㊸ Committee on Accountability of International Organisations, "Final Report" (International Law Association, Berlin Conference, 2004).

㊹ Study Group on the Responsibility of International Organizations, "Final Report" (International Law Association, Sofia Conference, 2012) (hereafter ILA Study Group, "Final Report").

㊺ Committee on Accountability of International Organisations, "Second Report" (International Law Association, London Conference, 2000) 874.

㊻ Committee on Accountability of International Organisations, "First Report" (International Law Association, Taipei Conference, 1998) 591.

㊼ Committee on Accountability of International Organisations, "First Report" (International Law Association, Taipei Conference, 1998) 592-596.

㊽ Committee on Accountability of International Organisations, "Third Report" (International Law Association, New Delhi Conference, 2002) 9.

㊾ Committee on Accountability of International Organisations, "Third Report" (International Law Association, New Delhi Conference, 2002) 15-16.

"参照国际组织规则决定的国际法问题",成员国能够承担"次要"责任。㊾

2005年成立的国际组织责任问题研究小组的目标限定为提供意见和建议,推进国际法委员会项目。㊿ 特别是,研究小组成员考量了国家与国际组织之间的体制结构差异,讨论了采取复制—粘贴路径的可能性。他们通过比较,讨论了国家的"单维"属性和国际组织的透明且"分层"结构。㋑

2012年,研究小组讨论了国际法委员会采用的国际组织定义,并批评了这一情况,即,《国际组织责任条款草案》没有充分区分国际组织可能与其成员具有的不同关系,而这些关系既可能是内部的,也可能是外部的。㋒ 研究小组的最终报告聚焦条款草案的具体评注,强调其缺乏对法律人格和"独立意志"的明确界定。㋓ 特别是,它分析了条款草案第2(a)条的最终版评注中的这一句:国际"组织独特法律人格的存在,并不排除某一行为既归结于该组织,又归结于其一个或多个或所有成员国的可能性"。国际法协会想知道的是,成员国是以其成员国身份还是以其作为国际法主体的身份承担这种同时存在的责任。㋔

有趣的是,研究小组的最终报告对国际组织规则的属性表明了立场,主张国际组织有能力发展制定内部法律的内部法律体系。㋕ 然而,在审议最终报告的最后一次会议上,这一决定受到了批判。㋖ 例如,扎纳科普洛斯(Tzanakopoulos)认为,委员会没有明确强调规则的国际属性的唯一原因是欧盟要求特殊待遇的游说。㋗ 赖尼施(Reinisch)认为,国际法和内

㊾ Committee on Accountability of International Organisations, "Third Report" (International Law Association, New Delhi Conference, 2002) 18.

㊿ Study Group on the Responsibility of International Organisations, "Transcript of the Working Session" (International Law Association, The Hague Conference, 2010) 924.

㋑ Study Group on the Responsibility of International Organisations, "Transcript of the Working Session" (International Law Association, The Hague Conference, 2010) 924, 927.

㋒ Study Group on the Responsibility of International Organisations, "Transcript of Working Session" (International Law Association, Sofia Conference, 2012) (hereafter ILA Study Group, "2012 Transcript") 882.

㋓ ILA Study Group, "Final Report" (n 44) 12.

㋔ ILA Study Group, "Final Report" (n 44) 12.

㋕ ILA Study Group, "Final Report" (n 44) 15 ff.

㋖ ILA Study Group, "2012 Transcript" (n 53) 880.

㋗ ILA Study Group, "2012 Transcript" (n 53) 883.

部法律之间的区别是"人为的"。[59] 最终,国际法协会研究小组未能就共同立场形成一致意见,以致问题悬而未决。

11.2 行为的双重归结与共同责任

在国内法院和国际法院审理的案件中,国际组织概念的缺失在行为归结方面发挥着根本性作用。正如我在关于 *Al-Dulimi* 案判决的暂时结论(第6章)中所主张的,国际组织的宪章性概念——成员国表现为准机关(quasi-organs)并隐藏在国际组织的机构面纱之后——被用于声称国际法院不具有属人管辖权,因为行为不能归结于成员国。[60] 同样,国内法院将行为完全归结于国际组织的做法妨碍了案件审理,引发了豁免权问题,并将国家遮挡在机构面纱之后。[61]

当国家在国际组织的框架内行事时,这种令人厌恶的不明确性将导致司法不公的风险。正如1990年欧洲人权委员会所裁定的:

> 《公约》[《欧洲人权公约》]不禁止成员国向国际组织让渡权力。尽管如此,委员会这样回顾:"如果一国订立条约义务后又接着缔结了另一项国际协议,而后者致使其无法履行前一项条约项下义务,该国将对由此产生的任何违反其前一条约项下义务的行为负责"[参见 No. 235/56, Dec. 10. 6. 58, Yearbook 2 p. 256(300)]。委员会认为,就让渡权力的行使而言,权力的让渡并不必然排除《公约》项下国家的责任。否则,《公约》的保障性可能被肆意限制或排除,进而其强制性遭到剥夺。《公约》作为保护人类个体的文书,其目标和宗旨要求对其条款进行解释和适用,从而使其保障措施切实有效。[62]

国际组织的双重法律属性反映了不同概念化之间的基础性平衡;具体

---

[59] ILA Study Group, "2012 Transcript" (n 53) 885.

[60] 参见本书第6章。

[61] 关于这方面的一般性讨论,参见 August Reinisch, *The Privileges and Immunities of International Organizations in Domestic Courts* (OUP 2013)。

[62] *M. and Co. v. Germany* App No. 13258/87 (Commission Decision, 9 February 1990) (Hereafter *M. and Co. v. Germany*).

而言，它重新配置了成员国在与国际组织之间的关系上，既不是其机关也不是第三方的地位。一方面，国家如果作为宪章性实体的机关，就不能隐藏在国际组织机构面纱之后；另一方面，成员国如果作为功能性实体，就不能对仅可归结于国际组织的行为直接负责。自治的行为归结可以用于确定责任主体。[63] 虽然实践中很少应用，但双重归结是如下情形下最常见的结果，即，国际组织通过其成员国行事，或成员国通过其国际组织行事。只是在有限的情形下，一个主体的机关被置于另一主体的支配之下的事实才会导致完全归结于前一主体。

11.2.1　国家责任法上双重归结的法律依据

为了明确笔者将在双重归结中讨论的内容，有必要回到国际法委员会关于国家责任的第二任特别报告员罗伯托·阿戈（Roberto Ago）；他在1978年第七次报告中处理了双重归结问题。[64] 首先，他区分了两种形式的共同责任，区分了共谋、指挥和控制。[65] 他在1979年第八次报告中讨论了后者。[66] 关于共谋，他将之界定为一个减法过程，排除了共同责任由多个独立责任产生的假设。特别是，他首先将违反关于防止不法行为的不同义务排除在共谋之外。他进而认为，当行为可归结于双方或可归结于一个联合机关时，共谋并不包括两个行为者共同违反义务的情形，因为两个行为者都将对同一不法行为独立承担责任。指挥和控制这两个假设是本部分的研究对象；在这两个假设下，两个行为者对同一行为独立承担责任。这一对象排除了涉及不同行为的其他规范；这些行为与不法行为（如援助和协助，指挥和控制，胁迫）具有某种联系。

当同一行为由多个行为者（无论是国家还是国际组织）共同实施时，国际法委员会考虑双重归结问题。基于两种或两种以上自治的行为归结，它们自治地负责。双重归结是属于更宽泛的共同责任类别下的一

---

[63] Stian Øby Johansen, "Dual Attribution of Conduct to Both an International Organisation and a Member State"（2019）6 Oslo Law Review 178.

[64] ILC, "Seventh Report on State Responsibility by Mr Roberto Ago"（1978）UN Doc A/CN.4/307.

[65] 关于共同责任的定义，参见 André Nollkaemper and Dov Jacobs, "Shared Responsibility in International Law: A Conceptual Framework"（2012）34 MJIL 359（hereafter Nolikaemper and Jacobs, "Shared Responsibility"）。

[66] ILC, "Eight report on State Responsibility by Roberto Ago"（1979）UN Doc A/CN.4/318.

个具体概念。(67) 事实上，共同责任还涵盖许多其他情形；在这些情形下，对同一不法行为有不同程度的参与。时常像罗伯托·阿戈所讨论的情况，双重归结的提出只是为了识别共谋的概念。同样，伊恩·布朗利聚焦共同责任，区分是共谋还是直接参与不法行为的情况。(68) 约翰·奎格利（John Quigley）还将这种区分界定为事实问题。(69) 约翰·诺伊斯（John Noyes）和布莱恩·史密斯（Brian Smith）将连带责任原则的形成设计为这两种情形：不法行为通过归结于两个或两个以上行为者的一个行为实施，以及两个或两个以上不同的行为导致同一不法行为。(70) 行为的双重归结仅由于责任实体实施一个共同行为的合意而引起，并不取决于案件的具体情况。玛丽亚·路易莎·帕德莱蒂（Maria Luisa Padelletti）在 1990 年断言，大多数出现共谋问题的案件都应该被视为行为双重归结的案件。(71) 仅在行为实际上由两个行为者共同承担的情况下，贝恩哈德·格雷弗拉斯（Bernhard Graefrath）才适用连带责任。

基于直接责任与间接责任的区分，最近的学术研究区别对同一不法行为的双重归结和不同促成。(72) 诺尔坎佩尔（Nollkaemper）和雅各布斯（Jacobs）区别合作性共同责任和累积性共同责任，以显示协同行动（如联合作战）与非协同行动（如两个行为者各自对同一国际水道的污染）的相关性。(73)

国际法委员会特别报告员詹姆斯·克劳福德（James Crawford）在其第二次报告中认为："根据第 1 条和第 3 条，每个国家对自己的行为负责……接下来的问题是从已经识别出来的几个国家的不同形式联合的或协同的行为中，识别出那些没有被这项一般原则充分解决

(67) André Nollkaemper and Ilias Plakokefalos (eds.), *Principles of Shared Responsibility in International Law: An Appraisal of the State of the Art* (CUP 2014).

(68) Ian Brownlie, *System of the Law of Nations: State Responsibility, Part I* (8th edn, OUP 1983) 189 ss.

(69) John Quigley, "Complicity in International Law: A New Direction in the Law of State Responsibility" (1987) 57 BYBIL 77.

(70) John E. Noyes and Brian D. Smith, "State Responsibility and the Principle of Joint and Several Liability" (1988) 13YJIL 225.

(71) Maria Luisa Padelletti, *Pluralità di Stati nel Fatto Illecito Internazionale* (Giuffrè 1990).

(72) Christian Dominicé, "Attribution of Conduct to Multiple States and the Implication of a State in the Act of Another State" in James Crawford, Alain Pellet, and Simon Olleson (eds.), *The Law of International Responsibility* (OUP 2010) 281.

(73) Nollkaemper and Jacobs, "Shared Responsibility" (n 65) 368.

的行为。”(74) 双重归结的情形落入该一般原则的适用范围，而且被界定为每一行为者违反了同一初始义务且一个单一行为可归结于两者的情形。在国家责任实践中，双重归结常被提及。(75) 我将仅聚焦国际法院审理的瑙鲁某些磷酸盐土地（瑙鲁诉澳大利亚）案，因为该案对于国际组织的概念也颇有意义。(76)

澳大利亚、新西兰和英国三国合资企业开发磷酸盐地所导致的环境犯罪是一起典型案例，国际法院在这起案件中明确处理了可归结于多个国家的同一行为的共同责任情形。(77) 1919 年，澳、新、英三国签订一项协议，确立对瑙鲁岛进行共同管理，其中前五年委托澳大利亚管理。该协议还建立了英国磷酸盐委员会，由来自三国的 3 名代表实施管理，目的是组织对瑙鲁进行经济开发。三国将以不超过开采成本的固定价格获得矿产品，而多余部分将按市场价出售。利润由委员会管理。经历了第二次世界大战和日本占领后，瑙鲁成为三国共同管理的托管领土。1968 年，瑙鲁最终获得独立。

1989 年，瑙鲁向国际法院递交以澳大利亚为被告的起诉状，诉请后者就联合行政当局实施的违反数项国际义务的行为进行赔偿。澳大利亚提出数项反对意见，被国际法院 1992 年 6 月判决驳回。特别是，澳大利亚主张，国际联盟委任统治于 1920 年授予英国、新西兰和澳大利亚，并由联合行政当局行使。因此，法院将会不可避免地不得不对非诉讼当事方国家（英国和新西兰）的责任作出裁判。澳大利亚以缺乏管辖权为由提出

(74) ILC, “Second Report on State Responsibility by James Crawford” (1999) UN Doc A/CN. 4/498, para. 162.

(75) 主要案例包括：*Samoan Claim* [1902] RIAA IX 15; *Honduras v. El Salvador and Guatemala* [1908] American Journal of International Law 2 838; *Treatment in Hungary of Aircraft and Crew of United States of America* (*United States v. Hungarian People's Republic*; *United States v. USSR*) [1954] ICJ Pleadings 8; *Anglo-Chinese Shipping Co. v. United States* (cert denied) [1955] 349 US 938; *Military and Paramilitary Activities in and Against Nicaragua* (*Nicaragua v. United States of America*) (*Merits*) [1986] ICJ Rep 14 (Hereafter *Military and Paramilitary Activities*); *Oil Platforms* (*Islamic Republic of Iran v. United States of America*) (Merits) [2003] ICJ Rep 161。

(76) *Certain Phosphate Lands in Nauru* (*Nauru v. Australia*) (Preliminary Objections) [1992] ICJ Rep 240 (Hereafter *Nasru*).

(77) Antony Anghie, “The Heart of my Home: Colonialism, Environmental Damage, and the Nauru Case” (1993) 34 HILJ 445; Christopher Gregory Weeramantry, *Nauru: Environmental Damage Under International Trusteeship* (OUP 1992).

反对，认为该理由可被货币黄金案这一先例证明。[78]

国际法院确定它可以在不讨论英国和新西兰地位的情况下，就澳大利亚的责任作出裁断，因为涉案不法行为可以独立地归结于澳大利亚。同一行为也可归结于其他两个国家的事实并不触发货币黄金原则。特别是，该行为由三个国家共同承担的事实意味着不同行为者之间不存在依赖关系，法院无须裁定其他国家的责任就可认定澳大利亚自治地负责。它无须确定，甚至无须考虑英国或新西兰的地位。总之，涉案行政当局是一个联合机构，国际法院依据国际法委员会的立场，主张将联合机构的行为自治地归结于参与的每个国家。如果共同机关违反国际义务，而且有关国家将同时实施单独但完全相同的国际不法行为，就可以产生单独的平行责任。[79]

这里，笔者不关注货币黄金原则的正确适用，而是关注同一行为可以分别归结于数个主体的基础性结论。特别是国际法院将同一行为的平行归结情形与对同一不法行为不同程度的促成区分开来。总之，国际法院没有适用货币黄金原则，因为该案中只有一种行为构成不法行为，而不是可以被定性为一种不同参与的数项促成。

在判决中，国际法院没有讨论在先的英国磷酸盐委员会以及后来的联合行政当局在实际上是否是三国为管理共同利益而建立的国际组织。它仅宣称联合行政当局不具有自治性法律人格，但并未给出这一结论的理由。[80] 沙哈布登（Shahabuddeen）法官在其附和意见中仅强调这三个国家被指定为联合管理机构。[81]

然而，各方在诉讼中都提出了独立的法律人格问题。澳大利亚在其初步反对意见中还以锡业理事会案为依据对连带责任提出异议，主张："在该案诉讼中，英国法院赞成国际组织的成员不对国际锡业理事会的债务承担责任。"[82] 此外，澳大利亚主张托管义务由管理当局承担，即使它没有

---

[78] *Monetary Gold Removed from Rome in* 1943 (*Italy v. France, United Kingdom of Great Britain and Northern Ireland and United States of America*) (Preliminary Objections) [1954] ICJ Rep 19; Martins Paparinskis, "Procedural Aspects of Shared Responsibility in the International Court of Justice" (2013) 4 JIDS 295.

[79] ILC, "Report of the International Law Commission on the Work of its 13th Session" (1978) UN Doc A/33/10, arts 27, 99.

[80] *Nauru* (n 76) para. 47.

[81] Ibid Separate Opinion of Judge Shahabuddeen, 277.

[82] Ibid Preliminary Objection of the Government of Australia, para. 314.

被界定为国际组织而只是一种“伙伴关系”。(83) 它主张，根据协议，管理当局“负责该领土的和平、秩序、善政和防务”，并承担国际义务。(84) 总之，为了主张国际法院在英国和新西兰缺席的情况下没有审理该案的管辖权，澳大利亚以共同义务而非个别义务作为依据。

瑙鲁在其书面陈述中做出回应，认为托管协议并未创建这样一个独立的法律实体，“就像国际组织是一个独立于其成员的实体一样”，并将托管协议界定为“关于另外两国一定程度参与的特定安排的一种法律描述，使英国和新西兰参加瑙鲁行政管理的一种设计”(85)。它强调将所有被行政管理的领土界定为国际组织的不良后果，即这会限缩国家的责任。

在口头程序中，澳大利亚主张，自己的意图并非主张管理当局是一个独立的国际法主体，而是将它界定为一个联合机构而不是国际组织。(86) 因此，这三个国家承担了不可分担的共同义务。瑙鲁则回应称：

> 在一个独立法律实体（例如具有独立法律人格的国际组织）的责任与一个或数个国家（使用《联合国宪章》第81条中的词语）的责任之间，不存在第三种情况。国家仍然对它们自己的行为负责，即使它们可能代表或联合他人一起实施这些行为。任何其他观点都会导致法律上的不负责任。(87)

总之，管理当局未被界定为国际组织的主要原因是，如此界定将缩减成员国的责任，而且同样的理由将会适用于每一份托管协议。这不是行为归结的问题，而是澳大利亚根据托管协议承担义务的能力问题。无论如何，笔者并不完全确信这一结论，因为它没有考量笔者在第8章5.1中讨论的委任统治制度和国际领土管理的双重法律属性。国家能够建立国际组织来管理领土，托管协议的条款便是如此；因为管理当局似乎能够根据国际法律文书发展特定的法律制度。事实上，根据托管协议第4条，管理当

(83) Ibid Preliminary Objection of the Government of Australia, para. 321.

(84) Draft Trusteeship Agreement for Nauru (21 October 1947) UN Doc A/402/Rev. 1.

(85) *Nauru* (n 76) Written Statements of Nauru, para. 284.

(86) ICJ, “Public sitting held on Tuesday 12 November 1991, in the Case Concerning Certain Phosphate Lands in Nauru (Nauru v. Australia)” 42.

(87) ICJ, “Public sitting Held on Tuesday 19 November 1991, in the Case Concerning Certain Phosphate Lands in Nauru (Nauru v. Australia)” 52.

局拥有"对该领土的充分的立法权、行政权和管辖权"。如加以必要的变更，它与联合国科索沃特派团的宪章性框架并无太大区别。[88] 然而，如果不法行为归结于多个主体，或者如果成员国资格所生义务拖累成员国，那么独立法律实体的存在就并非自动意味着成员国不能共同承担责任。联合机构（并非独立于其成员国的一个实体）与具有独立人格的机构之间的区别并不明确。例如，如果管理当局不是国际组织，那么就没有理由排除其前身——英国磷酸盐委员会——是一个旨在开采瑙鲁自然资源的国际组织。

笔者相信，对瑙鲁资源的开发还可以定性为由可归结于澳大利亚和管理当局的行为所导致的不法行为。在成员国和国际组织之间的关系中，行为的双重或多重归结特别常见。然而，由于缺乏一个意见一致的国际组织概念，导致无法制定有助于在这些复杂情况下对行为进行归结的规则。下一部分将运用作为双重属性实体的国际组织的概念，检视双重归结规范的法律基础。

11.2.2 对国际组织及其成员国的适用性

一旦明确了多重归结的可能性，就会出现第二个困难，即如何使多重归结与国际组织的分层结构相协调。[89] 事实上，多重归结问题受不同的国际组织概念化的影响，不同的概念化对国际组织的看法不同。根据宪章主义概念化，双重归结并不适用；因为成员国作为国际组织的机关行事，而国际组织对行为负有排他性的责任，即使行为根据《国家对国际不法行为的责任条款》也会归结于国家。[90] 根据功能主义概念化，双重归结是可能的，但很罕见；因为成员国被视为对行为负有排他性责任的第三方实体，即使行为根据《国际组织责任条款草案》也会归结于国际组织。[91] 只

---

[88] Matthew Saul, "Internationally Administered Territories" in André Nollkaemper and Ilias Plakokefalos (eds.), *The Practice of Shared Responsibility in International Law* (CUP 2017) (Hereafter Saul, "Internationally Administered Territories").

[89] ILC, "Second Report on Responsibility of International Organizations by Giorgio Gaja" (2004) UN Doc A/CN.4/541, para. 6.

[90] 正如在下列案件中的适用：*Behrami v. France and Saramati v. France, Germany and Norway* App Nos. 71412/01 and 78166/01 (ECtHR, 5 May 2007) (Hereafter *Behrami and Saramati*); *Kasumaj v. Greece* App No. 6974/05 (ECtHR Grand Chamber, 5 July 2007); *Gaji v. Germany* App No. 31446/02 (ECtHR Grand Chamber, 28 August 2007); *Jaloud v. the Netherlands* App No. 47708/08 (ECtHR Grand Chamber, 20 November 2014)。

[91] 正如在下列案件中的适用：*Al-Jedda v. the United Kingdom* App No. 27021/08 (ECtHR Grand Chamber, 7 July 2011) (Hereafter *Al Jedda*)。

有在国际组织"有效控制"的实际情况下，行为才能可归结于国际组织；但对于是否是排他性的归结或是否可以由成员国共同承担，尚无明确的规则。(92) 根据特殊主义，同一项归结规则并不适用于每一国际组织。例如，欧盟的一个成员国在行使排他性权限而实施行为时，就不适用双重归结。(93) 根据非正式主义，国际组织的特定行动需要一项关于行为归结的具体规范。例如，通常认为，维和行动属于"有效控制"标准的范围。(94)

笔者认为必须摒弃这种基于不同概念化的复杂框架，转而采用一种基于国际组织双重法律属性的整体性路径。

事实上，只有个别关于多重归结的文献认为国际法委员会的两个项目都可以应用于同一事实情况。(95) 然而，即使做出这样的假设，情况也不明朗。弗朗切斯科·梅西尼奥（Francesco Messineo）等学者并没有区分以下两种情况：一种是共同责任由不存在机构关系的实体引起，如两个国家实施了同一不法行为；另一种是共同责任由存在机构关系的实体引起。笔者认为，国际组织建立的机构关系需要一个双重归结标准，而国际法委员会并没有制定或排除这一标准。笔者将首先识别《国际组织责任条款草案》和《国家对国际不法行为的责任条款》中成员国和其国际组织之间可能存在的行为双重归结情况。

《国际组织责任条款草案》第 6（1）条确立了行为归结的机构标准，该条规定：

> 国际组织的机关或代理人履行该机关或代理人职能的行为，依国际法应当视为该组织的行为，不论该机关或代理人相对于该组织而言具有何种地位。

类同地，《国家对国际不法行为的责任条款》第 4（1）条规定：

---

(92) Paolo Palchetti, "Attributing the Conduct of Dutchbat in Srebrenica: The 2014 Judgment of the District Court in the Mothers of Srebrenica case" (2015) 62 NILJ 279 (Hereafter Palchetti, "Attributing the Conduct") 289.

(93) 参见本书第 5 章 2. 1。

(94) Cedric Ryngaert, "Apportioning Responsibility between the UN and Member States in UN Peace-Support Operations: An Inquiry into the Application of the 'Effective Control' Standard after Behrami" (2012) 45 ILR 151 (hereafter Ryngaert, "Apportioning Responsibility").

(95) Messineo, "Attribution of Conduct" (n 3).

任何国家机关，不论行使立法、行政、司法职能，还是任何其他职能，不论在国家组织中具有何种地位，也不论作为该国中央政府机关或一领土单位机关而具有何种特性，其行为应当视为国际法所指的国家行为。

机构上的联系适用于那些将其行为自主地归结于国际组织或国家的行为者。为了产生双重归结，唯一的可能性是存在一个由国际组织及其成员国共享的机关，而且该机关与它们都有机构上的联系。[96] 这种假设绝非罕见，它是作为双重属性实体的国际组织的概念的主要结果。事实上，《国际组织责任条款草案》第 2（c）条规定："'国际组织的机关'是指根据国际组织规则具有此地位的任何个人或者实体"；而第 2（d）条规定："'国际组织的代理人'是指除国际组织的机关以外，受国际组织之命行使或者帮助行使其某项职能，从而替组织实施行为的官员、其他人或者实体。"条款草案第 6 条的评注强调："就将行为归结于一个国际组织的目的而言，机关和代理人之间的区别似乎与其无关。机关和代理人的行为都归结于该组织。"[97]

尽管机关和代理人之间的区别并不明确，但有必要强调的是，成员国的机关确实可以同时被视为国际组织的代理人或机关。[98] 这不是特定情况下的偶然事件，而是基于国际组织的双重属性。无论国际组织规则称其为机关还是代理人，其双重法律属性都引发了行为的双重归结。

一方面，规则的纯粹国际性会导致机构面纱变得"透明"，而成员国机关的行为会主要归结于成员国。另一方面，规则的纯粹内部性将使机构面纱变得"不透明"，而成员国机关的行为将主要归结于国际组织。这就是在缺乏一个基于其法律体系的双重法律属性的国际组织概念的情形下，就归结问题的构想。双重属性意味着国际组织规则同时是国际法和国际组织的机构法，因此导致双重归结。

---

[96]　Similarly, Luigi Condorelli, "Le Statut des Forces de l'ONU et le Droit International Humanitaire" (1995) 78 RDI 881 (Hereafter Condorelli, "Le statut des Forces") and Aurel Sari, "UN Peacekeeping Operations and Article 7 ARIO: The Missing Link" (2012) 9 IOLR 77 (Hereafter Sari, "UN Peacekeeping Operations").

[97]　ARIO (n 3).

[98]　Patrick Jacob, "Definitions des Notions d'Organe et d'Agent Retenues par la CDI Sont-Elles Operationnelles, Les" (2013) 46 RBDI 17.

国际法委员会没有排除能将国家的机关视为国际组织的机关的可能性。它认为"国际组织的机关或代理人可能是被一国或另一国际组织借调的机关或代理人。对于被借调的机关或代理人的行为在多大程度上必须归结于接受借调的组织,第 7 条的评注进行了讨论"[99];该评注指出"当一国的机关交由国际组织支配时,该机关可能被完全借调给该组织。在这种情况下,该机关的行为显然只能归结于接受借调的组织"[100]。

《国际组织责任条款草案》第 7 条规定了行为归结的事实上的标准。根据该标准,"一国的机关或国际组织的机关或代理人在交由另一国际组织支配之后,其行为若受后一组织的有效控制,则依国际法应当视为后一国际组织的行为"[101]。事实上,国际法委员会没有说明"有效控制"的含义,也没有说明它是否替代性地排除双重归结的归结标准以及应该在何种情况下适用这一标准。

关于有效控制的含义,大多数学者认为对它的解释应该不同于国际法院的"指挥与控制";根据《国家对国际不法行为的责任条款》第 8 条,后者导致行为归结于国家。[102] 然而,对于有效控制是应该作为一种推定(据之,一国的机关的行为归结于国际组织,除非该国对其机关进行有效控制),还是应该作为一种预防机制(据之,如果一个国际组织有办法阻止不法行为,那么行为归结于该国际组织),并没有达成一致。[103]

关于这是否替代性的归结标准的问题,该条款的国内适用将"有效控制"解释成排除那些经由机构上的联系和《国际组织责任条款草案》

---

[99] ARIO (n 3).

[100] ARIO (n 3).

[101] For instance, Caitlin A. Bell, "Reassessing Multiple Attribution: The International Law Commission and the Behrami and Saramati Decision" (2009) 42 NYUJIL 501; Pierre d'Argent, "State Organs Placed at the Disposal of the UN, Effective Control, Wrongful Abstention and Dual Attribution of Conduct" (2014) 1 QIL-Questions of International Law, Zoom-in; Charuka Ekanayake and Susan Harris Rimmer, "Applying Effective Control to the Conduct of UN Forces: Connecting Factual Complexities with Legal Responsibility" (2018) 15 IOLR 9.

[102] Yohei Okada, "Effective Control Test at the Interface between the Law of International Responsibility and the Law of International Organizations: Managing Concerns over the Attribution of UN Peacekeepers' Conduct to Troop-Contributing Nations" (2019) 32 LJIL 275 (Hereafter Okada, "Effective Control"); *Military and Paramilitary Activities* (n 75).

[103] Tom Dannenbaum, "Translating the Standard of Effective Control into a System of Effective Accountability: How Liability Should Be Apportioned for Violations of Human Rights by Member State Troop Contingents Serving as United Nations Peacekeepers" (2010) 51 HILJ 113.

第 6 条的归结。[104] 另外，学者认为在特殊情况下有效控制的事实上的标准将优先于机构上的关系。[105] 简言之，该观点是：基于对行为的有效控制，将行为归结于国家或国际组织。只有在尚未明确识别的个别情形下，两类行为者都会拥有有效控制。[106] 笔者认为这一观点违反了对《国际组织责任条款草案》第 7 条的通俗理解，因为该条仅将行为归结于国际组织而不是派遣国，《国家对国际不法行为的责任条款》规定的标准应该适用于这些国家。[107]

关于《国际组织责任条款草案》第 7 条的适用范围，国际法委员会明确指出，该条是为解决维和任务的复杂性而起草的。[108] 然而，这一提法仅出现于评注和特别报告员报告。没有理由解释为什么事实上的标准不应该适用于每一情况。例如，在国际组织发布的并由成员国自治推动或不自治推动实施的制裁的情形下，有效控制也密切相关。此外，在国家和国际组织之间不存在机构上的关系的情形下，它与将行为归结于国际组织也有关联。

总之，《国际组织责任条款草案》第 7 条之所以极难适用，主要是因为它忽视了一些未能明确辨别的职能。首先，它涵盖了那些非机构性的、并非成员国与其组织之间的共同责任的情形。其次，就机构上的关系而言，对那些不属于第 6 条范围的情形，它是事实上的归结标准。[109] 特别是在功能主义概念化下，极少依据第 6 条对作为自治主体的成员国机关进行考量，而是更容易根据它们受该组织控制这一事实性假设来考量它们的行为。只有在这些有限的情形下，第 7 条才会产生双重归结的情形。最后，它涵盖那些属于《国际组织责任条款草案》第 6 条和《国家对国际不法行为的责任条款》第 4 条规定的情形，因为被借用的机关"在一定程度

---

[104] Nuhanović: District Court The Hague, 10 September 2008, [M M-M], [D M] and [A M] v The Netherlands; Appeals Court The Hague, 5 July 2011.

[105] Cedric Ryngaert, "The Responsibility of Member States in Connection with Acts of International Organizations: Assessing the Recent Case Law of the European Court of Human Rights" (2011) 60 ICLQ 997.

[106] Palchetti, "Attributing the Conduct" (n 92) 289.

[107] Andrea Spagnolo, "The 'Reciprocal' Approach in Article 7 ARIO: A Reply to Pierre d'Argent" (2014) 1 QIL-Questions of International Law, Zoom-in 33.

[108] ARIO (n 3) Commentary to art 7.

[109] Paolo Palchetti, "International Responsibility for Conduct of UN Peace-keeping Forces: The Question of Attribution" in Paolo Palchetti and others (eds.), Refining Human Rights Obligations in Conflict Situations (2014) (hereafter Palchetti, "International Responsibility").

上仍然作为借出国的机关或作为借出组织的机关或代理人行事"⑩。根据这一最后假设,《国际组织责任条款草案》第7条是一项排除双重归结的规范,它规定行为仅归结于拥有"有效控制"的主体。⑪因此,它被视为这样一项特殊规范,即在维和任务背景下适用的、在行为者对相关行为拥有有效控制情况下排除双重归结的规范。⑫

对成员国和国际组织的双重归结运用混乱是由于这一事实,在成员国和国际组织关系的背景下,关于机构上的与事实上的联系之间的区别通常模糊不清;这可以从机构上的和事实上的标准两方面进行理解。基于国际组织双重属性的双重归结规范将会打破这一僵局。以下是一系列有待考察的原则:

1. 在机关或代理人的行为根据《国家对国际不法行为的责任条款》第4条归结于成员国,而且根据《国际组织责任条款草案》第6条归结于国际组织的情形下,出现同一行为的双重归结。

2. 在机关或代理人的行为仅可根据《国家对国际不法行为的责任条款》第4条归结,但是国际组织对该行为实施有效控制(《国际组织责任条款草案》第7条)的情形下,也出现同一行为的双重归结。

3. 在机关或代理人的行为仅可根据《国际组织责任条款草案》第6条归结,但是成员国对该行为实施指挥和控制(《国家对国际不法行为的责任条款》第8条)的情形下,也出现同一行为的双重归结。

4. 在成员国的机关交由国际组织支配并完全借调给其国际组织的情形下,不出现同一行为的双重归结。

5. 在国际组织的机关交由成员国支配并完全借调给其成员国的情形下,不出现同一行为的双重归结。

笔者想强调的是,这不是关于行为归结的新假设,只是对《国家对国际不法行为的责任条款》和《国际组织责任条款草案》已采用标准的

---

⑩ ARIO (n 3) Commentary to art 7.
⑪ 关于有效控制的不同使用,参见 Okada, "Effective Control" (n 102)。
⑫ Ryngaert, "Apportioning Responsibility" (n 94).

重组和解释。笔者将通过分析符合双重归结各项标准的行为类型来检验这些标准。

11.2.2.1 通过机构上的联系的双重归结

在归结问题涉及国际组织与其成员国之间机构上的关系背景下的行为时，应该将双重归结视为一般规则。双重归结以作为双重属性实体的国际组织的概念为基础，适用于同时适用《国家对国际不法行为的责任条款》第4条和《国际组织责任条款草案》第6条的情形。特别是，一国的国内法必须将相关行为者赋权为其国家机关，国际组织规则必须将同一行为者赋权为组织的机关或代理人。这种情况频繁发生，涵盖许多有关国际责任的案件。

乔治奥·盖加识别了军事维和任务情形中双重归结的第一种情形，即同时归结于国际组织及其部分或全部成员国。他将北约轰炸作为具体事例而提出，援引国际法院和欧洲人权法院审理的案件。(113) 国内法院也处理了北约任务或军事演习的具体情形，认为成员国仍对其在军事行动框架内的行为承担责任。(114)

行为双重归结毫无争议的另一情形，是欧盟对归结于其成员国的行为的责任。(115) 事实上，国际组织的双重属性概念符合欧盟这一特别组织的需要，且时常得到世界贸易组织专家组的支持。(116) 当联合机构实施不法行为时，成员国与国际组织之间机构上的联系影响行为的双重归结。无须为了主张成员国的机关同时是欧盟的机关时将行为需要归结于两者，从而在规

(113) *Legality of Use of Force* (*Yugoslavia v. Spain*, *USA*; *Serbia and Montenegro v. Belgium*, *Canada*, *France*, *Germany*, *Italy*, *Netherlands*, *Portugal*, *United Kingdom*) (Preliminary Objections) [1999] ICJ Rep 124; *Banković and Others v. Belgium and Others* App No. 52207/99 (ECtHR Grand Chamber, 2001).

(114) *USS Saratoga v. TCG Muavenet*, *Akan and Others v. Turkish Ministry of Defence*, 22 February 1995, Turkish Supreme Military Administrative Court, Final Award on Compensation, No. K 1995/1095, ildc 1731 (tr 1995); *nv vb v. Belgian Bureau of Car Insurers and Belgian State and Minister of Defence*, 10 March 2005, Belgian Police Court, (2008) 72 (16) Rechtsk Weekbl 679, ildc 1504 (be 2005). See contra, R (*Al Jedda*) *v. Secretary of State for Defence*, 12 December 2007, UK House of Lords, [2007] UKHL 58, [2008] 1 AC 332; *Anonymous v. German Federal Government*, 9 February 2012, German Administrative Court (First Instance), 26 K 5534/10, ildc 1858 (de 2012) para. 65.

(115) Esa Paasivirta, "The Responsibility of Member States of International Organizations?" (2015) 12 IOLR 448.

(116) 关于通例的文献，参见 James Flett, "The World Trade Organization and the European Union and its Member States in the WTO" in André Nollkaemper and Ilias Plakokefalos (eds.), *The Practice of Shared Responsibility in International Law* (CUP 2017)。

范性控制的基础上制定一项特别规则。⑪⑦

双重法律属性还有利于理解欧盟在不同法律体系中的作用。在《欧洲人权公约》背景下，将行为完全归结于欧盟传统上遭到排斥，从而反驳了这一论点："通过授予欧洲法院一份判决以执行权，德国有关主管当局作为共同体的准机关行事，因而在这一程度上超出了《欧洲人权公约》项下机关实施控制的范围。"⑪⑧ 然而，如上所述，同一行为的双重归结并不妨碍委员会（现欧洲人权法院）就独立责任作出判决。

根据同等保护理论，存在欧盟与《欧洲人权公约》框架之间具有相容性的假设。该理论是双重属性产生的效果。但在这种情况下，问题是在初始义务层面而非行为归结上解决；同等保护在没有双重归结的情况下也会产生，此处不予讨论。同样，在海洋法语境下，欧盟作为双重属性实体的概念回避了主张其特殊超国家地位的需要，因为根据欧盟的超国家地位，成员国仅是它的机关。⑪⑨ 在大多数情况下，《国际组织责任条款草案》第6条和《国家对国际不法行为的责任条款》第4条规定的机构上的联系是适用的。

此外，双重归结并不一定意味着连带责任，甚至不一定意味着共同责任，因为不法行为的归结只是承担国际责任的要素之一。对于被指称违反的国际义务，可以这样规定：在双重归结由机构上的联系造成的情形下，只有国际组织和成员国中的一方承担责任，或者可以分为主要责任和次要责任（或国际法委员会术语中的辅助责任）。

最后，笔者认为以机构上的标准为基础的双重归结还应该作为一般规则适用于维和任务。⑫⓪ 在这种情况下，争议程度特别高；这是因为，如上所述，缺乏有效控制标准的明确适用。⑫① 例如，荷兰法官根据相关行为受联合国和荷兰的"有效控制"的事实，为双重归结的不明确适用开辟了道路。⑫② 该案以及斯雷布雷尼察母亲协会（Association *Mothers of*

---

⑪⑦ Aurel Sari and Ramses A. Wessel, "International Responsibility for EU Military Operations: Finding the EU's Place in the Global Accountability Regime" in Bart Van Vooren, Steven Blockmans, and Jan Wouters (eds.), *The EU's Role in Global Governance* (OUP 2013).

⑪⑧ *M. and Co. v. Germany* (n 62).

⑪⑨ 参见本书第 5 章 2. 1。

⑫⓪ Similarly, see Condorelli, "Le statut des Forces" (n 96).

⑫① Sari, "UN Peacekeeping Operations" (n 96) 80; Palchetti, "International Responsibility" (n 109) 28.

⑫② *Nuhanović and Mustafić and Others v. The Netherlands* [2013] Dutch Supreme Court 12/03324.

Srebrenica）提交的类似诉求⑫³，都是通过适用对有效控制测试的各种解释予以解决的，并没有讨论《国际组织责任条款草案》第 6 条和《国家对国际不法行为的责任条款》第 4 条中所载现的机构上的联系的适用。在 *Nuhanović* 案中，荷兰最高法院认为《国家对国际不法行为的责任条款》第 4 条不适用于该案，因为它属于专门针对维和任务的《国际组织责任条款草案》第 7 条的适用范围。(124) 在 *Mothers of Srebrenica* 案中，该法院近期裁判："上诉法院裁定本案中双方对荷兰营是联合国的'机构'这一问题没有争议（第 15.2 段）。在上诉中，对该意见没有争议。因此，必须假定荷兰营不是《国家对国际不法行为的责任条款》第 4（1）条意义上荷兰的国家机关。"(125) 目前尚不清楚为什么荷兰营是联合国的机构这一事实应该排除它还是成员国的军事特遣队。

作为有效控制的问题，行为归结依据 1979 年已经提出的一个论点；据此论点，决定性的问题是"在行为发生时，此人以谁的名义以及（从职能角度）为谁行事"(126)。比利时法官遵循这一路径，(127) 英国法院最近也支持这种做法(128)。在 *Kontic* 案中，（高等法院王座法庭所属分庭）英格兰和威尔士高等法院认为："原告在本案中提出了双重归结的可能性。然而，简单地说，在任何指导性案例中都没有发现对这一路径的支持。"(129) 然而，这一论证忽视了相关行为与其所归结的行为者之间的机构上的联系。(130) 1969 年，英国上议院的一项国内裁决认为，执行维和任务的部队仍然"是女王陛下的士兵"(131)。事实上，维和特派团显然是"联合国

---

(123) Palchetti, "Attributing the Conduct"（n 92）.

(124) *Nuhanović Supreme Court*（n 122）para. 3. 10. 2.

(125) *Netherlands v. Stichting Mothers of Srebrenica*［2013］Dutch Supreme Court ECLI：NL：HR：2019：1284, para. 3. 3. 3.

(126) *NK. v. Austria*（1979）77 ILR 470［Austria, Superior Provincial Court（Oberlandesgericht）of Vienna］. Quoted in Aurel Sari, "Jurisdiction and International Responsibility in Peace Support Operations：The Behrami and Saramati Cases"（2008）8 HRLRev. 151, 161.

(127) *Mukeshimana-Nguilinzira and Others v. Belgium and Others*（2010）Brussels Court of First Instance, ILDC 1604（BE 2010）, 8 December 2010.

(128) *Kontic and Others v. The Ministry of Defence*（2016）EWHC 2034（QB）（4 August 2016）.

(129) Ibid. para. 132.

(130) Luigi Condorelli, "De la Responsabilité Internationale de l'ONU et/ou De l'État D'envoi lors D'actions de Forces de Maintien de la Paix：l'écheveau de l'attribution（Double?）Devant le Juge Néerlandais"（2014）1 QIL-Questions of International Law, Zoom-in.

(131) *Attorney General v. Nissan*（1969）UKHL 3,［1969］1 All ER 646（11 February 1969）.

的附属机关"[132]，同时也是派遣国的机关。正如国际法委员会在《国际组织责任条款草案》第7条的评注中主张的，如果相关行为者是根据《国家对国际不法行为的责任条款》第6条交由国家支配或"完全借调"给国际组织的情形下，才能反驳双重归结。[133]

实践中还出现了涉及双重归结的许多其他情形。例如，笔者在第1章1.4中提到的一个近期案例，它涉及成员国根据国际刑事法院的逮捕令逮捕个人。在这种情形下，双重归结源于成员国和国际刑事法院之间的机构上的联系，据此同一行为可以自治地归结于这两个实体。成员国是否也可以成为国际刑事法院的机关，这是一个关于国际组织规则及其双重属性的问题。

当不清楚行为归结的实体是国际组织还仅是联合机关时，就会发生特殊情况。瑙鲁诉澳大利亚案就是一个明显的事例，这也与下一部分相关。关于欧洲隧道公司的仲裁裁决也产生了相关的判例法；其中，监督英吉利海峡隧道的政府间委员会被认为是法国和英国的联合机构，其行为可同时归结于联合机构和这两个国家。[134]

11.2.2.2 通过事实上的联系的双重归结

当相关行为者既非国内法规定的机关或代理人，又非国际组织规则规定的机关或代理人时，双重归结也是可能的。的确，存在应该适用事实上的标准来决定行为是否属于事实问题，而不是基于机构上的联系。例如，上文提到的瑙鲁管理当局如果被视为国际组织，那么行为的双重归结可以基于这一实际情况，即澳大利亚是代表管理当局而非澳大利亚，作为管理当局的机关管理该岛。

另一起关于国际领土管理的案件因归结于"战后"波斯尼亚管理当局中的"高级代表办事处"的行动，诉诸欧洲人权法院。[135] 高级代表办事处是一个由和平执行理事会监督的机构，负责执行波黑《代顿和平协

---

[132] Letter of 3 February 2004 by the United Nations Legal Counsel to the Director of the Codification Division, A/CN.4/545, s II. G. in ARIO p 21.

[133] ARIO (n 3) commentary to art 7.

[134] *The Channel Tunnel Group Ltd and France-Manche SA v the Secretary of State for Transport of the Government of the United Kingdom of Great Britain and Northern Ireland and le ministre de L'équipement, des Transports, de L'aménagement du Territoire, du Tourisme et de la mer du Gouvernement de la République Française*, Partial Award, (2007) 132 ILR 1.

[135] Saul, "Internationally Administered Territories" (n 88) 22.

定》并代表参与和平计划的国家。欧洲人权法院认定联合国安理会对高级代表办事处的行为实施有效控制,并以此为由认为起诉不可受理。简言之,该法院以有效控制作为规则,排除双重归结,并未考虑涉案行为是否还可归结于波斯尼亚。[136] 此外,它没有讨论领土管理当局与联合国之间机构上的联系,而这一联系会使高级代表办事处成为联合国的机关,而不是联合国拥有有效控制的第三方实体。相反,有效控制会与将责任归结于波斯尼亚有关,而波斯尼亚不能被视为高级代表办事处的机关或代理人。

类似的论点可以适用于 *Galić* 案。该案中,欧洲人权法院恰当地排除了对前南问题国际刑庭和荷兰的双重归结。[137] 然而,笔者不同意其推理。在被该刑庭定罪后,斯坦尼斯拉夫·加利奇(Stanislav Galić)以法庭所在地东道国荷兰为被告,提出侵犯公平审判权的起诉。毫无疑问,作为机构上的联系问题,涉案行为可归结于该刑庭,继而可归结于联合国;欧洲人权法院正确地指出了这一论点。然而,为了排除荷兰的责任,该法院依据 *Behrami* 案和 *Saramati* 案两案先例,得出这一结论:它不会对作为政策问题的联合国安理会的行为作出裁决,因为这会干扰理事会履行其职责。[138] 我认为,在无论根据机构上的还是事实上的标准该行为显然不可归结于荷兰的情况下,无须依赖这一有争议的理由。

另一重要情形涉及联合国安理会授权的军事行动。在这种情形下,根据联合国规则,成员国既不是联合国的机关,也不是它的代理人;但在联合国对有关行为拥有有效控制的特定情况下,仍可能产生联合国的责任。[139] 英国国内法院在数起案件中讨论了这种情形,特别是在 *Al-Jedda* 案和 *Serdar Mohammed* 案中。[140] 2014 年在欧洲人权法院 *Serdar Mohammed* 案先例的基础上,高等法院讨论了行为归结问题,并主张:"很明显,拘捕[塞尔达·穆罕默德的] 行为归结于英国。没有必要……考虑共同责任的

---

[136] Saul, "Internationally Administered Territories" (n 88) 27.

[137] *Galic v the Netherlands and Blagojevic v. the Netherlands* App Nos 22617/07 and 49032/07 (ECtHR, 9 June 2009).

[138] *Behrami and Saramati* (n 90).

[139] *Al Jedda* (n 91).

[140] *R (Al Jedda) v. Secretary of State for Defence*, [2007] UKHL 58, [2008] 1 AC 332 (12 December 2007); *Serdar Mohammed and Others v. Ministry of Defence* [2014] EWHC 1369 (QB); *Serdar Mohammed and Others v. Secretary of State for Defence* [2015] EWCA Civ 843.

可能性，因为……同样清楚的是，包括涉及拘捕［塞尔达·穆罕默德］在内的行为不能归结于国际安全援助部队或联合国。"⑭ 2015年依据欧洲人权法院的 *Al-Jedda* 案这一先例，高等法院主张：无论是根据《国际组织责任条款草案》第5条还是根据有效控制原则，涉案行为都不归结于联合国安理会。⑭

11.2.2.3 双重归结的排除：机关由于"交由支配"或"被完全借调"

如前所述，国际法委员会并未描述有效控制的含义，而学者提出了数种始终互不相同的解释。⑭ 尽管存在分歧，笔者想强调的是，有效控制本身是一个事实上的归结标准，不足以导致排他性归结。罗伯托·阿戈识别了数种借调类型：

> 可能会发生如下情况：一国的机关被暂时交由另一国排他性支配，并在此情况下停止代表其所属国实施任何行动。另一方面的情况可能是：如果另一国有机会使用这样一个机关的服务，它的要求也许不会那么苛刻以致阻止该机关继续同时，尽管是独立地，作为其所属国的机关行事。在这种情况下，有必要在每一特定实例中确定具体的作为或不作为是代表谁的以及由谁授权实施的。情况还可能是：受外国支配的国家将委任一位由外国政府任命的、属于外国政府的人员担任其政府机构中的职务；这样，该人员在某一特定时刻将于形式上同时成为这两个不同国家的机关。果真如此，该人员在履行接受国一项职能中的作为或不作为就会是接受国的行为，就如同接受国本国机关的作为或不作为。另一方面，如果上述人员在形式上不是接受国的机关，他的行为仍将被视为接受国的行为，但将被视作实际上是履行国家职能的私人个人的作为或不作为的同一性质，因为在原属国法律秩序下赋予的机关地位在接受国的法律秩序中无效。无论如何，基本结论仍然是相同的：其他国际法主体交由一国支配的机关的作为和不作为归结于该支配国，条件是实际上这些作为或不作为的实施是履行该

---

⑭ *Serdar Mohammed and Others v. Ministry of Defence* [2014] EWHC 1369 (QB), para. 165.
⑭ *Serdar Mohammed and Others v. Secretary of State for Defence* [2015] EWCA Civ 843, para. 60.
⑭ Okada, "Effective Control" (n 102).

国的职能并在其真正的和专属的权力下实施。[144]

事实上，双重归结是一个不能先验地排除的事实问题。例如，笔者发现这一情况不太可能：在欧洲人权法院，根据其基于 *Waite and Kennedy* 案裁判的先例，成员国机关的行为始终被认为是"被完全借调"给国际组织的；根据该案裁判，"然而，在［对国际组织职能］的这种归结所涵盖的活动领域，如果缔约国由此被免除其《欧洲人权公约》项下的责任，这会与公约的宗旨和目的不符"[145]。不过存在这样的情况，成员国的机关在执行国际组织发布的制裁措施时，成员国几乎没有能力影响其机关的行为。[146] 许多学者认为，在成员国不能对措施的执行进行干预的情况下，国际组织应该承担全部责任。[147] 无论成员国机关的行为是根据机构上的还是根据事实上的联系归结于国际组织，问题是，是否因为该机关完全借调给了国际组织而排除双重归结。的确，在许多情况下，成员国对如何执行措施并没有裁量余地，因而以借调为由排除双重归结始终是一个事实问题。[148]

11.3 双重归结的效果

回应特别报告员詹姆斯·克劳福德的第三次报告，国际法委员会讨论了是否纳入关于共同责任后果的一项规范。[149] 克劳福德断言，共同责任并不一定产生连带责任，这取决于实际情况。[150] 他因此提出了一项规范，为独立责任原则提供参考：

1. 在两个或两个以上国家对同一国际不法行为都负有责任的情

---

[144] ILC, "Third Report on State Responsibility by Roberto Ago" UN Doc A/CN. 4/246andAdd. 1-3. Also Quoted and Discussed in Sari, "UN Peacekeeping Operations" (n 96).

[145] *Waite and Kennedy v. Germany* App no 26083/94 (ECtHR, 18 February 1999) para. 67.

[146] *Nada v. Switzerland* App No. 10593/08 (ECtHR Grand Chamber, 12 September 2012).

[147] Voulgaris, *Allocating International Responsibility* (n 1). Contra Antonios Tzanakopoulos, "Sharing Responsibility for UN Targeted Sanctions" (2015) 12 IOLR 427.

[148] *Al-Dulimi v. Switzerland* App No. 5809/08 (ECtHR, 26 November 2013); *Al-Dulimi and Montana Management Inc v. Switzerland* App No. 5809/08 (ECtHR Grand Chamber, 21 June 2016).

[149] ILC, "Third Report on State Responsibility by James Crawford" (2000) UN Doc A/CN. 4/507.

[150] ILC, "Third Report on State Responsibility by James Crawford" (2000) UN Doc A/CN. 4/277.

形下，每一国家的责任根据本条款草案就各该国的行为进行确定。

2. 前款：(a) 不允许任何国家、个人或实体通过补偿的方式获取大于其所受损失的利益；(b) 不妨碍：(i) 法院或法庭诉讼程序关于受理的任何规则；(ii) 责任国之间关于责任分配的任何规定。[151]

在国际法委员会的辩论中，这一规范受到阿兰·佩莱（Alain Pellet）的批评；他愿意倾向明确规定连带责任："当两个或两个以上国家都对一个且同一的国际不法行为负有责任时，其中每个国家都有义务——谨慎起见，或可能有义务——对该行为造成的所有损害进行赔偿。"[152] 他还认为这一规范应该与责任归结明确区分开来，并应该只聚焦共同责任的后果。

为化解这一僵局，康斯坦丁·伊科诺米季斯（Constantin Economides）建议仅聚焦责任的启动，而不涵盖责任的归结或划分。[153] 这样，第47条的如下最终表述得以通过：

1. 在数个国家对同一国际不法行为负有责任的情形下，可以对每个国家援引涉及该行为的责任。

2. 前款：(a) 不允许任何受害国通过补偿的方式获取大于其所受损失的利益；(b) 不妨碍对其他责任国的任何追索权利。

这一规范并没有承认双重归结的效果是连带责任，而连带责任仅能以初始义务的内容或以事实情况作为依据。例如，在瑙鲁和澳大利亚案中，争端根据瑙鲁和澳大利亚之间的一项协议得到解决；根据协议，瑙鲁放弃了对澳大利亚、新西兰和英国的进一步索赔。[154] 随后，新西兰和英国对澳大利亚就其支付给瑙鲁的款项进行了补偿，这显然是接受了连带责任。

---

[151] ILC, "Third Report on State Responsibility by James Crawford" (2000) UN Doc A/CN.4/46 sexies.

[152] ILC, "Summary Record of the 2644th Meeting" (2000) UN Doc A/CN.4/SER.A/2000, 255, para. 43.

[153] ILC, "Summary Record of the 2644th Meeting" (2000) UN Doc A/CN.4/SER.A/2000, 256, para. 61.

[154] Agreement between Australia and the Republic of Nauru for the Settlement of the Case in the International Court of Justice concerning Certain Phosphate Lands in Nauru (10 August 1993) 1770 UNTS 379.

关于国际组织和成员国之间的关系,《国际组织责任条款草案》第48条同样规定:

> 1. 如果一个国际组织和一个或多个国家或者其他国际组织对同一国际不法行为负有责任,可以对每一个国家或组织援引涉及该行为的责任。
> 2. 只有在援引初始责任未得到赔偿的情况下,方可援引次要责任。
> 3. 前面两款:
> (a) 不允许任何受害国或国际组织通过补偿的方式获取多于其所受损失的利益;
> (b) 不妨碍提供赔偿的国家或国际组织对其他责任国或国际组织可能享有的追索权。

除次要责任概念外,这一规范反映了《国家对国际不法行为的责任条款》第47条。同样,只有在初始规范的基础上才会产生连带责任。例如,欧盟与其成员国缔结的所谓"混合协定"规定:"在本公约缺乏关于减损的明确规定的情形下,欧洲共同体及其成员国作为非洲、加勒比和太平洋国家集团国家的伙伴,对该集团国家履行所作承诺而产生的每项义务,包括与财政援助有关的义务,负有连带责任。"[155] 此外,另一项混合协定《联合国海洋法公约》包含关于连带责任的规范;其附件九规定:

> 任何缔约国可要求某一国际组织或其为缔约国的成员国提供情报,说明何者对特定事项负有责任。该组织及有关成员国应当提供这种情报。未在合理期限内提供这种情报或提供互相矛盾的情报者,应当负连带责任。[156]

必须强调的是,虽然连带责任不要求双重归结,但行为仅能归结于国

---

[155] Case C-316/91 *European Parliament v. Council of the European Union* [1994] ECR 1 (Hereafter *Parliament v. Council*) para. 29.

[156] 《联合国海洋法公约》1982年12月10日开放签署,1994年11月16日生效(1833 UNTS 3)。

际组织或其成员国。⑮ 此外，关于联合国或其成员国责任的特别规范还包括在联合国与派遣国缔结的协议中。⑱ 根据派遣协议范本，联合国被认为对第三方承担责任，但在诸如下列情形下有权向派遣国追偿："因［派遣国］政府配备人员的重大过失或故意不当行为所造成的损失、损害、死亡或伤害。"⑲

《国际组织责任条款草案》第 48 条还提及了次要责任概念，它可能与双重归结的情形有关。在这一语境中，次要性是一个依先后次序排列的标准，意味着共同责任情形下，受害方应该首先向其中一个行为者提出索赔，而最终针对共同的责任实体。⑳ 在那些并非由于行为的双重归结而产生的共同责任案件中，次要性发挥着基础性作用。然而，在双重归结情形下根据有效控制对双重行为进行归因时，会产生一种形式的次要责任；对此不能排除。㉑ 例如，如果一国的机关处于国际组织的有效控制之下，并且引发了双重归结，那么在不排除归结于成员国的情况下，也许有必要赋予该控制以主导地位。这可能是国际法委员会未讨论的有效控制标准的另一效果，但这可能与国际组织的双重法律属性有关。㉒

最后，双重归结还可能触发为特定制度的迫切需要而制定的特殊规范的适用。例如，欧洲人权法院发展了同等保护原则用以处理共同责任的案件，其中包括双重归结。在 *Bosphorus* 案中，扣押飞机的行为作为机构上的联系问题显然归结于爱尔兰，然而也可以同时归结于欧盟和/或联合国。㉓ 该案的解决基于这一论点："欧洲共同体法对基本权利的保护可以被认为是而且确已是在相应的时间，与《欧洲人权公约》体系的保护处于'同等程度'（在上文第 155 段的意义上）。"㉔ 然而，同等保护原则还

---

⑮ *Parliament v. Council*（n 155）para. 29.

⑱ Contribution Agreement between the United Nations and Participating States Contributing Resources to United Nations Peace-keeping Operations（A/50/995, annex, art 9, 5）; and Model Memorandum of Understanding between the United Nations and Participating States Contributing Resources to United Nations Peacekeeping Operations（A/51/967, annex, art 9, 6–7）.

⑲ Art 9 of the Model Contribution Agreement（A/50/995, annex; A/51/967, annex）.

⑳ Voulgaris, *Allocating International Responsibility*（n 1）.

㉑ Okada, "Effective Control"（n 102）278.

㉒ Marten Coenraad Zwanenburg, *Accountability of Peace Support Operations*（Nijhoff 2005）100.

㉓ *Bosphorus Hava Yollari Turizm ve Ticaret AS v Irelan* App No. 45036/98（ECtHR, 13 September 2001）.

㉔ *Bosphorus Hava Yollari Turizm ve Ticaret AS v Irelan* App No. 45036/98（ECtHR, 13 September 2001）para. 165.

适用于这些情况，共同责任并非源于双重归结而是基于确立一个行为者对其他人行为的责任的一项规范。

11.4 小结

关于国际组织责任的零散判例法表明，不同的概念化不容许建立一个共同的法律框架。识别共同规则的不同尝试与对某些国际组织（如欧盟）或某些实践（如维和任务）进行区分的需要相抵触。通过展现一个共同的法律框架如何与关于行为双重归结的基本概念相结合，双重法律属性寻求减少法律体系的复杂性。前面几个章节所识别的一系列原则适用于任何一系列情形，而且涵盖关于国际组织责任的大多数情况。

本章有意避免讨论成员国对仅归结于国际组织的行为的责任问题，因为绝大多数情况都可以通过回到双重归结上予以解决。相反，当行为仅归结于国际组织时，成员国可能因基于补充性的附带义务而承担责任，正如关于条约法的第 9 章所讨论的。

第 12 章　结　论

尽管国际组织的数量和活动呈指数级增长，但是国际法缺乏一个关于国际组织的全面性法律概念。在对国家主权及其对全球化的阻碍或限制进行批评时，国际组织被不加区分地视为其成员（国）的代理人；在批评其缺乏民主上的正当性时，国际组织被不加区分地视为自治的强大实体；在批评其缺乏透明度时，国际组织被不加区分地视为行政性实体；在对反对或赞成一体化的观点进行批评时，国际组织被不加区分地视为"超国家"机构或"软法"机构。本书从国际组织所制定法律制度的法律属性的视角来研究这一问题。人们通常在下列不同的概念下理解国际组织所制定的法律制度，包括功能主义、宪章主义、特殊主义、非正式主义；本项研究是关于这方面的首次全面性研究。它有三个目的：追溯国际组织不同概念的历史渊源，描述这些不同概念所属的 4 种概念化，进而提出了一种将国际组织定义为双重法律属性实体的理论。关于国际组织的这一概念是通过考察国际组织所制定法律制度的属性来界定的。"双重法律属性"这一概念描述了国际组织如何制定源于国际法的特殊法律制度。这种特殊性影响了它们所发展的法律，而后者同时具有国际性和内部性。通过从国际责任、条约法以及国际组织所制定法律文件的效力这三个方面进行了分析，对双重法律属性的影响进行讨论。

本项研究得出了下列一系列结论性原理：

> 国际组织所制定法律制度的特殊性，是法学学者在提出有效的概念化方面遇到困难的原因。特别是，内部性或外部性的不同观点导致了对其所制定法律属性的不同假设，而这对可适用的法律制度具有突出的影响。

这里将国际组织界定为双重法律属性的实体："国际组织是指根据条约或受国际法调整的其他文书所建立的机构，它能够创建源于国际法的法律制度，并制定同时具有内部性和国际性的法律。

这一概念化允许发展一个适用于所有国际组织的共同法律框架，尽管它们在权力、成员（国）资格、规模以及其他描述性特征方面存在差异。特别是这一概念化的最有价值的结果是，它反驳了一个经常性的争论主题，即，国际组织要么被视为成员（国）利益的工具，要么被视为自治实体。

就条约法方面而言，双重法律属性解释了一些基本原则，如根据一般国际法规范缔结条约的能力，而缔约能力与国际组织所缔结条约中的职能属性和成员（国）的地位有关。

就越权行为无效方面而言，双重法律属性解释了国际组织所制定法律如何同时受机构性的和国际性的有效性标准的调整。特别是，它能够解释国际组织如何受习惯国际法的调整，而不是回避国际性的和内部性的行为之间的虚构的区别。

就国际责任方面而言，双重合法性解释了成员（国）的行为如何与国际组织的行为交织在一起，并为国际组织行为的属性提供了一种更简单、更有效的方法。双重法律属性反驳了所有那些孤立地看待成员（国）或国际组织的路径，并支持一种全面性的观点。双重属性是最常见的结果，而且只有在有限的情形下才将行为归于该组织或其成员（国）。

参考文献

书籍

Abi-Saab G., *The Concept of International Organization* (Unesco 1981).

Alcock A. E., *History of the International Labour Organisation* (Springer 1971).

Alvarez J. E., *International Organizations as Law-makers* (OUP 2005).

Amerasinghe Chittharanjan F., *The Law of the International Civil Service: As Applied by International Administrative Tribunals* (OUP 1994).

Amerasinghe ChittharanjanF, *Principles of the Institutional Law of International Organizations* (CUP 2005).

Andenas M. and others, *General Principles and the Coherence of International Law* (Brill 2019).

Anzilotti D., *Cours de Droit International* (Gilbert G ed, Receuil Sirey 1929).

Basdevant S., *Les fonctionnaires Internationaux* (Sirey 1931).

Bianchi A. (ed.), *Enforcing International Law Norms against Terrorism* (Bloomsbury 2004).

Bianchi A., *International Law Theories: An Inquiry into Different Ways of Thinking* (OUP 2016).

Bianchi A. and Keller A., *Counterterrorism: Democracy's Challenge* (Bloomsbury 2008).

Bordin F. L., *The Analogy between States and International Organizations* (CUP 2018).

Brölmann C., *The Institutional Veil in Public International Law: International Organisations and the Law of Treaties (Hart 2007).

Brownlie I., *System of the Law of Nations: State Responsibility, Part I* (8th edn, OUP 1983).

Brownlie I., *Principles of Public International Law* (OUP 2003).

Buscemi M., *Illeciti delle Nazioni Unite e Tutela dell'Individuo* (Editoriale Scientifica 2020).

Chinkin C., *Third Parties in International Law* (OUP 1993).

Chiu H., *The Capacity of International Organizations to Conclude Treaties, and the Special Legal Aspects of the Treaties so Concluded* (Springer 2012).

Ciampi A., *Sanzioni del Consiglio di Sicurezza e Diritti Umani* (Giuffré 2007).

Clarke L., *Public-private Partnerships and Responsibility Under International Law: A Global Health Perspective* (Routledge 2014).

Conforti B. and Labella A., *An Introduction to International Law* (Nijhoff 2012).

Culver K. and Giudice M., *Legality' Borders: An Essay in General Jurisprudence* (OUP 2010).

De Wet E., *The Chapter VII Powers of the United Nations Security Council* (Hart Publishing 2004).

de Yturriaga J. A., *The International Regime of Fisheries: From UNCLOS 1982 to the Presential Sea* (Nijhoff 1997).

Decleva M., *Il diritto interno delle Unioni Internazionali* (CEDAM 1962).

Delgado Casteleiro A., *The International Responsibility of the European Union: From Competence to Normative Control* (CUP 2016).

Dominguez R., *The OSCE: Soft Security for a Hard World: Competing Theories for Understanding the OSCE* (PIE Peter Lang 2014).

Dopagne F. E., *Les contre-mesures des Organisations Internationales* (Anthemis 2010).

Fassbender B., *The United Nations Charter as the Constitution of the International Community* (Brill 2009).

Piti Sinclair G., *To Reform the World: International Organizations and the Making of Modern States* (OUP 2017).

Gaillard E., *Legal Theory of International Arbitration* (Nijhoff 2010).

Gaja G. and Adinolfi A., *Introduzione al Diritto Dell'Unione Europea* (Latetza 2010).

Gheciu A., *Securing Civilization?: The EU, NATO and the OSCE in the Post-9/11 World* (OUP 2008).

Gradoni L., *"Regime Failure" nel Diritto Internazionale* (CEDAM 2009).

Greer S., *The Margin of Appreciation: Interpretation and Discretion under the European Convention on Human Rights* (Council of Europe 2000).

Hart H. L. A., *The Concept of Law* (3rd edn, OUP 2012).

Heupel M. and Ziirn M. (eds.), *Protecting the Individual from International Authority: Human Rights in International Organizations* (CUP 2017).

Higgins R., *Problems and Process: International Law and How We Use It* (OUP 1994).

Hill N. L., *International Administration* (McGraw-Hill 1931).

Hirsch M., *The Responsibility of International Organizations toward Third Parties: Some Basic Principles* (Nijhoff 1995).

Hobson A., *The International Institute of Agriculture: An Historical and Critical Analysis of its Organization, Activities and Policies of Administration* (University of California Press 1931).

Hoffmann S., *Organisations Internationales et Pouvoirs Politiques des Etats* (Armand Colin 1954).

Jackson J. H., *World Trade and the Law of GATT* (Bobbs-Merrill 1969).

Jenks C. W., *The Proper Law of International Organisations* (Stevens & Sons 1962).

Kapteyn P. J. G. and Others, *International Organization and Integration* (Nijhoff 1981).

Kelsen H., *Principles of International Law* (Rinehart & Co 1952).

Kelsen H., *Pure Theory of Law* (University of California Press 1967).

Van de Kerchove M. and Ost F., *The Legal System between Order and Disorder* (OUP 1993).

Vande Kerchove M. and Ost F., *De la Pyramide au Réseau?* (Publications des Facultés Universitaires Saint-Louis 2002).

Klabbers J., *The Concept of Treaty in International Law* (Nijhoff 1996).

Klabbers J., *Treaty Conflict and the European Union* (CUP 2009).

Klabbers J., *An Introduction to International Organizations Law* (3rd edn, CUP 2015).

Klabbers J. and Palombella G., *The Challenge of Inter-legality* (CUP 2019).

Klein P., *La responsabilité des Organisations Internationales Dans les Ordres Juridiques Internes et en Droit des Gens* (Bruylant 1998).

Krisch N., *Beyond Constitutionalism: The Pluralist Structure of Postnational Law* (OUP 2010).

Lagrange E., *La RepréSentation Institutionnelle Dans Lordre International: Une Contribution a la Théorie de la Personnalité Morale des Organisations Internationales* (Kluwer 2002).

Lagrange E. and Marc Sorel J., *Traité du Droit des Organisations Internationales* (LGDJ 2013).

Lazzerini N., *La Carta dei Diritti Fondamentali Dell'Unione europea. I limiti di applicazione* (FrancoAngeli 2018).

Le Floch G., *Responsibility for Human Rights Violations by International Organizations* (Brill 2015).

MacCormick N., *Questioning Sovereignty. Law, State, and Nation in the European Commonwealth* (OUP 1999).

McNair A. D., *The Law of Treaties* (OUP 1961).

Menon P. K., *The Law of Treaties between States and International Organizations* (Edwin Mellen 1992).

Milanovic M. and Wood M., *The Law and Politics of the Kosovo Advisory Opinion* (OUP 2015).

Milde M., *International Air Law and ICAO* (Eleven International 2008).

Morgenstern F., *Legal Problems of International Organizations* (CUP 1986).

Muchlinski P., *Multinational Enterprises and the Law* (QUP 2007).

Nollkaemper A. and Plakokefalos I. (eds.), *Principles of Shared Responsibility in International Law: An Appraisal of the State of the Art* (CUP 2014).

Ost F. and Van de Kerchove M., *Jalons Pour une Théorie Critique Du Droit* (Saint-Louis, Facultés Universitaires 1987).

Padelletti M. L., *Pluralita di Stati nel Fatto Illecito Internazionale* (Giuftré 1990).

Pauwelyn J., *Conflict of Norms in Public International Law: How WTO Law Relates to Other Rules of International Law* (CUP 2003).

Peaslee A. J., *International Governmental Organizations* (Brill 1979).

Pellet A. and Daillier P., *Droit International Public* (8th edn, LGDJ 2009).

Plantey A., *The International Civil Service: Law and Management* (Masson 1981).

Prevost J-f, *Les Effets des Traites Conclus Entre Etats à l'égard des Etats Tiers* (Dphil Thesis, Paris 1973).

Rabshofen-Wertheimer E. E., *The International Secretariat* (Carnegie 1945).

Raz J., *The Concept of a Legal System: An Introduction to the Theory of a Legal System* (2 edn, OUP 1980).

Reinisch A., *The Privileges and Immunities of International Organizations in Domestic Courts* (OUP 2013).

Reuter P., *International Institutions* (Allen & Unwin 1958).

Romano S., *Lordinamento Giuridico* (Mariotti 1917).

Romano S., *Lordre Juridique* (Dalloz 1975).

Romano S., *The Legal Order* (Taylor & Francis 2017).

Rosenne S., *The Law of Treaties: A Guide to the Legislative History of the Vienna Convention* (Brill 1970).

Rosenne S., *The Law and Practice of the International Court, 1920–2005* (4 vols) (Brill 2006).

Rousseau C., *Principles Generaux du Droit International Public* 2 (Pedone 1944).

Ryngaert C. and others, *Judicial Decisions on the Law of International Organizations* (OUP 2016).

Saul B. (ed.), *Research Handbook on International Law and Terrorism*

(Edward Elgar 2014).

Sands P. and Klein P., *Bowett's Law of International Institutions* (Sweet and Maxwell 2009).

Sato T., *Evolving Constitutions of International Organizations* (Nijhoff 1996).

Sayre F. B., *Experiments in International Administration* (Harper 1919).

Schermers H. G. and Blokker N. M., *Institutional Law: Unity within Diversity* (Nijhoff 2011).

Schultz T., *Transnational Legality: Stateless Law and International Arbitration* (OUP 2014).

Seidl-Hohenveldern I., *Corporations in and under International Law* (CUP 1987).

Sereni A. P., *Le organizzazioni Internazionali* (Giuffré 1959).

Seyersted F., *Common Law of International Organizations* (Nijhoff 2008).

Shaw M. N., *International Law* (6th edn, CUP 2008).

Shaw M. N., *International Law* (8th edn, CUP 2017).

Singh N., *Termination of Membership of International Organisations* (Stevens &Sons 1958).

Stahn C., *The Law and Practice of International Territorial Administration: Versailles toIraq and beyond* (CUP 2008).

Steinbriick Platise M., Moser C., and Peters A., *The Legal Framework of the OSCE* (CUP 2019).

Teubner G. (ed.), *Global Law without a State* (Dartmouth 1997).

Tzanakopoulos A., *Disobeying the Security Council: Countermeasures against Wrongful Sanctions* (OUP 2013).

Ullrich G., *The Law of the International Civil Service* (Duncker and Humblot 2018).

Verdirame G., *The UN and Human Rights: Who Guards the Guardians?* (CUP 2011).

Vezzani S., *Gli accordi delle Organizzazioni del Gruppo Della Banca Mondiale* (Giappichelli 2011).

Villiger M. E., *Customary International Law and Treaties: A Study of their*

Interactions and Interrelations, with Special Consideration of the 1969 *Vienna Convention on the Law of Treaties* (Brill 1985).

Virally M., *Lorganisation Mondiale* (Armand Olin 1972).

Voulgaris N., *Allocating International Responsibility between Member States and International Organisations* (Bloomsbury 2019).

Weber L., *International Civil Aviation Organization* (Wolters Kluwer 2007).

Weeramantry C. G., *Nauru: Environmental Damage under International Trusteeship* (OUP 1992).

Weller M., *Contested Statehood: Kosovo's Struggle for Independence* (OUP 2009).

Yemin E., *Legislative Powers in the United Nations and Specialized Agencies* (AW Sijthoff 1969).

Zwanenburg M. C., *Accountability of Peace Support Operations* (Nijhoff 2005).

文章和书箱章节

Abeyratne R., "Law Making and Decision Making Powers of the ICAO Council—A Critical Analysis" (1992) 41 Zeitschrift fur Luft-und Weltraumrecht 387.

Abi-Saab G., "Cours Général de Droit International Public" (1987) 207 RCADI 23.

Abi-Saab G., "The Concept of Sanction in International Law" in Gowlland-Debbas V. (ed.), *United Nations Sanctions and International Law* (Kluwer 2001).

Ahlborn C., "The Rules of International Organizations and the Law of International Responsibility" (2011) 8 IOLR 397.

Akande D., "The International Court of Justice and the Security Council: Is there Room for Judicial Control of Decisions of the Political Organs of the United Nations?" (1997) 46 ICLQ 309.

Allott P., "The Emerging Universal Legal System" in Nijman JE and Nollkaemper A. (eds.), *New Perspectives on the Divide between National and Inter-*

national Law (OUP 2007).

Anghie A., "The Heart of my Home: Colonialism, Environmental Damage, and the Nauru Case" (1993) 34 HIL 445.

Annan K. A., "Observance by United Nations Forces of International Humanitarian Law" (1999) 81 IRRC 812.

Anzilotti D., "Gli Organi Comuni Nelle Societa di Stati" (1914) RDI 156.

Aznar M. J., "La Distinction Entre Sanctions et Contre-mesures" (2013) RBDI 111.

Balladore Pallieri G., "Le Droit Interne des Organisations Internationales" (1967) 127 RCADI 1.

Barberis J. A., "Nouvelles Questions Concernant la Personalité Juridique Internationale" (1983) 179 RCADI 147.

Bastid S., "Have the United Nation Administrative Tribunals Contributed to the Developmentof International Law?" in Friedmann W., Henkin L., and Lissitzyn O. (eds.), *Transnational Law in a Changing Society: Essays in Honor of Philip C Jessup* (Columbia University Press 1972).

Bell C. A., "Reassessing Multiple Attribution: The International Law Commission and the Behrami and Saramati Decision" (2009) 42 NYUJIL 501.

Benvenisti E., "Upholding Democracy Amid the Challenges of New 'Technology: What Role for the Law of Global Governance?" (2018) 29 EJIL 9.

Bernhardt R., "Qualifikation und Anwendungsbereich des Internen Rechts Internationaler Organisationen" (1973) 12 Berichte der Deutschen Gesellschaft fir Vélkerrecht 7.

Bernhardt R., "Ultra Vires Activities of International Organizations" in Makarczyk J., *Theory of International Law at the Threshold of the 21st Century* (Kluwer 1996).

Besson S., "The Extraterritoriality of the European Convention on Human Rights: Why Human Rights Depend on Jurisdiction and What Jurisdiction Amounts to" (2012) 25 LJIL 857.

Besson S., "The Bearers of Human Rights' Duties and Responsibilities for

Human Rights: A Quiet (R) evolution?" (2015) 32 Social Philosophy and Policy 244.

Bianchi A., "Security Council's Anti-terror Resolutions and Their Implementation by Member States: An Overview" (2006) 4 JIC 1044.

Bodeau-Livinec P., "Les Faux-Semblants de la Lex Specialis: ? Exemple de la Resolution 52/247 de" Assemblee Generale des Nations Unies sur les Limitations Temporelles et Financieres de la Responsabilite de Ponw (2013) 46 RBDI 117.

Boon K., "The Role of Lex Specialis in the Articles on the Responsibility of International Organizations" in Ragazzi M. (ed.), *Responsibility of International Organizations* (Brill 2013).

Bordin F. L., "General International Law in the Relations Between International Organizations and Their Members" (2019) 32 LJIL 653.

Borlini L., "Soft law, Soft Organizations e Regolamentazione 'Tecnica' di Problemi di Sicurezza Pubblica e Integrita Finanziaria", (2017) RDI 356.

Borsi U., "Il rapporto di Impiego nella Societa Delle Nazioni" (1923) RDI 283.

Boyka S., "Institutionalist Theories. The OSCE in the Western Balkans" in Dominguez R. (ed.), *The OSCE: Soft Security for a Hard World: Competing Theories for Understanding the OSCE* (PIE Peter Lang 2014).

Bradlow D. D. and Fourie A. N., "The Operational Policies of the World Bank and the International Finance Corporation" (2013) 10 IOLR3.

Brölmann C., "The 1986 Vienna Convention on the Law of Treaties: The History of Draft Article 36 bis", in KlabbersJ and Lefeber R. (eds.), *Essays on the Law of Treaties: A Collection of Essays in Honour of Bert Vierdag* (Brill 1998).

Brölmann C., "Member States and International Legal Responsibility" (2015) 12 IOLR 358.

Brownlie I., "The Responsibility of States for the Acts of International Organizations" in Ragazzi M. (ed.), *International Responsibility Today: Essays in Memory of Oscar Schachter* (Nijhoff 2005).

Burci G. L., "Public/Private Partnerships in the Public Health Sector"

(2009) 6 IOLR 359.

Burci G. L. and Feinaugle C. A., "The ILC's Articles Seen from a WHO Perspective" in Ragazzi M. (ed.), *Responsibility of International Organizations* (Brill 2013).

Burke-White W., "International Legal Pluralism" (2003) 25 MJIL 963.

Burns C. D., "International Administration" (1926) 7 BYBIL 54.

Cahier P., "Le Droit interne des Organisations Internationales" (1963) 67 RGDIP 563.

Cahier P., "Le Probléme des Effets des Traités 4 légard des états tiers" (1974) 143 RCADI 593.

Cahier P., "Lordre Juridique Interne des Organisations Internationales" in Dupuy R. - J. (ed.), *Manuel sur les Organisations Internationales* (Nijhoff 1998).

Cannizzaro E. and Palchetti P., "Ultra Vires Acts of International Organizations" in Klabbers J and Wallendahl A. (eds.), *Research Handbook on the Law of International Organizations* (Edward Elgar 2011).

Carlston K. S., "International Administrative Law: A Venture in Legal Theory" (1959) 8 JPL 329.

Carr C. L. and Scott G. L., "Multilateral Treaties and the Environment: A Case Study in the Formation of Customary International Law" (1998) 27 DJILP 313.

Carroz J., "International Legislation on Air Navigation over the High Seas" (1959) 26 Journal of Air Law and Commerce 158.

Castellarin E., "General Principles and the Coherence of International Law" in Andenas M. and others (eds.), *General Principles af EU Law and General International Law* (Brill 2019).

Charpentier J., "Pratique Frangaise du Droit International Public" (1962) 8 AFD1 985.

Chen Y., "Attribution, Causation and Responsibility of International Organizations" in Sarooshi D. (ed.), *Remedies and Responsibility for the Actions of International Organizations* (Brill 2014).

Ciampi A., "Security CouncilTargeted Sanctions and Human Rights" in

Fassbender B. (ed.), *Securing Human Rights?: Achievements and Challenges of the UN Security Council* (OUP 2011).

Combacau J., "Le Droit International: Bric-a-brac ou Systéme?" (1986) 31 APD 85.

Condorelli L., "En Attendant la Cour de Conciliation et D'arbitrage de la CSCE" in Dominicé C., Patry R., and Reymond C. (eds.), *Etudes de droit International en L'honneur de Pierre Lalive* (Helbing & Lichtenhahn 1993).

Condorelli L., "Le Statut des forces de PONU et le Droit International Humanitaire" (1995) 78 RDI 881.

Condorelli L., "De la Responsabilité Internationale de l'ONU et/ou de l'Etat d'envoi lors d'actions de Forces de Maintien de la Paix: l'écheveau de l'attribution (double?) Devant le Juge Néerlandais" (2014) 1 QIL-Questions of International Law, Zoom-in.

Conforti B., "The Legal Effect of Non-Compliance with Rules of Procedure in the UN General Assembly and Security Council" (1969) 63 AJIL 479.

Cortés Martin J. M., "The Responsibility of Members Due to Wrongful Acts of International Organizations" (2013) 12 CJIL 679.

Crawford J., "The Relationship between Sanctions and Countermeasures" in Gowll and Debbas V. (ed.), *United Nations Sanctions and International Law* (Kluwer 2001).

D'Argent P., "State Organs Placed at the Disposal of the UN, Effective Control, Wrongful Abstention and Dual Attribution of Conduct" (2014) 1 QIL-Questions of International Law, Zoom-in.

Dann P. and Engelhardt M. V., "Legal Approaches to Global Governance and Accountability: Informal Lawmaking, International Public Authority, and Global Administrative Law Compared" in Pauwelyn J., Wessel R., and Wouters J. (eds.), *Informal International Lawmaking* (OUP 2012).

Dannenbaum T., "Translating the Standard of Effective Control into a System of Effective Accountability: How Liability Should Be Apportioned for Violations of Human Rights by Member State Troop Contingents Serving as United Nations Peacekeepers" (2010) 51 HILJ 113.

Daugirdas K., "How and Why International Law Binds International Organizations" (2016) 57 HILJ 325.

De Casadevante Romani C. F., "Objective Regime" (2010) MPEPIL.

de Sousa Santos B., "Law: A Map of Misreading. Toward a Postmodern Conception of Law" (1987) JLS 279.

De Visscher C., "Linterprétation Judiciaire des Traités Dorganisation Internationale" (1958) 61 RDI 177.

De Wet E., "The Direct Administration of Territories by the United Nations and its Member States in the Post Cold War Era: Legal Bases and Implications for National Law" (2004) 8 MPYUNL 291.

Decaux E., "Linstitutionalisation de la CSCE" in Decaux E and Sicilianos L. -A. (eds.), *La CSCE: Dimension Humaine et Réglement des Différends* (Montchrestien 1993).

Deplano R., "Assessing the Role of Resolutions in the ILC Draft Conclusions on Identification of Customary International Law" (2017) 14 IOLR 227.

Dhinakaran R, "Law of the International Civil Service: A Venture into Legal Theory" (2011) 8 IOLR 137.

Dickson J., "How Many Legal Systems? Some Puzzles Regarding the Identity Conditions of, and Relations Between, Legal Systems in the European Union" (2008) 9 Problema: Annuario de Filosophia y Teoria del Derecho 9.

Do Nascimento Silva G. E., "The 1969 and the 1986 Conventions on the Law of Treaties: A Comparison" in Dinstein Y. (ed.), *International Law at a Time of Perplexity* (Nijhoff 1989).

Dobbert J. P., "Evolution of the Treaty-making Capacity of International Organizations" in *The Law and The Sea: Essays in Honour of Jean Carroz* (FAO 1987).

Dochring K., "Unlawful Resolutions of the Security Council and Their Legal Consequences" (1997) 1 MPYUNL 91.

Dolan P. B., "The Nordic Council" (1959) 12 Western Political Quarterly 511.

Dominicé C., "Attribution of Conduct to Multiple States and the Implication of a State in the Act of Another State" in Crawford J., Pellet A., and Olleson S. (eds.), *The Law of International Responsibility* (OUP 2010).

Dopagne F., "Sanctions and Countermeasures by International Organizations: Diverging Lessons for the Idea of Autonomy" in Collins R. and White N. D. (eds.), *International Organizations and the Idea of Autonomy* (Routledge 2011).

Dragoni C., "Il Programma di Statistica agraria all" Istiuto Internazionale di Agricultura (1909) 39 Giornale degli Economisti 115.

Dupuy P. M., "Lunité de Ordre Juridique International: Cours Général de Droit International Public" (2002) 297 RCADI 215.

Ekanayake C. and Rimmer S. H., "Applying Effective Control to the Conduct of UN Forces: Connecting Factual Complexities with Legal Responsibility" (2018) 15 IOLR 9.

Fassbender B., "Rediscovering a Forgotten Constitution: Notes on the Place of the UN Charter in the International Legal Order" in Dunoff J. L. and Trachtman J. P. (eds.), *Ruling the World? Constitutionalism, International Law and Global Governance* (CUP 2009).

Ferrari Bravo L., "Le operazioni Finanziarie Degli Enti Internazionali" (1965) ADI 80.

Fidler D. P., "From International Sanitary Conventions to Global Health Security: The New International Health Regulations" (2005) 4 CJIL 325.

Fischer-Lescano A. and Teubner G., "Regime-Collisions: The Vain Search for Legal Unity in the Fragmentation of Global Law" (2003) 25 MJIL 999.

Fitzmaurice M., "Third Parties and the Law of Treaties" (2002) 6 MPYUNL 37.

Flett J., "The World Trade Organization and the European Union and Its Member States in the WTO" in Nollkaemper A. and Plakokefalos I. (eds.), *The Practice of Shared Responsibility in International Law* (CUP 2017).

Focsaneanu L., "Le droit interne de'Organisation des Nations Unies" (1957) 3 AFDI 315.

Fontanelli 5 "Santi Romano and Lordinamento Giuridico; The Relevance of a Forgotten Masterpiece for Contemporary International, Transnational and

Global Legal Relations" (2011) 2 TLT 67.

Forteau M., "Regime General de Responsabilite ou Lex Specialis" (2013) 46 RBDI 147.

Fusinato G., "La Personalita Giuridica Dell'istituto Internazionale di Agricultura" (1914) RDI 149.

Gaja G., "A 'New' Vienna Convention on Treaties between States and International Organizations or between International Organizations: A Critical Commentary" (1988) 58 BYBIL 253.

Gaja G., "Dualism: A Review" in Nijman J. and Nolkaemper A. (eds.), New Perspectives on the Divide Between National and International Law (OUP 2007).

Gaja G., "Article 38" in Corten O. and Klein P. (eds.), *The Viera Conventions on the Law of Treaties: A Commentary* (OUP 2011).

Gaja G., "Note Introductive de l'Ancien Rapporteur Special" (2013) 46 RBDL9.

Gasbarri L., "Al-Dulimi and Competing Concepts of International Organizations" (2016) 1 European Papers 1117.

Gasbarri L., "The Dual Legality of the Rules of International Organizations" (2017) 14 IOLR 87.

Gasbarri L., "The International Responsibility of the OSCE" in Peters A., Platise M., and Moser C. (eds.), *Revisiting the Legal Status of the OSCE* (CUP 2019).

Gasbarri L., "The European Union is not a State: International Responsibility for Megal, Unreported and Unregulated Fishing Activities" (2020) 7 Maritime Safety and Security Law Journal 62.

Gasbarri L., "Gerhard Ullrich. The Law of the International Civil Service Berlin: Duncker & Humblot, 2018. pp. 538 € 89, 90. ISBN: 978-3-428-14914-8", (2020) 31 (2) EJIL 781.

Gasbarri L., "Beyond the Ejither - Or Paradign" in Droubi S. and d'Aspremont J. (eds.), *International Organizations, Non-State Actors, and the Formation of Customary International Law, Melland Schill Perspectives on International Law* (Manchester University Press 2020).

Gascon Y. Marin J., "Les transformations du Droit Administratif International" (1930) 34 RCADI3.

Gilmour D. R., "The World Tourism Organisation: International Constitutional Law with a Difference" (1971) 18 NILJ 275.

Ginsborg L., "The United Nation's Security Council's Counter-Terrorism Al-Qaida Sanctions Regime: Resolution 1267 and the 1267 Committee" in Saul B. (ed.), *Research Handbook on International Law and Terrorism* (Edward Elgar 2014).

Gioia A., "Decisions of the UN Security Council of Indefinite Duration: How to Define the Limits of their Validity" in Hilpold P. (ed.), *Kosovo and International Law* (Brill 2012).

Gordon R., "Mandates" (2013) MPEPIL.

Gradoni L., "La Commissione del Diritto Internazionale Riflette Sulla Rivelazione della consuetudine" (2014) 97 RDI 667.

Gray C., "The International Court's Advisory Opinion on the WHO-Egypt Agreement of 1951" (1983) 32 ICLQ 534.

Harlow C., "Global Administrative Law: The Quest for Principles and Values" (2006) 17 EJIL 187.

Hartmann G., "The Capacity of International Organizations to Conclude Treaties" in Zemanek K. (ed.), *Agreements of International Organizations and the Vienna Convention on the Law of Treaties* (Springer 1971).

Heath B. J., "SARS, the 'Swine Flu' Crisis and Emergency Procedures in the WHO" in Casscse Sand others (eds.), *Global Administrative Law: The Casebook* (IRPA 2012).

Heliskoski J., "EU Declarations of Competence and International Responsibility" in Evans M. and Koutrakos P. (eds.), *The International Responsibility of the European Union* (Hart 2013).

Hoffmeister F., "Litigating against the European Union and its Member States—Who Responds under the ILC's Draft Articles on International Responsibility of International Organizations?" (2010) 21 EJIL 723.

Isiksel I., "European Exceptionalism and the EU's Accession to the ECHR" (2016) 27 EJIL 565.

Jacob P., "Definitions des Notions d'Organe et d'Agent Retenues par la CDI Sont-Elles Operationnelles, Les" (2013) 46 RBDI 17.

Jacobi §, "The OSCE Court: An Overview" (1997) 10 LJIL 281.

Jacobs D. and Radi Y., "Waiting for Godot: An Analysis of the Advisory Opinion on Kosovo" (2011) 24 LJIL 331.

Jennings R. Y., "Nullity and Effectiveness in International Law" in Bowett D. W. (ed.), *Essays in Honour of Lord McNair* (Dobbs Ferry: Oceana 1965).

Jessup P. C., "Parliamentary Diplomacy: An Examination of the Legal Quality of the Rules of Procedure of Organs of the United Nations" (1956) 89 RCADI 183.

Jessup P. C., "International Parliamentary Law" (1957) 51 AJIL 396.

Johnstone I., "The UN Security Council, Counterterrorism and Human Rights" in Bianchi A. and Keller A. (eds.), *Counterterrorism: Democracy's Challenge* (Bloomsbury 2008).

Kaddous C., "Varrét France c. Commission de 1994 (accord concurrence) et le contréle de la 'légalité' des Accords Externes en Vertu de Part. 173 CE: la difficile réconciliation de Yorthodoxie Communautaire avec lorthodoxie Internationale" (1996) Cahiers de Droit Européen 613.

Kazansky P., "Théorie de l'administration Internationale" (1902) RGDIP 353.

Kerbrat Y., "Sanctions et Contre-Mesures: Risques de Confusion Dans les Articles de la CDI sur la Responsabilite des Organisations Internationales" (2013) 46 RBDI 103.

Kingsbury B., "The Concept of 'Law' in Global Administrative Law" (2009) 20 EJIL 23.

Kingsbury B., Krisch N., and Stewart R. B., "The Emergence of Global Administrative Law" (2005) 68 LCP 15.

Kingsbury B. and others, "Foreword: Global Governance as Administration—National and Transnational Approaches to Global Administrative Law" (2005) 68 LCP 1.

Klabbers J., "The Redundancy of Soft Law" (1996) 65 NJIL 167.

Klabbers J., "Lescimetières Marins sont-ils établis Comme des Régimes objectifs? A propos de l'accord sur l'épave de M/S Estonia" (1997) Espaces et Resources Maritimes 121.

Klabbers J., "The Life and Times of the Law of International Organizations" (2001) 70 NJIL 287.

Klabbers J., "International Courts and Informal International Law" in Pauwelyn J., Wessel R., and Wouters J. (eds.), *Informal International Lawmaking* (OUP 2012).

Klabbers J., "The Emergence of Functionalism in International Institutional Law: Colonial Inspirations" (2014) 25 EJIL 645.

Klabbers J., "The EJIL Foreword: The Transformation of International Organizations Law" (2015) 26 EJIL9.

Klabbers J., "Case 22/70, Commission v. Council (European Road Transport Agreement), Court of Justice of the EC, [1971] ECR 263" in Ryngaert C. and others (eds.), *Judicial Decisions on the Law of International Organizations* (OUP 2016).

Klabbers J., "Formal Intergovernmental Organizations" in Cogan J. K., Hurd I., and Johnstone I. (eds.), The Oxford Handbook of International Organizations (OUP 2017).

Klabbers J., "Interminable Disagreement: Reflections on the Autonomy of International Organisations" (2019) 88 NJIL 111.

Klabbers J. and Sinclair G. E., "On Theorizing International Organizations Law: Editors" Introduction" (2020) 31 EJIL 489.

Kleinheisterkamp J., "European Policy Space in International Investment Law" (2012) 27 ICSID Review 416.

Knapp B., "Jurisprudence du Tribunal administratif de ? Organisation Internationale du Travail" (1971) 17 AFDI 433.

Kohen M. G., "La pratique et la Théorie des Sources du Droit International" in *Société Frangaise Pour le Droit International*, *La Pratique et le Droit International Colloque de Genéve* 2003 (Pedone 2004).

Krisch N., "The Pluralism of Global Administrative Law" (2006) 17 EJIL 247.

Krisch N., "Liquid Authority in Global Governance" (2017) 9 International Theory 237.

Kuijper P. J. and Paasivirta E., "EU International Responsibility and its Attribution: From the Inside Looking out" in Koutrakos P. and Paasivirta E. (eds.), *The International Responsibility of the European Union: European and International Perspectives* (Hart 2013).

Kuijper P. J., "Attribution–Responsibility–Remedy: Some Comments on the EU in Different International Regimes" (2013) 46 RBDI57.

Kunz J. L., "Experience and Techniques in International Administration" (1945) 31 Iowa Law Review 40.

Kuo M. S., "Inter–public Legality or Post–public Legitimacy? Global Governance and the Curious Case of Global Administrative Law as a New Paradigm of Law" (2012) 10 YCL 1050.

Lauterpacht E., "The Legal Effect of Hlegal Acts of International Organizations" in *Cambridge Essays in International Law Essays in Honour of Lord McNair* (Stevens & Sons 1965).

Lauterpacht E., "The Development of the Law of International Organization by the Decisions of International Tribunals" (1976) 152 RCADI 383.

Lauterpacht F. E., "Judicial Review of the Acts of International Organisations" in Boisson de Chazournes L. and Sands P. (eds.), *International Law, the International Court of Justice and Nuclear Weapons* (CUP 1999).

Ličkova M., "European Exceptionalism in International Law" (2008) 19 EJIL 463.

Lindseth P. L., "Supranational Organizations" in Cogan J. K., Hurd I., and Johnstone I. (eds.), *The Oxford Handbook of International Organizations* (OUP 2017).

Luzzatti L., "The International Institute of Agriculture" (1906) 182 The North American Review 651.

Mahaim Ernest, "COrganisation permanente du travail" (1924) 4 RCADI 69.

Manin P., "La Convention de Vienne sur les accords entre Etats et organisations internationales ou entre organisations internationales" (1986) 32 AFDI 454.

Mansouri N., "Analysis OXIO 357 'Interpretation of the Greco-Turkish Agreement of 1 Decembre 1926'" (2018) *Oxford Report on International Law: International Organizations*.

Mendelson M., "The Definition of 'International Organization' in the International Law Commission's Current Project on the Responsibility of International Organizations" in Ragazzi M. (ed.), *International Responsibility Today Essays in Memory of Oscar Schachter* (Nijhoff 2005).

Messinco § "Attribution of Conduct" in Nollkaemper A. and Plakokefalos I. (eds.), *Principles of Shared Responsibility in International Law: An Appraisal of the State of the Art* (CUP 2014).

Milanovic M., "Arguing the Kosovo Case" in Milanovic M. and Wood M. (eds.), The Law and Politics of the Kosovo Advisory Opinion (QUP 2014).

Monaco R., "I regolamenti interni delle organizzazioni internazionali" (1938) Jus Gentium 52.

Monar J., "Interinstitutional Agreements: The Phenomenon and its New Dynamics after Maastricht" (1994) 31 CMLR 693.

Morgenstern F., "The Vienna Convention on the Law of 'Treaties between States and International Organisations or between International Organisations" in Dinstein Y. (ed.), *International Law at a Time of Perplexity* (Nijhoff 1989).

Mosler H., "The International Society as a Legal Community" (1974) 140 RCADI 7.

Murphy S. D., "Reflections on the IC Advisory Opinion on Kosovo: Interpreting Security Council Resolution 1244 (1999)" in Milanovic M. and Wood M. (eds.), *The Law and Politics of the Kosovo Advisory Opinion* (OUP 2015).

Myres S. D., "The Role of International Administration" (1937) 1 International law Institutions and World Peace 59.

Naert E., "Binding International Organisations to Member State Treaties or Responsibility of Member States for their Own Actions in the Framework of International Organisations", in Wouters J. and others (eds.), *Accountability for Human Rights Violations by International Organisations* (Intersentia 2010).

Négulesco P., "Principes du droit international administratif" (1935) 51

RCADI 581.

Nollkaemper A. and Jacobs D. , "Shared Responsibility in International Law: A Conceptual Framework" (2012) 34 MJIL 359.

Noyes J. E. and Smith B. D. , "State Responsibility and the Principle of Joint and Several Liability" (1988) 13 YJIL 225.

Oberg M. D. , "The Legal Effects of Resolutions of the UN Security Council and General Assembly in the Jurisprudence of the ICC) " (2005) 16 EJIL 879.

Odermatt J. , "The Development of Customary International Law by International Organizations" (2017) 66 ICLQ 491.

Okada Y. , "Effective Control Testat the Interface between the Law of International Responsibility and the Law of International Organizations: Managing Concerns over the Attribution of UN Peacekeepers' Conduct to Troop-contributing Nations" (2019) 32 LJIL 275.

Ong D. M. , "International Environmental Law's 'Customary' Dilemma: Betwixt General Principles and Treaty Rules" (2006) 1 FYIL 3.

Osieke E. , "Ultra Vires Acts in International Organizations—The Experience of the International Labour Organization" (1977) 48 BYBIL 259.

Osieke E. , "The Legal Validity of Ultra Vires Decisions of International Organizations" (1983) 77 AJIL 239.

Paassivirta E. , "Responsibility ofa Member State ofan International Organization: Where Will it End—Comments on Article 60 of the ILC Draft on the Responsibility of International Organizations" (2010) 7 IOLR 49.

Paasivirta E. , "The Responsibility of Member States of International Organizations?" (2015) 12 IOLR 448.

Palchetti P. , "Autorites Provisoires de Gouvernement (PISG) du Kosovo, Eulex et Onu: Les Principes d'Attribution a l'Epreuve" (2013) 46 RBDI 45.

Palchetti P. , "International Responsibility for Conduct of UN Peace-keeping Forces: The Question of Attribution" in Palchetti P. and Others (eds.), *Refining Human Rights Obligations in Conflict Situations* (Ten Brink Uitgevers 2014).

Palchetti P., "Attributing the Conduct of Dutchbat in Srebrenica: 'lhe 2014 Judgment of the District Court in the Mothers of Srebrenica Case" (2015) 62 NILJ 279.

Pantaleoni M. and Hubback J. H., "Parere di un "pratico" Sullinstituto Internazionale di Agricoltura" (1908) 36 Giornale degli Economisti 109.

Paparinskis M., "Procedural Aspects of Shared Responsibility in the International Court of Justice" (2013) 4 JIDS 295.

Pauwelyn J., "Bridging Fragmentation and Unity: International Law as a Universe of Interconnected Islands" (2003) 25 MJIL 903.

Pauwelyn J., "Informal International Lawmaking: Framing the Concept and Research Questions" in Pauwelyn J., Wessel R., and Wouters J. (eds.), *Informal International Lawmaking* (OUP 2012).

Pauwelyn J., "Is It International Law or Not, and Does It Even Matter?" in Pauwelyn J., Wessel R., and Wouters J. (eds.), *Informal International Lawmaking* (OUP 2012).

Pellet A., "Les fondements Juridiques Internationaux du Droit Communautaire" (1994) 5 Collected Courses of the Academy of European Law.

Peters A., "International Organizations and International Law" in Cogan J. K., Hurd I., and Johnstone I. (eds.), *The Oxford Handbook of International Organizations* (OUP 2017).

Plotkin B., "Human Rights and other Provisions in the Revised International Health Regulations" (2005) (2007) 121 Public Health 840.

Quigley J., "Complicity in International Law: A New Direction in the Law of State Responsibility" (1987) 57 BYBIL 77.

Racca V., "Della Utilita Sociale di un Istituto Internazionale di Agricoltura" (1905) 30 Giornale degli Economisti 490.

Rapisardi-Mirabelli A., "La Théorie Générale des Unions Internationales" (1925) 7 RCADI 345.

Reinsch P. S., "International Unions and their Administration" (1907) 1 AJIL 579.

Reinsch P. S., "International Administrative Law and National Sovereignty" (1909) 3 AJIL 1.

Ricci U., "Lufficio di Statistica Dell'Istituto Internazionale di Agricoltura" (1913) 46 Giornale degli Economisti e Rivista di Statistica 157.

Rigaux F., "La relativité général des ordres juridiques" in Wyler E. and Papaux A. (eds.), Lextranéité ou le Dépassement de lordre Juridique étatique (Pedone 1999).

Robé J. P., "Multinational Enterprises: The Constitution of a Pluralistic Legal Order" in Teubner G. (ed.), *Global Law without a State* (Dartmouth 1997).

Rosenne S., "The Depositary of International Treaties" (1967) 61 AJIL 923.

Roucounas E., "Practice as a Relevant Factor for the Responsibility of International Organizations" in Ragazzi M. (ed.), *Responsibility of International Organizations: Essays in Memory of Sir Ian Brownlie* (Nijhoff 2013).

Ruben Leiz J. and Paulus A. L., "Article 103" in Simma B and others (eds.), The Charter of the United Nations: A Commentary, Volume II (OUP 2012).

Ruys T., "Research Handbook on UN Sanctions and International Law" in van den Herik L. (ed.), *Sanctions, Retortions and Countermeasures: Concepts and International Legal Framework* (Elgar 2017).

Ryngaert C., "The Responsibility of Member States in Connection with Acts of International Organizations: Assessing the Recent Case Law of the European Court of Human Rights" (2011) 60 ICLQ 997.

Ryngaert C., "Apportioning Responsibility between the UN and Member States in UN PeaceSupport Operations: An Inquiry into the Application of the 'Effective Control' Standard after Behram?" (2012) 45 ILR 151.

Sadurska R. and Chinkin C. M., "The Collapse of the International Tin Council: A Case of State Responsibility?" (1990) 30 VJIL 845.

Salerno E., "Treaties Establishing Objective Regimes" in E. Cannizzaro (ed.), *The Law of Treaties Beyond the Vienna Convention* (OUP 2011).

Sari A., "Jurisdiction and International Responsibility in Peace Support Operations: The Behrami and Saramati Cases" (2008) 8 HRLRev 151.

Sari A., "UN Peacekeeping Operations and Article 7 ARIO: The Missing

Link" (2012) 9 IOLR77.

Sari A. and Wessel R. A., "International Responsibility for EU Military Operations: Finding the EU's Place in the Global Accountability Regime", in Van Vooren B., Blockmans S., and Wouters J. (eds.), The EU' Role in Global Governance (OUP 2013).

Sarooshi D., "International Organizations: Personality, Immunity and Responsibility", in Sarooshi D. (ed.), *Remedies and Responsibility for the Actions of International Organizations* (Nijhoff 2014).

Sarooshi D., "Legal Capacity and Powers" in Cogan J. K., Hurd I., and Johnstone I. (eds.), *The Oxford Handbook of International Organizations* (OUP 2017).

Saul M., "Internationally Administered Territories" in Nollkaemper A. and Plakokefalos I. (eds.), *The Practice of Shared Responsibility in International Law* (CUP 2017).

Savino M., "The War on Terror and the Rule of Law: Kadi II" in Cassese S. and others (eds.), *Global Administrative Law: The Casebook* (IRPA 2012).

Scelle G., "Le Phénoméne Juridique du Dédoublement Fonctionnel" (1956) 70 Rechtsfragen der Internationalen Organisation: Festschrift fiir Hans Wehberg zu seinem 324.

Schachter O., "The Twilight Existence of Nonbinding International Agreements" (1977) 71 AJIL 296.

Schweisfurth T., "International Treaties and Third States" (1985) 45 Zeitschrift für Ausländisches öffentliches Recht und Völkerrecht 653.

Seyersted F., "Objective International Personality of Intergovernmental Organizations—Do their Capacities Really Depend Upon the Conventions Establishing Them" (1964) 34 Nordisk Tidsskrift International Ret 3.

Seyersted K., "International Personality of Intergovernmental Organizations: Do their Capacities Really Depend upon their Constitutions?" (1964) 4 JIL 1.

Siehr A., "Derogation Measures under Article ICCPR, with Special Consideration of the War against International Terrorism" (2004) 47 GYIL 545.

Simma B. , "The Antarctic Treaty as a Treaty Providing for an Objective Regime", Uaee 19 Cornell International Law Journal 189.

Simma B. , "The Contribution of Alfred Verdross to the Theory of International Law" (1995) 6 EJIL 33.

Simma B. and Pulkowski D. , "Of Planets and the Universe: Self-contained Regimes in International Law" (2006) 17 EJIL 483.

Sørensen M. , "Le Conseil nordique" (1955) RGDIP 63.

Sørensen M. , "Autonomous Legal Orders: Some Considerations Relating to a Systems Analysis of International Organisations in the World Legal Order" (1983) 32 ICLQ 559.

Spagnolo A. , "The 'Reciprocal' Approach in Article 7 ARIO: A Reply to Pierre d'Argent" (2014) 1 QIL–Questions of International Law, Zoom-in 33.

Spagnolo A. , "Contromisure Dellorganizzazione Mondiale Della Sanita Come Conseguenza di Violazioni Dei Regolamenti Sanitari Internazionali in Contesti epidemic?" in L Pineschi (ed.), *La Tutela Della Salute nel Diritto Internazionale ed Europeo tra Interessi Globali e Interessi Particolari* (Eidtoriale Scientifica 2017).

Spagnolo A. , "(Non) Compliance with the International Health Regulations of the WHO from the Perspective of the Law of International Responsibility" (2018) 18 Global Jurist 1.

Steinbriick Platise M. and Peters A. , "Transformation of the OSCE Legal Status" in Steinbriick Platise M. , Moser C. , and Peters A. (eds.), *The Legal Framework of the OSCE* (CUP 2019).

Stewart R. B. , "U. S. Administrative Law: A Model for Global Administrative Law?" (2005) 68 LCP 63.

Subedi S. P. , "The Doctrine of Objective Regimes in International Law and the Competence of the United Nations to Impose Territorial or Peace Settlements on States" (1994) 37 GYIL 162.

Sybesma-Knol N. , "The New Law of Treaties: The Codification of the Law of Treaties Concluded Between States and International Organizations or between Two or More International Organizations" (1985) 15 GJICL 425.

Thirlway H., "The Law and Procedure of the International Court of Justice 1960-1989: Part Fight" (1996) 67 BYBIL 1.

Thomas A., "The International Labour Organisation—Its Origins, Development and Future" (1921) 1 International Labor Review 5.

Tomuschat C., "International Organizations as Third Parties under the Law of International Treaties" in E. Cannizzaro (ed.), *The Law of Treaties Beyond the Vienna Convention* (OUP 2011).

Tzanakopoulos A., "LInvocation dela Theorie des Contre-Mesures en Tant Que Justification de la Desobeissance au Conseil de Securite" (2013) 46 RBDI 78.

Tzanakopoulos A., "Sharing Responsibility for UN Targeted Sanctions" (2015) 12 IOLR 427.

Van Aaken Anne and Richard Chambers, "Accountability and Independence of International Election Observers" (2009) 6 IOLR 541.

Van Dijk B., "The Implementation of the Final Act of Helsinki: The Creation of New Structures or the Involvement of Existing Ones?" (1989) 10 Michigan Journal of International Law 110.

Vasconcelos Vilaga G., "Ransnational Legal Normativity" (2017) Encyclopedia of the Philosophy of Law and Social Philosophy 1.

Vezzani S., "Countermeasures by Member States against International Organizations" in Ragazzi M. (ed.), *Responsibility of International Organizations: Essays in Memory of Sir Ian Brownlie* (Nijhoff 2013).

Virally M., "Definition and Classification of International Organizations: A Legal Approach" in Abi-Saab G. (ed.), *The Concept of International Organizations* (UNESCO 1981).

Vogel K., "Administrative Law, International Aspects" (1992) 1 Encyclopedia of Public international Law 22-27.

Von Bernstorff J., "Autorité oblige: The Rise and Fall of Hans Kelsen's Legal Concept of International Institutions" (2020) 31 EJIL 497.

Von Carlowitz L., "UNMIK Lawmaking between Effective Peace Support and Internal SelfDetermination" (2003) 41 ADV 336.

White N. D., "Lawmaking" in Cogan J. K., Hurd I., and Johnstone I.

(eds.), *The Oxford Handbook of International Organizations* (OUP 2017).

Wilde R., "Legal Black Hole—Extraterritorial State Action and International Treaty Law on Civil and Political Rights" (2005) 26 MJIL 739.

Wilde R., "The 'Legal Space' or 'espace juridique' of the European Convention on Human Rights: Is it Relevant to Extraterritorial State Action?" (2005) 10 EARLR 115.

Wouters J., "General Principles and the Coherence of International Law" in Andenas M and others (eds.), *Conclusions: The Role of General Principles in a Multi-layered Legal Setting* (Brill 2019).

Wouters J. and Odermatt J., "Are All International Organizations Created Equal?" (2012) 9 IOLR 7.

Wright Q., "The Understandings of International Law" (1920) 14 AJIL 565.

Zappala S., "Reviewing Security Council Measures in the Light of International Human Rights Principles" in Fassbender B. (ed.), *Securing Human Rights?: Achievements and Challenges of the UN Security Council* (OUP 2011).

Zarbiyev F., "A Genealogy of Textualism in Treaty Interpretation" in Bianchi A., Peat D., and Windsor M. (eds.), *Interpretation in International Law* (OUP 2015).

条约

International Convention for the Regulation of Whaling (Adopted 2 December 1946, Entered into Force 10 November 1948) 161 UNTS 72.

Draft Trusteeship Agreement for Nauru (21 October 1947) UN Doc A/402/Rev. 1.

International Covenant on Civil and Political Rights (Opened for Signature 16 December 1966, Entry into Force 23 March 1976) 999 UNTS 171.

Vienna Convention on the Law of Treaties (Adopted 23 May 1969, Entered into Force 27 January 1980) 1155 UNTS 331.

Vienna Convention on the Representation of States in their Relations with International Organizations of a Universal Character (Opened for Signature 14 March 1975, not yet in force) UN Doc A/CONF. 67/16.

Convention on Succession of States in Respect of Treaties (Adopted 23 August 1978, Entered into Force 6 November 1996) 1946 UNTS 3.

United Nations Convention on the Law of the Sea (Opened for Signature 10 December 1982, Entered into Force 16 November 1994) 1833 UNTS 3.

Convention on Conciliation and Arbitration within the OSCE (Opened for Signature 15 December 1992, Entered into Force 5 December 1994) OSCE Secretariat.

Agreement between Australia and the Republic of Nauru for the Settlement of the Case in the International Court of Justice Concerning Certain Phosphate Lands in Nauru (10 August 1993) 1770 UNTS 379.

Rome Statute of the International Criminal Court (Opened for Signature 17 July 1998, entered into force 1 July 2002) 2187 UNTS 3.

Consolidated Version of the Treaty on the Functioning of the European Union (Adopted 13 December 2007, Entered into Force 1 December 2009) Official Journal C 326, 26/10/2012 P. 0001-0390.

Consolidated Version of the Treaty on European Union (Adopted 13 December 2007, Entered into force 1 December 2009) Official Journal C 326, 26/10/2012 P. 0001-0390.

Convention Relating to the Definition of the Minimum Conditions of Access and Exploitation of Fisheries Resources within the Maritime Zones under the Jurisdiction of SRFC Member States (Opened for Signature 8 June 2012, entered into force 8 November 2012) SRFC Permanent Secretariat.

联合国文件

联合国大会

Universal Declaration of Human Rights, UNGA Res 217 A (III) (10 December 1948).

Relations Between States and International Organizations, UNGA Res 1289 (XIII) (5 December 1958).

Report of the International Law Commission and Resolution Relating to Article 1 of the Vienna Convention on the Law of Treaties, UNGA Res 2501 (XXIV) (12 November 1969).

Declaration on Principles of International Law Concerning Friendly Relations and Cooperation among States in Accordance with the Charter of the United Nations, UNGA Resolution 2625 (XXV) (24 October 1970).

UNGA Sixth Committee, Summary Record of Meetings, UN Doc A/C. 6/37/SR. 40 (5 November 1982).

Official Record of the General Assembly, Fifty-sixth Session, Supplement No 10 and Cortigendum UN Doc A/56/10 and Corr. 1226 BIBLIOGRAPHY.

联合国安理会

UNSC Resolution 1593, UN Doc S/RES/1593 (2005) (31 March 2005).

国际法委员会

ILC, "First Report on the Law of Treaties by James L. Brierly" (1950) UN Doc A/CN. 4/23.

ILC, "Summary Record of the 98th Meeting" (1951) UN Doc A/CN. 4/SR. 98.

ILC, "First Report on the Law of Treaties by Hersch Lauterpacht" (1953) UN Doc A/CN. 4/63.

ILC, "First Report on the Law of Treaties by Gerald G. Fitzmaurice" (1956) UN Doc A/CN. 4/101.

TLC, "Summary Record of the 480th Meeting" (1959) UN Doc A/CN. 4/SR. 480.

ILC, "Report of the International Law Commission on the work of its 14th Session" (24 April-29 June 1962) UN Doc A/CN. 4/148.

ILC, "First Report on the Law of Treaties by Humphrey Waldock" (1962) UN Doc A/CN. 4/144 and Add. 1.

ILC, "First Report on Relations Between States and Inter-governmental Organizations by Abdullah El-Erian" (1963) UN Doc A/CN. 4/161 and Add. 1.

ILC, "Second Report on the Law of Treaties by Humphrey Waldock" (1963) UN Doc A/CN. 4/ 156 and Add. 1-3.

ILC, "Report of the International Law Commission on the Work of its 15th Session" (1963) UN Doc A/CN. 4/163.

ILC, "Summary Record of the 692nd Meeting" (1963) UN Doc A/CN. 4/SR. 692.

ILC, "Relations between States and Inter-governmental Organizations: Suggested List of Questions as Basis of Discussion for the Definition of the Scope and Mode of Treatment: Working Paper Prepared by Mr. Abdullah El-Erian, Special Rapporteur—contained in A/5809, para. 41" (1964) UN Doc A/CN. 4/L. 104.

ILC, "Third Report on the Law of Treaties by Humphrey Waldock" (1964) UN Doc A/CN. 4/167 and Add. 1-3.

ILC, "Fourth Report on the Law of Treaties by Humphrey Waldock" (1965) UN Doc A/CN. 4/177 and Add. i & 2.

ILC, "Draft Articles on the Law of Treaties with Commentaries" (1966) UN Doc A/21/9.

ILC, "Second Report on Relations between States and Inter-governmental Organizations by Abdullah El-Erian" (1967) UN Doc A/CN. 4/195 and Add. 1.

ILC, "Third Report on Relations between States and Inter-governmental Organizations by Abdullah El-Erian" (1968) UN Doc A/CN. 4/203 and Add. 1-5.

ILC, "Report of the Commission on the Work of its 20th Session" (27 May-2 August 1968) UN Doc A/7209/REV. 1.

ILC, "First Report on State Responsibility by Roberto Ago" (1969) UN Doc A/CN. 4/217 and Add. 1.

ILC, "Draft Articles on the Representation of States in Their Relations with International Organizations" (1971) UN Doc A/26/10.

ILC, "Summary Record of the 1 129th Meeting" (1971) UN Doc A/CN. 4/Ser. A/1971.

ILC, "Third Report on State Responsibility by Roberto Ago" (1971) UN Doc A/CN. 4/246 and Add. 1-3.

ILC, "Sixth Report on Relations between States and Inter-governmental Organizations by Abdullah El-Eriaw" (1971) A/CN. 4/241 and Add. 1-6.

ILC, "First Report on the Question of Treaties Concluded Between States and International Organizations or between Two or More International Organizations by Paul Reuter" (1972) UN Doc A/CN. 4/258.

ILC, "Second Report on the Question of Treaties Concluded between States and International Organizations or between Two or More International Organizations by Paul Reuter" (1973) UN Doc A/CN. 4/271.

ILC, "Third Report on the Question of Treaties Concluded between States and International Organizations or between Two or More International Organizations by Paul Reuter" (1974) UN Doc A/CN. 4/279 and Corr. 1.

ILC, "Fourth Report on the Question of Treaties Concluded between States and International Organizations or between Two or More International Organizations, by Mr. Paul Reuter" (1975) UN Doc A/CN. 4/285.

ILC, "Seventh Report on State Responsibility by Mr. Roberto Ago" (1978) UN Doc A/CN. 4/307.

ILC, "Summary Record of the 1510th Meeting" (1978) UN Doc A/CN. 4/SR. 1510.

ILC, "Summary Record of the 1512th Meeting" (1978) UN Doc A/CN. 4/SR. 1512.

ILC, "Report of the International Law Commission on the Work of its 13th Session" (1978) UN Doc A/33/10.

ILC, "Eighth Report on State Responsibility by Roberto Ago" (1979) UN Doc A/CN. 4/318.

ILC, "Draft Articles on the Law of Treaties between States and International Organizations or between International Organizations with Commentaries" (1982) UN Doc A/37/10.

ILC, "Summary Record of the 1740th Meeting" (1982) UN Doc A/CN. 4/SR. 1740.

ILC, "Fourth Report on the Content, Forms and Degrees of International Responsibility (Part 2 of the Draft Articles) by Willem Riphager" (1983) UN Doc A/CN. 4/366 and Add. 1 & Add. 1/Corr. 1.

ILC, "Second Report on State Responsibility by James Crawford" (1999) UN Doc A/CN. 4/498.

ILC, "Third Report on State Responsibility by James Crawford"

(2000) UN Doc A/CN. 4/507.

ILC, "Report of the International Law Commission on the Work of its 52nd session" (1 May–18 August 2000) UN Doc A/55/10.

ILC, "Summary Record of the 2644th Meeting" (2000) UN Doc A/CN. 4/SER. A/2000.

ILC, "Draft Articles on Responsibility of States for Internationally Wrongful Acts, with Commentaries" (2001) UN Doc A/56/10.

ILC, "Report of the Working Group on the Responsibility of International Organizations" (2002) UN Doc A/57/10.

ILC, "Summary Record of the 2740th Meeting" (2002) UN Doc A/CN. 4/SR. 2740.

ILC, "First Report on Responsibility of International Organizations by Giorgio Gaja" (2003) UN Doc A/CN. 4/532.

ILC, "Summary Record of the 2752nd Meeting" (Yearbook of the International Law Comumission, 2003, vol. I, 2003).

ILC, "Report of the International Law Commission on the Work of its 55th Session" (5 May–8 August 2003) UN Doc A/58/10.

ILC, "Summary Record of the 2753rd Meeting" (2003) UN Doc A/CN. 4/SR. 2753.

ILC, "First Report on General Principles of Law by Marcelo Vazquez-Bermidez" (2003) UN Doc A/CN. 4/732.

ILC, "Topical Summary of the Discussion Held in the Sixth Committee of the General Assembly during its Fifty-eighth Session, Prepared by the Secretariat" (21 January 2004) UN Doc A/CN. 4/537.

ILC, "Second Report on Responsibility of International Organizations by Giorgio Gaja" (2004) UN Doc A/CN. 4/541.

ILC, "Comments and Observations Received from International Organizations" (2004) UN Doc A/CN, 4/545.

ILC, "Comments and Observations Received from Governments" (2004) UN Doc A/CN. 4/545.

ILC, "Third Report on Responsibility of International Organizations by Giorgio Gaja" (2005) UN Doc A/CN. 4/553.

ILC, "Summary Record of the 2840th Meeting" (2005) UN Doc A/CN. 4/SR. 2840.

ILC, "Summary Record of the 2841th Meeting" UN Doc A/CN. 4/SR. 2841.

ILC, "Summary Record of the 2843th Meeting" (2005) UN Doc A/CN. 4/SR. 2843.

ILC, "Comments and Observations Received from International Organizations" (2005) UN Doc A/CN. 4/556.

ILC, "Comments and Observations Received from Governments" (2005) UN Doc A/CN. 4/556.

ILC, "Fragmentation of International Law: Difficulties Arising from the Diversification and Expansion of International Law Report of the Study Group of the International Law Commission Finalized by Martti Koskennicmi" (2006) UN Doc A/CN. 4/L. 682 2006.

ILC, "Conclusions of the Work of the Study Group on the Fragmentation of International Law: Difficulties arising from the Diversification and Expansion of International Law" (2006) UN Doc A/61/10.

ILC, "Comments and Observations Received from International Organizations" (2006) UN Doc A/CN. 4/568.

ILC, "Comments and Observations Received from Governments" (2006) UN Doc A/CN. 4/ 568.

ILC, "Sixth Report on Responsibility of International Organizations by Giorgio Gaja" (2008) UN Doc A/CN. 4/597.

ILC, "Summary Record of the 2963rd Meeting" (2008) UN Doc A/CN. 4/SR. 2963.

ILC, "Report of the International Law Commission on the work of its 60th Sessiom" (5 May–8 August 2008) UN Doc A/63/10.

ILC, "Comments and Observations Received from International Organizations" (2008) UN Doc A/CN. 4/593 and Add. 1.

ILC, "Seventh Report on Responsibility of International Organizations by Giorgio Gaja" (2009) UN Doc A/CN. 4/610.

ILC, "Responsibility of International Organizations—Statement of the

Chairman of the Drafting Committee Mr. Marcelo Vazquez-Bermudez" (6 July 2009).

ILC, "Draft Articles on the Responsibility of International Organizations, with Commentaries" (2011) UN Doc A/66/10.

ILC, "Comments and Observations Received from International Organizations" (2011) UN Doc A/CN. 4/637.

ILC, "Comments and Observations Received from Governments" (2011) UN Doc A/CN. 4/636.

ILC, "Formation and Evidence of Customary International Law, Note by Michael Wood, Special Rapporteur" (2012) UN Doc A/CN. 4/653.

ILC, "Second Report on Identification of Customary International Law by Michael Wood" (2014) UN Doc A/CN. 4/672.

ILC, "Third Report on Subsequent Agreements and Subsequent Practice in Relation to the Interpretation of Treaties Georg Nolte" (2015) UN Doc A/CN. 4/683.

ILC, "Third Report on Identification of Customary International Law by Michael Wood" (2015) UN Doc A/CN. 4/682.

ILC, "Identification of Customary International Law" (2018) UN Doc A/73/10.

ILG, "First Report on General Principles of Law by Marcelo Vazquez-Bermudez" (2019) UN Doc A/CN. 4/732.

ILC, "Second Report on General Principles of Law by Marcelo Vazquez-Bermudez" (2020) UN Doc A/CN. 4/741.

欧盟文件

Council Decision, *Conclusion of an Agreement in the Form of an Exchange of Letters between the European Union and the Kingdom of Morocco Concerning Reciprocal Liberalisation Measures on Agricultural Products, Processed Agricultural Products, Fish and Fishery Products, the Replacement of Protocols 1, 2 and 3 and Their Annexes and Amendments to the Euro-Mediterranean Agreement Establishing an Association between the European Communities and Their Member States, of the One Part, and the Kingdom of Morocco, of the*

Other Part (2012).

国际劳工组织文件

ILO, *Minutes of the XIV Session of the Governing Body of the International Labour Office* (09601 (1922-14) 1922).

ILO, *Official Bulletin* (Volume XVI 1931).

ILO, *Official Bulletin* (Volume XVII 1945).

ILO, *Official Bulletin* (Volume XVII 1946).

世界卫生组织文件

WHO, *Report of the Ebola Interim Assessment Panel* (2015).

欧安组织文件

OSCE, *Common Responsibility: Commitments and Implementation, Report submitted to the OSCE Ministerial Council in response to MC Decision No 17/05 on Strengthening the Effectiveness of the OSCE* (2006).

国际法学会文件

Fourteenth Commission, *Lapplication des régles du Droit International Général des Traités aux Accords Conclus par les Organisations Internationales* (Annuaire de l'Institut de Droit International 1973).

Fifth Commission, *The legal Consequences for Member States of the non-fulfilment by International Organizations of their Obligations Toward Third Parties* (Annuaire de l'Institut de Droit International 1995).

Seventh Commission, *Are there Limits to the Dynamic Interpretation of the Constitution and Statutes of International Organizations by the Internal Organs of such Organizations (With Particular Reference to the UN System)*? (Institut de Droit International 2019).

国际法协会

Committee on Accountability of International Organisations, *First Report* (International Law Association, Taipei conference, 1998).

Committee on Accountability of International Organisations, *Second Report* (International Law Association, London conference, 2000).

Committee on Accountability of International Organisations, *Third Report* (International Law Association, New Delhi conference, 2002).

Committee on Accountability of International Organisations, *Final Report* (International Law Association, Berlin conference, 2004).

Study Group on the Responsibility of International Organisations, *Transcript of the Working Session* (International Law Association, The Hague conference, 2010).

Study Group on the Responsibility of International Organisations, *Transcript of Working Session* (International Law Association, Sofia conference, 2012).

Study Group on the Responsibility of International Organizations, *Final Report* (International Law Association, Sofia conference, 2012).

译后记

出于教学和科研的需要,以及特别是对国际组织的关注(关注其在百年变局下对变革中的世界的重要作用,关注其对正崛起的中国的重大影响,关注其既受国际法影响、又塑造国际法),我在2022年年初查阅"牛津国际法专著丛书"(Oxford Monographs in International Law)新书目时,看到了洛伦佐·加斯巴里博士的新作《国际法上国际组织的概念》。初步翻阅,觉得它具有不小的学术价值和实践指导意义。丛书总主编罗杰·奥基夫和凯瑟琳·雷德维尔两位著名国际法教授在序言中的溢美之词着实不过。

我一贯认为,学生如果能够认真翻译好一本好的著作或图书,是完全可以从多个方面提高他/她自己的能力和水平并进而提升综合素质的。本着相应的教学和培养理念,遂于对第1章和第12章进行翻译后,在自己所指导的硕士研究生中征集合作译者。有四位学生积极响应,并进行了分工:宋俊杰(第2、9、10章),陈雅雯(第3、4、5章),翁兴(第6、8章),王希(第7、11章)。我要求他们在认真阅读相关中文的国际组织法教材以及国际法教材的国际组织章节后,再认真阅读原著三四遍,而后将我翻译的第1章和第12章作为样本进行研读,最后再着手翻译。

同时,我联系了原著的作者兼版权所有者洛伦佐·加斯巴里博士以及出版者牛津大学出版社,初步取得了授权将原著翻译为中文和出版的意向。而后,根据牛津大学出版社关于版权只许可给出版社的要求,请梁剑琴博士协调其所在中国社会科学出版社与牛津大学出版社商洽版权许可事宜,最终取得授权。

为了尽可能实现通过翻译从多方面提高学生能力和水平的目的,我专门组织四位学生就他们初步翻译出来的部分译稿,集中进行方法论和质量方面的指导和讨论。本来计划于 2022 年 8 月底完成全书的初定译稿的。然而，由于学生们功力尚浅，所交初译稿的质量不一。虽然部分译文的质量差强人意，但是绝对不宜交给出版社付梓；这不仅是学术研究上的应然要求，也是避免涉外（特别是外交）实务人士因适用错误译文而出现问题，毕竟外交无小事。无奈，我不得不从头到尾逐句校译（小部分）或者重新翻译（大部分），再多次校译和润色，形成了最终译稿。至此，已经比原订的完稿时间晚了一年。

出于知识产权方面的考虑，根据学生所交初译稿的质量，将译文署名确定如下：第 1、12 章，胡德胜；第 2 章，宋俊杰、胡德胜；第 3、5 章，胡德胜、陈雅雯；第 4 章，陈雅雯、胡德胜；第 6 章，翁兴、胡德胜；第 7 章，王希、胡德胜；第 8 章，胡德胜、翁兴；第 9、10 章，胡德胜、宋俊杰；第 11 章，胡德胜、王希。尽管有学生署名，但是译稿的质量还是应当由我这个组织者和主译来负责。由于国内从国际法上研究国际组织理论问题的高水平著述罕见（这也是翻译本书的主要考虑因素之一），而且被书中所引用国际条约的正式和非正式中译本确实也存在不少错误或不当之处（例如，特别是都对"shall"和"should"这两个法律意义截然不同的单词几乎不加区别地翻译为"应"），因此译稿中难免有不当、遗漏乃至错误之处。欢迎广大读者不吝指教和批评，deshenghu@126.com 恭候您的来信。

最后，本书得以与读者见面，译者还要感谢重庆大学法学院资助了大部分出版经费，感谢中国社会科学出版社梁剑琴博士审阅译稿并提出的许多有价值的建设性意见。

译者　胡德胜
2023 年 8 月 28 日于虎溪樱花园寓所